2014年 厦门文化改革发展蓝皮书

XIAMEN WENHUA GAIGE FAZHAN LANPISHU

编 委 会

主　　任：叶重耕

副主任：国桂荣

编　　委：张　萍　黄鹤麟　徐国庆　李泉佃

　　　　　林朝晖　上官军　封斌林　罗才福

　　　　　周　旻　林　起　陈宝安

厦门大学出版社　国家一级出版社
XIAMEN UNIVERSITY PRESS　全国百佳图书出版单位

2014年厦门

文化改革发展蓝皮书

XIAMEN WENHUA GAIGE FAZHAN LANPISHU

主　编　黄鹤麟
副主编　戴志望

厦门大学出版社　国家一级出版社
XIAMEN UNIVERSITY PRESS　全国百佳图书出版单位

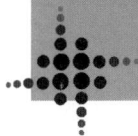

蓝皮书

目　录

专题论述

调研报告

蓝皮书

文化科技融合

公共文化

两岸交流

文化会展

蓝皮书

大事记

蓝
皮
书

Zhuan Ti
Lun Shu

专题论述

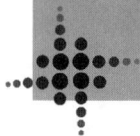

以文化资源的整合来带动文化产业的发展 为厦门市科学发展跨越发展提供文化支撑

◎ 叶重耕

一、总结经验、探索规律

2012 年,全市各级各有关部门认真贯彻中央、省委和市委市政府的决策部署,积极实施"文化强市"战略,扎实推进"531"文化产业载体建设工程,文化产业继续保持平稳快速发展,在转方式、调结构、促增长方面发挥了积极作用,为厦门市科学发展跨越发展做出了应有贡献。

回顾 2012 年工作,厦门市文化产业发展有 5 个方面的成效:

1. 产业地位持续提升。预计全年全市实现增加值到达 211.86 亿元,增长 17.23%,高于 GDP 增速 5 个百分点,占 GDP 的比重为 7.5%,较 2011 年提高了 0.4 个百分点,对全市经济增长的贡献率为 10.24%。文化产业增加值接近金融业而高于房地产业,在经济发展中的地位进一步提升。

2. 发展质量持续优化。以数字内容与新媒体为代表的新兴文化业态继续高速增长,呈现出规模与效益同步增长的良好态势。

蓝皮书

厦门市文化产业人均实现增加值 12.52 万元,高于全省 10.94 万元/人的平均水平。总体上看,厦门市文化产业在快速增长的同时,发展的内在质量也在不断优化。

3. 集聚效应持续显现。通过统计数据分析,厦门市文化产业的集中度不断提升,无论是传统文化产业还是新兴文化产业均呈现聚集发展的态势。从空间布局看,以龙山文化创意产业园、软件园二期国家影视动画基地和牛庄文化创意产业园等为代表的文化产业园区已经成为厦门市文化产业集群化发展的重要标志。

4. 外向经济持续拓展。海峡两岸文博会成功升级为国家级文化展会,在推动两岸文化产业对接和促进文化产品与服务"走出去"方面的作用进一步凸显。2012 年全省文化产品进出口额19.53亿元,居全国第 4 位,厦门市全年文化产品累计出口额为4.46亿元,占比 22.96%。

5. 发展后劲持续增强。深入推进文化体制改革,建立了文化产业统计及形势分析、重大项目推进、专项资金管理、文化科技融合、重点文化企业认定等系列工作机制,实施并储备了一批文化产业项目,文化产业拥有了更大的发展空间、更强的发展潜力。

过去一年的实践,为我们进一步推动文化产业发展积累了有益经验,概括起来就是"三个必须始终坚持":

1. 必须始终坚持以科学发展观为指导、大胆改革创新、突出产业发展特色、推进产业融合发展。紧紧围绕科学发展这一主题和转变发展方式这一主线,遵循社会主义市场经济规律和文化发展规律,深入思考、研究、解决文化产业发展领域的重大问题,把深化体制机制改革融入文化产业发展全过程,把加快产业融合贯穿到文化产业发展各领域,把推动特色发展体现到文化产业工作各方面,充分调动广大文化工作者的积极性、主动性、创造性,激发文化产业发展的内在动力和活力,推动文化产业科学发展跨越发展。

2. 必须始终坚持以项目带动为抓手、实施项目带动战略、以扎实的项目工作推进文化产业加快发展。按照"像抓经济一样抓文化、像抓工业项目一样抓文化产业"的要求，以项目为重要抓手，实施项目带动战略，做到生成一批、签约一批、落地一批、投产一批，以经济发展理念、工业运作方式和项目带动效应，不断增强文化产业整体实力和竞争力，推动厦门市文化产业快速发展。

3. 必须始终坚持以政策配套为保障、充分发挥政策的引导、激励和杠杆作用。认真学习借鉴先进地区的成功经验，认真听取学界和业界人士的意见和建议，紧密结合厦门市实际，不断探索和构建包括文化资源利用、旧产房改造、产学研结合、投资融资、财政税收等在内的政策体系，营造良好的政策环境。这些方面反映了各级各部门的探索创造，既是经验总结，也是进一步推动文化产业发展的重要遵循。我们要认真吸收、坚持运用，并在实践中不断丰富和发展。

二、认清形势、明确目标

中央、省委和市委高度重视文化产业发展工作。中央召开十七届六中全会，对推动文化大发展大繁荣作出部署；党的十八大提出要提高文化产业规模化、集约化、专业化水平。尤权书记在省委常委会上作出指示，要求培育一批龙头企业，扶持一批文化集团，加快推动文化产业成为国民经济支柱性产业；苏树林省长在2013年政府工作报告中提出，要重点抓好文化产业重大项目建设，引进行业龙头，扶持骨干企业。中央和省委的一系列部署要求，为我们推动文化产业跨越发展进一步指明了前进方向。市委十一届二次全会强调要"突出文化创意和科技创新两大主攻方向，力争到'十二五'期末把全市文化产业增加值占GDP的比重提高到10％以上,使文化产业成为新的支柱产业"。市委还研究出台2012年的1号文件,提出了"文化强市"战略,要求实现文化产业的跨越式发展。

根据中央和省委的要求,结合厦门市实际,2013年文化产业工作总的要求是:深入学习贯彻党的十八大精神,全面实施"文化强市"战略,贯彻落实综改方案,继续推动"531"文化产业载体建设工程,促进文化与科技深度融合,推进重大文化项目建设,以文化资源的整合来带动文化产业的发展,提高文化产业规模化、集约化、专业化水平,增强文化产业整体实力和竞争力,为开创厦门市科学发展、跨越发展新局面提供文化支撑。按照这一要求,2013年厦门市文化产业发展工作要紧紧围绕"评估年目标"来组织实施,为完成"十二五"时期文化产业发展总目标创造有利条件。

所谓"评估年目标",就是在2013年要力争实现文化产业增加值260亿元以上,增长速度超过20%,占全市GDP比重达8%,真正确立文化产业在厦门市国民经济发展中的支柱性产业地位。确定这样的预期目标,一方面是基于厦门市文化产业发展的现有基础和条件,另一方面是从到2015年底厦门市文化产业增加值占地区生产总值比重要到达10%的规划目标来测算的。2013年是"十二五"文化产业发展专项规划的中期评估年,承上启下,是一个至关重要的年份。能否实现这个"评估年目标",将直接关系到"十二五"文化产业发展目标的完成与否,年度的工作计划必须要围绕这个目标来实施。各级各相关部门务必要积极支持、加强协作、形成合力,加大工作力度、加紧政策落实、加快项目进度。我相信,经过全市各级各部门的共同努力,这一目标是可以实现的。

三、突出重点、抓住关键

推动文化产业跨越发展,必须在统筹兼顾的基础上突出重点领域、抓住关键环节,促进产业规模实力不断壮大、质量效益不断提升。

一要加快发展壮大骨干文化企业。文化企业是文化产业发展的基础,文化企业的规模和实力决定着文化产业发展的总体水平。要深入研究分析厦门市骨干文化企业发展现状和潜力,提出扶持培育的思路、措施和办法。今天表彰和授牌的 42 家重点文化企业是加快厦门市文化产业发展的骨干力量,要做好跟踪服务和监测评估工作;要继续深化文化体制改革,建立完善的现代企业制度,推进资源整合与优化源配置,培育国有骨干文化企业集团;要开展重点上市后备文化企业专题辅导培训,推动 4 家被确定为省重点后备上市文化企业加快股份制改革和上市融资步伐;要加快培育一批"专、精、特"的中小文化企业,精心培育一批成长性好的新业态文化企业。

二要加快实施重大项目带动战略。大项目带来的是大投入、大产出,有没有大项目,有多少大项目、好项目,决定着文化产业发展的后劲、质量和潜力。项目始终是文化产业快速发展的重要抓手,要突出抓好项目生成、签约、落地、投产等各个环节,构建市区及相关单位的项目管理推进机制,有效生成一批、签约一批、落地一批、投产一批对社会资金吸引力强、市场前景好、带动作用大的项目,建立完善项目数据库,形成项目带动发展的良好态势;要积极拓展项目招商渠道,综合运用网络、媒体、会展以及组团招商、赴台港招商等形式,加大对央企、民企、外企的招商力度,促进项目尽快落地、早出效益;要启动重点文化产业项目的认定工作,厦门市文化产业专项资金也要向重点项目倾斜,扶持培育一批辐射带动力强的文化产业项目。

三要加快发展文化产业新兴业态。融合发展是文化产业的一个显著特征,是加快文化产业发展的重要趋势。我们要深刻认识和准确把握这一趋势,更加积极主动地推进文化与科技、文化与金融、文化与旅游的深度融合。在文化与科技融合上,要着力推动文化与现代信息技术的融合,完善文化技术创新体系,大力发展数字内容、文化创意、新媒体等新兴文化业态,加快文化与科技融合示范基地建设,力争入选国家级文化与科技融合示范基地;在文化与旅游融合上,要充分发挥闽南特色文化资源优势,加强与境内外知名旅游集团的合作,大力发展文化旅游项目,开发文化旅游产品,打造旅游演艺品牌;在文化与金融融合上,要抓紧制定金融创新支持文化产业发展等政策,重点推进文化产业投融资平台建设,探索扶持文化领域小微企业的具体办法,鼓励各类风投基金进入文化产业,实现文化与金融互利共赢。

四要加快文化产业园区和基地建设。建设文化产业园区是推动文化产业发展的重要载体,是吸纳项目和企业的平台,是促进创业、孵化企业、研发技术的基地。要加强指导、科学规划、规范发展,进一步明确园区发展定位、功能分区和项目布局,加快形成业态定位明确、聚集效应良好的文化产业带,努力使文化产业园区真正成为文化企业的孵化器、优势项目的集聚区、资金人才的集中地;要以加快建设闽台文化产业试验园区、两岸新兴产业和现代服务业合作示范区为契机,着力推进数字内容与新媒体产业园区的建设;要加强对全市文化产业园区的管理,加大对集约化程度较低园区的整改整合力度,促进园区布局更加合理、特色更加鲜明、配置更加优化。

四、完善机制、强化保障

文化产业是众多产业门类的集合。文化产业发展工作是一项系统工程,政策性强、涉及面广、内涵丰富,需要加强组织协调,完善制度机制,推动各项任务落到实处。

一要健全联动协作机制。各区各相关部门要高度重视文化产业发展工作,摆在全局工作的重要位置,纳入重要议事日程,进一步建立健全"党委统一领导、党政齐抓共管、宣传部门统筹协调、有关部门分工负责、社会力量积极参与的工作体制和工作格局",构建文化产业统计分析、产业融合对接、产学研结合、行业协会和中介组织协同等机制,定期研究文化产业运行情况,解决实际问题,为加快文化产业发展提供有力保障;发改、财政、国土、规划、税收、海关等部门和单位要在市文化改革发展工作领导小组指导下,落实职责分工,加强协作配合,形成文化产业发展的强大合力。

二要健全政策协同机制。注重发挥政策的引导、激励和保障作用,把落实现有政策与完善配套政策结合起来,不断增强政策扶持的整体效益;树立"问题意识",深入研究解决文化产业发展面临的新情况新问题,协调有关部门制定重点文化项目用地供地、产业融合、投资融资、非公资本准入等方面的扶持政策;加大文化产业政策宣传力度,引导各区各相关部门和文化企业真正把政策用好、用活、用足。

三要健全人才培养机制。探索设立文化人才培养专项资金,支持高等院校、科研院所、职业技术学院与文化产业园区、文化企业开展合作,重点培养创意设计、动漫游戏、演出经纪等领域紧缺人才和领军人物。落实文化产业人才引进政策,搭建海外文化产业人才来厦创业新平台。实施文化名家引进战略,组织厦门市文化产业人才评选活动,扩大厦门市文化人才的知名度和影响力。

四要健全督查落实机制。牢记"实干兴邦、空谈误国",认真落实"八项规定",出新招,用实招,求实效。认真落实目标责任制,对每项任务都要明确责任主体、进度安排,对重点工作和关键问题要列出时间表,做到一级抓一级、层层抓落实。建立健全文化产业考评督查机制,完善文化产业项目跟踪管理系统,对重点项目加强督查,确保各项任务取得实效。

（本文系厦门市委常委、宣传部长叶重耕于 2013 年 3 月 8 日在全市文化产业发展工作会上的讲话）

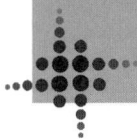

以更宽阔的视野　更富创新的精神
履行文化人使命　收获经济的硕果

——在第六届海峡两岸（厦门）文化产业博览交易会文化产业投资论坛上的致辞

◎ 黄　强

在第六届海峡两岸文化产业博览交易会隆重召开之际，来自海峡两岸的专家、学者和众多嘉宾汇聚文化产业投资论坛，共同探讨文化产业发展的广阔前景。首先，我代表厦门市政府，向各位嘉宾、朋友的到来表示热烈的欢迎和衷心的感谢！

文化产业投资论坛作为海峡两岸文博会重点打造的核心论坛，已经成为两岸精英汇聚智慧、凝聚力量、引领发展的重要平台，受到海峡两岸和海内外的广泛关注。2013年的论坛围绕"文化对接资本·智造美丽中国"的主题，研讨在新的历史条件下，文化与资本如何融合互动，助力"文化强国"与"美丽中国"的实现，具有深远的前瞻性。

对于文化与资本的关系，相信大家都有这样的共识：文化的发展需要强有力的资本作支撑，文化的产业化也可以给资本带来良好的收益，从而形成良性循环。但是，在现实环境中，两者的结合却往往比人们想象的要更复杂。这是因为它们分属两个不同的体系，有不同的运作方式和思维定式：文化发散而浪漫，资本严谨而

蓝皮书

理性；文化企业小而分散，资本需要规模和集中。要实现两者的对接，很重要的就是要有一个全新的模式和通道，让文化与资本"相遇"、"相知"及至"相融"。这样一个模式和通道的搭建，对于解决文化产业发展的核心动力问题、对于整个文化产业的发展具有非比寻常的意义。

近年来，厦门引导和鼓励社会资本向文化资本转变，形成了多层次、多渠道的政策支持体系。如今，包括民营资本在内的多种非公有资本和外来资本构成了厦门市文化产业发展的主体，全市文化服务业机构非公有制的比重超过了80%。今后，我们还将加快建立和完善与市场经济相适应、与产业发展相协调的体制机制，也希望借这次论坛召开的契机，借鉴大家的好经验、好做法，为文化与资本的对接融合创造环境、提供条件。

托夫勒说过："今天世界迅速认识到，在道德、美学、政治、环境等方面日趋没落的社会，不论它多么富有和技术高超，都不能认为是个进步的社会。进步不再以技术和物质生活标准来衡量。社会不只沿着单一的轨道发展，丰富多彩的文化是衡量社会的标准。"的确，文化的力量深深熔铸在民族的生命力、创造力和凝聚力之中，无疑是现代社会科学发展与文明进步的重要内在动力。衷心希望两岸业界同仁以更宽阔的视野、更富创新的精神走到一起，履行文化人的使命，收获市场经济的硕果，为促进两岸和平发展和人类文明进步贡献智慧和力量。

最后，预祝文化产业投资论坛圆满成功！

（本文为厦门市副市长黄强于2013年10月26日在第六届海峡两岸（厦门）文化产业博览交易会文化产业投资论坛上的致辞）

Diao Yan
Bao Gao

调研报告

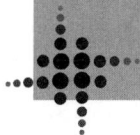

关于推进厦门文化繁荣
与文化产业发展的调研报告

◎ 市委宣传部、市人大教科文卫委课题组

为了全面总结厦门市委十一届二次全会通过的《中共厦门市委关于贯彻落实党的十七届六中全会精神推动文化强市建设的实施意见》实施以来，厦门市在文化建设方面的成就及落实实施意见的进展情况，找出制约当前厦门市文化发展繁荣的薄弱环节，探索推动文化大发展大繁荣方面的思路对策，根据市委要求，课题组深入调研，形成如下专题调研报告。

一、近年来厦门市文化建设发展的主要成绩

近年来，厦门坚持文化强市的发展理念，扎实推进文化体制改革，不断提升厦门文化软实力。通过改革，文化事业蓬勃发展，文化产业实力不断增强，文化建设不断开创新局面。

（一）文化事业繁荣发展

1. 文艺创作精品硕果累累。始终坚持"二为"方向、"双百"方针、"三贴近"原则，打造了一批精品力作。歌仔戏《蝴蝶之恋》等多件作品先后获中宣部全国精神文明建设"五个一工程奖"。近年来，厦门市各艺术门类共获"五个一工程奖"、文华奖、梅花奖、曹禺

戏剧奖等国家级重点文艺大奖 121 项,全国、省市级以上其他文艺奖 310 多项(次)。

2.公共文化服务体系日趋完善。近年来,厦门坚持结构合理、网络健全、运行有效、惠及全民的原则,以政府为主导,以公益性文化单位为骨干,鼓励全社会积极参与,加快建立覆盖全社会的公共文化服务体系,为人民群众参与和享受文化生活创造良好条件。自 2011 年创建国家公共文化服务体系示范区以来,25 项测评指标中有 23 项指标进度为优、2 项指标为良,创建工作走在全国全省前列。

3.文化活动丰富多彩。成功举办了第四届世界合唱比赛、中国国际钢琴比赛等重大文体活动和精彩赛事,被新华社等权威媒体称为"厦门现象"。积极开展走基层、进校园、进社区、下农村公益性演出活动,常年举办"温馨厦门"广场系列活动、厦门群众文化艺术节等系列群众性文化活动,还有企业文艺汇演和外来务工人员文艺汇演活动等。民办公助的"爱乐乐团"常年进学校普及交响乐,台湾知名音乐人杨慕先生在厦门设立的"微风乐集"致力于打造音乐厦门,让音乐走到平常百姓中,从而满足了不同群体的多样文化需求。促进了社会稳定、邻里和谐、文明创建,市民文化素质逐步提高。

4.对台对外文化交流合作持续深化。对台文化交流是厦门文化交流的"重头戏",从上世纪 80 年代至今,一直走在全国前列。近 5 年来,厦门市共办理有关台湾、金门地区的文化交流项目 148 批次,人员 5476 人次;来厦参会、参展、参加各项文化交流活动人员达 18585 人次,交流的项目与人员呈现逐年增长态势。近年来,厦门坚持以闽南文化为纽带、以区位优势为条件、以丰富文化底蕴为基础,多层次、全方位地拓展推进对台文化交流与合作。连续成功举办了五届海峡两岸(厦门)文化产业博览交易会、八届海峡两岸图书交易会以及海峡两岸民间艺术节等多项两岸重大文化活动。被誉为"歌仔戏发展里程碑"的两岸首度合作大戏《蝴蝶之恋》,开创了 60 年来两岸歌仔戏剧团同演一台戏的先例,在两岸公演 200 多场,为两岸文化艺术合作向更深层次发展起到了积极的推动作用。由台湾九天技艺团与厦门思明艺术团联合创作的海峡两岸首部民间合作舞蹈作品《鼓神》进入全国"群星奖"决赛。近两年来,厦门市分批组织市属文艺院团深入台湾中南部地区社区、庙口巡回演出,79 场密集演出吸引基层观众 10 万多人次,"乡音之旅"受到了中宣部、文化部和国台办的关注和肯定。在对外文化交流方面,近 5 年来,全市共组织小白鹭民间舞团、爱乐乐团等多家文艺团队近 4000 人次赴 40 多个国家和地区进行文化交流访问,接待来自 30 多个国家和地区万余人次来厦门开展文化交流。厦门对外文化交流的层次和水平明显提高,并逐步形成"政、民、商"相辅相成、协力一体的对外文化交流新格局。

5. 文化体制改革扎实推进。作为福建省唯一的全国文化体制综合改革试点城市,厦门市坚持改革的系统性和协调性,积极稳妥推进文化体制改革,整合执法资源,完成市区两级文化市场综合执法机构的组建;结合地市级政府机构改革,实施大文化行政管理体制,将文化局、广电局和新闻出版局进行撤并整合,实行"三局合一",成立了厦门市文化广电新闻出版局;在全面完成经营性文化事业单位改革、发行体制改革和制播分离改革等任务后,厦门市以推进国有文艺院团改革为重点,按照区别对待、分类指导的原则,对在非物质文化传承保护和对台文化交流、做台湾人民工作中具有特殊作用的厦门市歌仔戏剧团和"校团合一"模式的小白鹭民间舞团实现划转保护,撤销其文艺院团建制,成立了厦门歌仔戏传习中心和厦门小白鹭民间舞艺术中心;积极推动厦门歌舞剧院的转企改制工作,创新厦门爱乐乐团体制,形成了"民办公助"的运作模式,成为厦门的一张城市名片。图书馆、博物馆、美术馆等公益性文化场馆实施了免费开放,并在全省率先实行了聘任制改革,调动了广大员工的积极性。厦门市文化体制改革工作如期完成阶段性任务,先后两次荣获全国文化体制改革先进地区称号。体制改革、机制创新,激发了文化机构的发展活力,改革与发展的互动机制已初步形成,成效显著。厦门市的报业、广电、图书发行、演艺等产业加快发展,成绩斐然。人民日报、光明日报和经济日报等中央主要媒体对厦门市的文化改革发展成效和经验进行了多次的报道。

6.文化人才队伍素质不断提高。厦门市共有各类文艺人才5000 余人,涵盖全市各艺术门类。厦门大学、集美大学、华侨大学、厦门理工学院、厦门演艺职业学院、福州大学厦门工艺美术学院、厦门音乐学校、中央音乐学院鼓浪屿钢琴学校等一批大中专院校培育和引进集聚了一大批艺术人才。文艺人才的年龄结构呈年轻化趋势,高学历、高职称人才逐年增多。近几年来,各艺术门类涌现出许多优秀中青年文艺家,引进了傅人长和周宇博 2 名海外高层次"双百人才",有 3 人获国家级中青年"德艺双馨"文艺工作者、28 人获厦门市拔尖人才、21 人获厦门市宣传系统"五个一批"人才等荣誉称号,30 人获"厦门文艺突出贡献奖"。

(二)文化产业持续较快发展

1.厦门市文化产业发展现状

近年来,厦门市按照"十二五"文化产业发展专项规划,大力实施"531"(重点培育 50 家重点文化企业、30 个重点文化产业项目、十大重点文化产业园区)文化产业载体建设,重点发展创意设计、影视动画、文化旅游、数字内容与新媒体四大产业群,加快文化产业招商引资步伐,着重推动厦门闽台文化产业试验园区建设,文化产业不断发展壮大。2012 年,厦门市文化产业实现增加值 217.03 亿元,比增 20.1%,占同期 GDP 比重为 7.7%,呈现平稳较快增长的良好态势,内部结构逐步优化、发展质量稳步提升。其增加值已经超越了全市房地产业并逐步接近金融业,对拉动全市服务业发展发挥着越来越重要的作用。2013 年 1 月,台湾亚太文化创意产业协会公布了 2013 年《两岸城市文化创意产业竞争力调查报告》,厦门市在两岸 42 个城市的文化产业竞争力综合排名中位列第七名,比 2012 年提升两位。

2.厦门市文化产业的主要特点

一是新兴文化产业发展态势强劲、产业的集群效应逐步显现。尤其是文化与科技融合型新兴文化业态发展迅猛、潜力巨大。目前,动漫网游、数字内容与新媒体等新兴业态的文化企业已形成聚集发展态势,规模不断扩大,"4399"、趣游科技、翔通动漫、中移动手机动漫基地、吉比特、水晶石科技、读客网等为代表的一批新兴业态文化企业增长迅猛。据不完全统计,至 2012 年底全市有文化与科技整合型企业 400 多家,总营收高达 236 亿元,约占全市文化产业营收的 27.14%,文化＋科技相融合的文化企业已经成为厦门市文化产业跨越式发展的重要支撑力量。二是传统文化产业发展平稳、骨干龙头企业引领产业优化升级。厦门市以发行、广告、报业、影视、演艺、印刷、古玩艺术、会展等为主的传统文化产业门类呈现平稳发展态势。新闻出版方面,截至 2012 年底,全市出版物发行单位 298 家(不含互联网出版),营业收入 13.37 亿元,实现增加值 8.99 亿元,增长 9.84%;印刷业营业收入 125.8 亿元,比增 8.7%,增加值 40.77 亿元,增长 18.04%。优必德、万仟堂等一些传统骨干文化企业通过创意设计和跨界发展实现了转型升级,取得了很好的发展成效,成为厦门市工艺美术品产业领域的一大发展亮点。三是文化服务业增长迅速、文化休闲业和文化会展业发展迅猛。全市文化产业结构不断优化,最具文化特征的文化服务业的增长要明显快于文化产业的整体增长,其总量占全市文化产业比重已由 2009 年底的 28.7% 上升到目前的 50% 左右,文化服务业的快速增长对进一步满足人民群众的文化需求发挥越来越重要的作用。四是文化产业展示交易平台建设取得积极成效。

蓝皮书

2012年,第五届海峡两岸文博会正式升格为国家级展会,台湾参展企业覆盖台湾所有县市,是目前大陆文博会中台湾参与度最高的展会。海峡两岸文博会已经成为海峡两岸和港澳地区文化产业合作交流和投资交易的重要平台。海峡两岸图书交易会已分别在厦门和台湾两地轮流举办了8届,已成为两岸出版业界的最重要交流平台。这些文化产业的综合性或专业性交易平台在发挥产业对接和投资交易功能的同时,其对厦门市文化产业,特别是文化会展业和文化休闲产业的带动作用是十分显著的。

二、近年来厦门市文化建设中存在的薄弱环节

(一)在文化事业层面

1.文艺精品生产创作方面。一是精品综合效应低,精品创作生产横向拓展和纵向延伸意识不强,特色文化资源挖掘深度不够,缺乏形成具有集聚效应及产业链的精品;二是面向市场、适应市场的能力不强,部分有影响力的文化精品市场发展潜质开发力度不足;三是文化精品的数量、质量与厦门市经济社会发展水平不相适应;四是文艺政策的制定和实施有待进一步完善,文艺创作的合力有待进一步形成。

2.公共服务体系建设方面。一是基层公共文化设施建设规模不均衡,布局不尽合理,管理相对薄弱,岛内老城区基层文化设施不健全,岛外文化设施建设滞后的问题还比较突出,一些乡镇、社区、行政村公共文化基础设施不达标;二是公共文化服务的社会化和市场化程度不高,社会力量参与公共文化产品的生产和供给尚未形成规模,提供的产品和服务项目较少;三是文化类民办非企业

单位发展还处于起步阶段,参与提供基本公共文化服务未能形成气候。

3.文化人才队伍建设方面。文化人才既有人才的共同属性和成长规律,又有其特殊属性和独特成长规律。当前,随着文化体制改革的不断深入,厦门市文化人才队伍与当前文化发展的新形势不相适应的方面愈加突出。一是高层次、复合型文化人才比较紧缺,主要领军人物稀缺,特别是既懂文化建设又懂经营管理,擅长项目策划、文化经纪、市场营销、资本运作的复合型人才缺乏。二是"体制外"日益庞大的文艺人才队伍的扶持培养力度还需要进一步加大。三是专业型、针对性的文化人才政策需要进一步加强,特别是针对基层、中层文化人才的培养、保障措施还需进一步加强。

(二)在文化产业层面

一是认识上不到位、重视程度不够。文化建设是党的十八大五位一体战略部署的重要组成部分。发展文化产业是经济结构战略性调整的重要支点、转变经济发展方式的重要着力点、推动科学发展的重要支撑;发展文化产业有利于优化产业结构和经济结构,有利于拉动居民消费结构升级,有利于扩大创业和就业。从厦门市经济社会发展的总体部署来看,大力发展文化产业是落实"文化强市"战略的重要内涵,市委提出,到 2016 年,文化产业增加值占全市同期 GDP 比重达 10％以上。从文化产业的自身特性来看,文化产业是都市型产业,文化产业的发展不但能够提升一个城市的综合经济实力,而且以创新创意为特征的文化产业是一个人与自然和谐共存、融合发展的产业,在城市功能优化和城市环境美化等城市"软实力"提升方面可以发挥独特作用。对此,我们在认识上与中央的战略部署、与市委的"文化强市"要求还存在不到位的现象,对文化产业发展规律和本质特征的认识还不够深入。这些认识上的不深入、不到位必然体现在工作上的被动缺失和不到位。

二是管理体制有待完善、促进发展的合力还未形成。发展文化产业是一项全局性的工作,既是经济工作也是文化工作。从文化产业的意识形态属性和产业属性的两重性来看,文化产业发展涉及党委和政府两个层面;从文化产业的内部构成来看,产业门类众多,涉及党委和政府的多个部门。从中央到地方的通行做法是由文化改革发展工作领导小组及其办公室为主体共同构成一个相对完整的宏观管理体系。但是,在实际工作中,厦门的文化改革发展工作领导小组却难于充分发挥作用,目前还无法形成像抓经济发展或推动基础设施建设那样比较完善的领导体制和运行机制,文化产业发展工作容易陷入"碎片化",财政、土地、金融等政策还未形成配套,各区各部门工作体制、机制各式各样,还无法形成较大合力来推动工作。

三是国有文化企业引领作用不明显、文化资源整合工作有待推进。国有文化企业应该成为厦门市文化产业发展的主力军和引领者。但是,从发展规模来看,无论是厦门广电集团还是厦门日报社和厦门外图集团,都无法很好地承担厦门市文化产业发展的引领者角色,资产规模偏小、营收总量不大、产业链不完善,对全市文化产业的引领作用不明显。为了增强厦门市国有文化企业在全市文化产业发展中的主导和引领作用,我们应加快推动国有文化资源的整合工作,盘活全市存量文化资产,推动文化资源和生产要素向优势企业适度集中,加快培育国有骨干文化企业和文化产业领域的战略投资者,为文化改革发展夯实市场基础。在这个方面,我们的工作还做得不够,一些存量文化资产的使用效率和效应很低,科学合理的国有文化资产管理体制还未形成。

三、厦门市文化发展的几点探索性思考

　　莎士比亚说过,"城市即人"。城市真正的美好之处在于:给所有人包括弱者提供平等的机会,文化权利自然也不例外。厦门的跨越发展之路、美丽发展之路,就是要让广大人民群众既要欣赏到山清水秀的自然之美,体会到宜居健康的环境之美,感悟到人文素质的心灵之美,更要享受到和谐繁荣的文化之美。现在,文化产业发展在全国处于万紫千红、千帆竞发的蓬勃发展期,不进则退,时不我待。我们应当通过文化强市建设,繁荣文化事业,不失时机地优化调整产业结构,提高文化产业发展在我市国民经济发展中的占比,推动经济持续健康发展。

　　一要坚持好统筹协调和凝聚共识协同推进的原则。党的十八大提出了经济建设、政治建设、文化建设、社会建设、生态文明建设五位一体的总体布局。五个方面你中有我,我中有你,互为纽带。文化建设是灵魂,提供的是不竭源泉和发展动力。加快文化强市建设,必须要始终坚持把文化建设同经济、政治、社会、生态建设一道纳入经济社会发展全局,牢固树立推进文化建设发展的政治意识,牢固树立抓发展必须抓文化、抓文化就是抓发展的理念,把文化作为在新阶段取得领先优势的重要力量,统筹协调好全市各级各部门重视发展文化、齐心推动文化,真正做到思想上高度重视、方向上牢牢把握、工作上强力推进、政策上全力支持、投入上切实加强;必须围绕解放发展文化生产力,通过深化文化体制改革,重塑市场主体,完善市场体系,改善宏观管理,转变政府职能,切实解决制约文化发展的深层次矛盾和问题,向改革要活力、要效益;必须科学规划好城市和农村、岛内和岛外的文化发展,处理好文化的社会效益和经济效益、文化的意识形态属性和产业属性、抓繁荣和抓管理的关系,促进文化事业和文化产业繁荣有序发展;必须突出以人为本,坚持把实现和保障人民群众的基本文化权益,满足人民群众多方面、多层次、多样性的精神文化需求为文化发展的重点,不断提升人民群众的文明素质和精神境界。

二要发挥好文化事业和文化产业相互促进的作用。一手抓公益性文化事业,一手抓经营性文化产业,是文化体制改革的基本思路,也是繁荣发展社会主义文化的必然选择。厦门建设文化强市,文化事业和文化产业相互促进、协调发展是一个重要的要求。文化事业的繁荣发展会为文化产业的发展培育出良好的文化土壤、消费人群,通过不断参与文化活动,广大群众就会感受到物质生活以外的精神愉悦,会自觉地去消费更多的文化产品;健康的文化产业也会带动文化事业的蓬勃发展,很多文化产业方面的产品不断成为文化事业的内容,其宣传的价值观会转变成为文化事业的价值追求。一定要正确区分和把握文化事业和文化产业的不同性质,坚持"两手抓",既集中力量办好公益性文化事业,又放手发展经营性文化产业,推动文化事业和文化产业相互配合、共同发展。

三要协调好文化建设和城市空间合理布局的关系。文化强市要"做强"文化产业、"繁荣"文化事业,但更要做强和优化城市发展的"软实力"、"软环境"。文化事业和文化产业是城市发展的一种"软实力",但还不是"软实力"的全部。从城市"软实力"与"软环境"相对一致的意义上看,城市空间"人性化"的合理布局、城市空间社会文化资源的合理配置,既能为城市文化产业可持续发展提供均衡、协调的发展空间,又能为城市市民满足文化需求、保障文化权益提供公平、公正的空间。公共文化空间是城市建设的应有之义,决定着一座城市的文化品质、文明程度和幸福指数。只有形成了城市文化产业与文化事业和谐发展的社会空间,才可以说城市在转变发展方式、改善城市发展的"软环境"、提升城市发展的

"软实力"方面走出了关键性一步。

四要把握好文化多元和闽南特色相互融合的关系。一个地方如果没有独特的文化内涵和特色,在发展中就不可能具有竞争力。厦门的文化具有很大的包容性,作为对外开放的窗口,闽南文化、海洋文化、现代文化、西方文化、宗教文化、华侨文化等中西文化的各类元素在这里相互交融、相互借鉴,形成了既具有闽南文化特色,又兼具多元的厦门文化特质。如何按照国务院批准的《厦门市综合配套改革实验总体方案》中提出的构建两岸文化交流最活跃平台的目标,切实把握好厦门多元文化和闽南文化相互融合的关系,充分挖掘厦门深厚的文化内涵,凸显厦门闽南文化的特色和优势,特别是结合厦门当前的城市定位和发展布局,选择提炼形成具有持续发展、鲜明特色的城市文化形态,打造具有个性化、人性化的城市,是未来推进厦门文化发展的重要方向之一。

五要规划好资源配置和产业布局优化整合的格局。分散零碎的文化资源难以成就大的气势和格局;"特色"既可产生事物丰富多彩的差异性,形成无与争锋的强势;但也可能由此带来较难传播推广的局限性,与文化产业大批量复制生产传播的产业性质不相适应。因此在未来推进文化繁荣发展过程中,必须进一步将厦门文化资源配置和产业布局统筹科学地规划好,整合同城同业资源,引导区域特色文化产业合理布局、有序聚集,将它们转换成具有强大适应力、生产力、推动力的经济发展新增长点。要积极推动文化与科技、旅游、体育、信息、物流、建筑等产业的融合发展,延伸文化产业链,推动传统领域向数字电视、网络出版等新兴领域的拓展,创新文化产品和服务,催生文化高附加值领域的形成。

六要探索好文化治理和文化关怀相辅相成的方向。文化治理是对于文化公共事务分层级、各部门协调合作的管理方式,是对文化领域公共事务的治理,简单地说就是党和政府必须转变在文化管理中的角色,由文化统管统分,到分权分级管理的方式,这包括中央向地方分权,政府向社会组织分权,将地方、社会、市场、个人的主动性和活力都纳入到公共文化领域中来,以此激发文化领域无穷的创新意识。而党和政府在其中扮演的角色不是家长,而是穿针引线的组织者和协调者,并以公共文化利益为宗旨,制定政策法规。文化关怀更多体现在以人为本的精神舒缓,特别是针对生活在城市的中低收入阶层。当前,在城市发展进程中,生活的成本、工作的压力、就业、医疗保健和其他社会安全问题以及发展前景的担忧,等等,几乎困扰着每个中低收入者。这些压力如果不能在精神上得到缓解,就有可能发展到降低生活质量、缺乏工作效能,甚至报复社会、犯罪和危害公共安全等问题,而能够发挥舒缓人类精神作用的恰恰是文化关怀。因此,厦门可以考虑在现行的体制下,积极探索城市文化治理与文化关怀相辅相成的新途径,探索建立与厦门城市发展相适应、具有厦门特色的文化治理模式。

四、未来厦门市文化发展的主要思路和举措

(一)文化事业层面

1.加强文艺精品创作的思路和举措。一是项目带动。通过重点项目带动整个文化精品工程的实施,积极参与全国精神文明建设"五个一工程"、国家舞台精品工程等全国性活动,有针对性地确定门类和重点项目。二是管理推动。通过规划与立项、监督与管理、考核与奖励等精细化管理环节,对重点项目的创作、生产和传播进行全过程全方位的扶持。三是激励促动。整合文化精品创作生产扶持和奖励经费办法,通过"以投代拨、以奖代拨、以购代拨"等形式,促进文艺精品创作。四是特色联动。充分发挥对台特色,

实施文化精品工程与对台文化交流的有机结合，创作出更多的富有对台特色的文化精品。

2.强化公共文化服务体系建设的思路与举措。一是按照公共文化服务均等化原则，进一步健全和完善布局合理、设施完善、功能齐备、覆盖城乡的市、区、镇（街）、村（居）四级公共文化服务设施网络体系。二是充分利用丰富的历史文化资源，打造具有本地特色的主题系列活动品牌，建设一批文化名区、名镇（街）、名村（社区）、名园、名馆和名品。三是建立健全各级公共文化机构，落实人员，保障经费和待遇。四是建立更加完善的政府购买社会公共文化服务制度，以资助、贴息、奖励等方式，扶持文化类民办非企业单位。

3.加强文化队伍建设的思路和举措。一是建立文艺事业经费投入机制，加大财政投入扶持力度，多渠道、多层次建立起基础性、制度性的财政投入机制。二是以"不求所有，只求所用"的全新理念，将"引智"和"引人"结合起来，把"借名"和"借势"统一起来，吸引更多的文艺名人集聚厦门，打造文艺人才和产业人才集聚高地。三是建立健全激励机制、绩效评估和绩效考核制度，加强行业自律和行风建设。

4.加强对台对外文化交流合作的思路与举措。一是继续办好"海峡两岸文化产业博览交易会"、"海峡两岸图书交易会"、"海峡两岸民间艺术节"、"闽南语歌曲大赛"、"乡音之旅"巡回演出等一系列对台文化交流活动。二是不断拓展文艺演出交流与合作的领域。努力推动厦门市的对台文化交流，从艺术生产与演出、艺术教育、艺术研究、艺术培训以及图书、文物、美术、人才培养等方面的交流与合作。三是着力加强对台文化产业交流合作。一方面不断推动文化产品的内容创新，充分挖掘和展示闽南文化的独特魅力，贴近台湾群众文化需求和消费习惯，形成有一定竞争力的文化品牌；另一方面积极推动厦门与台湾文化产业的对接，培植和营销品

蓝皮书

牌,加大对台文化产业的招商力度,打造产业发展与合作平台。四是发挥厦门优势,加强同厦门市国际友城的文化交流,办好一年一度的国际马拉松赛。

5.推进文化体制改革的思路与举措。建立健全国有文化资产管理体制,遵循管理与收益相分离的原则,理顺和构建我市国有文化资产管理体制。分类推进文化事业单位改革,推动党报党刊、电台电视台进一步完善管理和运行机制。深化文化管理体制改革,推动政府职能更好地转到政策调节、市场监管、社会管理、公共服务上来。

(二)文化产业层面

从目前的发展态势来看,《厦门市十二五时期文化产业发展专项规划》提出的目标任务和发展重点基本符合厦门市文化产业发展的实际,指导性比较强。但从国际文化产业发展的最新趋势来看,厦门市在发展重点上要更加突出;在发展方式上要体现文化产业与信息产业的融合,把集群化发展模式和融合发展方式紧密结合起来;在指标体系的调整上要更加突出数字内容与新媒体产业的核心地位。

1.实施项目带动战略,推动文化产业成为厦门支柱性产业

大力实施"531"工程,建好闽台(厦门)文化产业试验园区,实施一区多园,园区联动。确立数字内容与新媒体业、动漫网游业、创意设计业、古玩与艺术品业、影视业、演艺娱乐业、文化旅游业、印刷复制业等八大领域产业为厦门市文化产业的优势产业。突出培育龙头文化企业,发挥重点文化企业在行业整合、园区开放、技术创新、市场开拓、业界公共技术平台构筑等方面的积极作用,力争在全省文化企业 10 强乃至全国成长性重点文化企业中有厦门的应有地位。要通过发挥海峡两岸文博会、图书交易会等平台的作用,加大重点企业的招商引资力度,加大重点文化企业储备

项目。

2.紧跟当前国内外文化产业发展趋势,推动文化与科技、旅游的融合发展

当前国际文化产业发展的趋势是文化与科技融合将成为文化产业发展的常态,文化产业的地位将日益突出。重点是内容创新和媒介创新。揭示了国际文化产业发展的最新方向:强化文化产业"复制性"的媒介创新即新媒体产业的大发展。厦门应紧跟国际文化产业发展的趋势,通过争创文化科技融合示范城市为契机,大力促进文化和科技融合,发展新型文化业态,增加文化的创造力和活力,提升文化产品的艺术含量和科技含量,使之充满艺术感染力、智慧的想象力和更强的市场竞争力,使之更能为广大人民群众喜闻乐见,不断提高文化产业规模化、集约化、专业化水平。要积极推动文化与旅游的融合,近年来,中央高度重视文化旅游的结合发展,文化部、国家旅游局联合出台了《关于促进文化与旅游结合发展的指导意见》,厦门具有丰富的旅游资源和深厚的文化底蕴,要通过整合资源、优化机制,培育文化旅游品牌,打造高品质的旅游演艺产品,对现有演艺资源进行整合利用,鼓励社会资本以投资、参股、控股、并购等方式进入旅游演出市场,鼓励运用现代高新科学技术,创新演出形式,提升节目创意,突出地域特点和文化特色,打造优秀旅游演出节目,推动演艺事业做强做大。

3.以文化产业和信息产业融合发展为抓手,推动厦门市数字内容与新媒体产业的加快发展

以数字内容为主的新兴文化产业的迅猛发展是近年来厦门市文化产业发展的一大特色和亮点。厦门市数字内容与新媒体产业发展已经具备了比较好的微观基础,中移动动漫基地、4399公司等机构是厦门市新兴文化产业发展重要支撑力量,我们应该加大政策扶持力度推动这些企业和机构加快发展,形成集群化、专业化发展态势。与此同时,我们要从国际文化产业的发展趋势和发展

蓝皮书

方向出发,以现有新兴文化产业和信息产业的市场主体和技术基础为支撑,实施融合发展战略,以文化产业和信息产业融合发展为抓手,把数字内容与新媒体产业的发展放在更加突出的位置,使之成为厦门市文化产业发展的重要引擎。厦门数字内容与新媒体产业将会在未来3到5年时间迎来全新而辉煌的时代。

4.建立健全文化产业扶持政策,为厦门市文化产业发展提供可靠保障

提高对文化产业在城市总体发展中战略性作用的认识,确立其在厦门市经济社会发展中的重要地位,统一思想,形成合力,进一步增强文化产业财政和用地扶持政策的有效性和持续性,尽快出台《厦门市文化产业发展专项资金管理办法》,并根据厦门市财政收入情况,逐步增加专项资金额度,以满足文化产业发展需求。要根据文化强市的要求,在用足用好现有政策的基础上,推动出台更多更加优惠的文化产业扶持政策。比如在财政扶持方面,厦门市在专项资金的安排上还是略有不足,既比不上北上广深等一线城市,与武汉、杭州、南京等副省级城市多有不如,甚至低于同省福州市(见表1)。建议加大财政扶持力度,财政扶持的出口应逐步由党委政府主导向第三方专业权威机构主导转变,引导企业逐步走上良性发展道路。

表1 文化产业财政扶持情况

城市名称	北京	深圳	武汉	杭州	南京	福州	厦门
年投入（亿元）	5	5	2	1.52	0.5	0.3	0.2

在用地供地方面,建议在城市建设中留足文化产业发展空间,在旧城拆迁中保护好已形成规模的文化产业用地,在"三旧改造"的进程规划中尽可能留足文化产业的发展空间。积极引导和保护

厦门市如思明区曾厝垵文化产业集聚区等自发性原生型文化产业聚集区。在金融扶持方面,建议实施激励文化发展壮大的财税政策,完善和细化文化产业的差别税率政策,消除财税政策的不公平。引导银行业等金融机构支持文化产业发展,积极培育一批文化产业大企业、大集团及上市企业,将科技含量高的文化企业纳入高新技术企业认定范畴,享受国家、省市的财政扶持等优惠政策。在文化与科技融合方面,建议推出文化产业科技创新的政策措施,加快科技成果在文化领域的广泛应用,大力鼓励文化企业加大自主创新投入,引导全社会重视和参与科技创新推动文化产业的大发展,推动厦门市文化的大繁荣。在文化人才培养方面,认真落实海纳百川"文化名家文化产业领军人才"引进计划,建议坚持自主培养为主,大力实施紧缺人才培训工程,建立促进文化人才流动及合作的体制机制和以市场为引导、企业为主体的人才认定和奖励机制。

课题负责人:叶重耕、陈紫萱

2013 年 10 月

蓝皮书

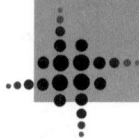

打造文学品牌　夯实文化基础

——实施文学品牌战略提升厦门文化软实力的对策思考

◎ 张　萍　蔡清辉

　　习近平总书记 2 月 24 日在主持政治局第十三次集体学习时强调,把培育和弘扬社会主义核心价值观作为凝魂聚气、强基固本的基础工程,继承和发扬中华优秀传统文化和传统美德,广泛开展社会主义核心价值观宣传教育,积极引导人们讲道德、尊道德、守道德,追求高尚的道德理想,不断夯实中国特色社会主义的思想道德基础。他的一系列论述,对于当代中国文学自身的发展与建设,以及在文化强国战略中如何发挥文学的独特作用,都有重要的指导意义。福建省委书记尤权也十分重视福建省的文化工作,对省社科院张文彪同志调研报告进行两次批示,福建省委宣传部李书磊部长到任第二天就来厦门,约谈了舒婷等一批文化界名人,足以体现省领导对文化和文学工作的高度重视。这不仅是对厦门文学和文化发展的加油鼓劲,也是对全市文化界的鞭策激励。作为宣传思想文化战线的从业者,必须认真调研思考并付诸行动,共同做大做强厦门文学,为厦门文化软实力提升、文化繁荣和全面推进"美丽厦门"建设提供智慧源泉和精神支撑。

一、文学重镇的风采——厦门文学甲子巡礼

厦门具有优秀的文学传统,早在唐宋时期,就出现了"文学神童"陈黯、北宋贤相苏颂等一批在当时文坛具有重要影响的诗文名家;明清时期,也涌现了"海都四才子"和黄日纪等一批文人骚客;上世纪 30 年代厦门诗歌会的童晴岚以及 1945 年写下名篇《泥土》的鲁藜,也曾风云一时。特别令世人瞩目的是,上世纪 20—40 年代,鲁迅、林语堂、许地山、鲁彦等 30 多位全国一流的作家齐聚厦门,厦门一时成为全国文学界的"圣地"。而新中国成立后,尤其是改革开放 30 多年来,厦门文学创作又进入一个崭新的历史发展时期,文学界可谓人才济济、佳作无数。回顾 60 多年的发展历程,大体可从以下几个标志性人物和作品来提纲挈领。

1.《小城春秋》享有中国现当代文学史独特地位。长篇小说《小城春秋》,以中共地下组织成功开展厦门劫狱斗争为中心事件,真实反映了 1927－1936 年间厦门地区艰苦卓绝的革命斗争,生动刻画了不同类型知识分子的形象。作者高云览 1910 年 5 月出生于厦门一个华侨家庭,《小城春秋》是其代表作。这部耗费了他大半辈子心血、去世半年后才出版的长篇小说,深受读者欢迎。小说曾先后 4 次出版,国内总发行量 150 多万册;还被改编为同名连环画出版,先后印刷了 5 次,发行 13.9 万套;后又被拍摄成同名电影,全国公映,1995 年 5 月入选"中国电影 90 年"十大名片之一。迄今,该小说先后被译成英文、法文、西班牙文、俄文、日文等文字,在世界上广为流传。著名作家冯牧撰文誉称:"《小城春秋》与《青春之歌》一样,一南一北,互相辉映。"周扬曾在中国文学艺术工作者第四次代表大会上的报告中肯定了该小说的历史地位。当代中

蓝皮书

国文学史诸多专著中,均对之有过重要论述。学者高旭国甚至认为:在当代知识分子形象类型化过程中,《小城春秋》是开山之作,《青春之歌》所做的工作不过是"承继"和"发展"。

2.舒婷的诗歌和散文享誉海内外。舒婷,原名龚佩瑜,现为厦门市文联主席。她的主要著作有诗集《双桅船》、《会唱歌的鸢尾花》、《始祖鸟》,散文集《心烟》等。舒婷与同时代的北岛、顾城并称为中国"朦胧诗派"的代表人物。舒婷的散文和随笔也同样精彩。《真水无香》等一批名篇让人久久称颂。她的诗歌《祖国啊,我亲爱的祖国》被编选入苏教版高一语文和人教版九年级语文下册教材,《在那颗星子下——中学时代的一件事》节选被编入沪教版六年级下册语文的教材。30多年来,她载誉无数,曾获首届中国新诗优秀诗集奖、中华文学基金会"庄重文文学奖"、新时期首届女性文学奖、2007年度华语传媒大奖等数十个奖项。她多次应邀出访20多个国家和地区,进行讲学交流,作品被翻译成20多国文字,成为"厦门贡献给世界诗坛的一个杰出诗人"。

3.以郑朝宗、易中天等为代表的文学评论家蜚声全国。厦门文学理论与批评的繁荣,得益于厦门大学等高校的一些教授、学者的勤奋努力。郑朝宗教授1936年毕业于清华大学外国语文学系,1949年赴英国剑桥大学留学,长期任教于厦门大学中文系。他不只是一位著名作家,更是一位杰出的文学评论家。著有《小说新论》、《护花小集》等,主编《〈管锥编〉研究论文集》,编译《德莱登戏剧论文选》等。他是我国"钱学"的首倡者,曾掀起海内外"钱学研究热"。厦大教授林兴宅,则是全国文艺批评新方法的开拓者和带头人,他的《阿Q的性格系统》曾引发了1985年中国大陆的"新方法热"。厦大教授易中天,则是近年蜚声海内外的"学术明星",他长期从事文学、艺术、美学、心理学、人类学、历史学等多学科研究,著有《美学思想论稿》、《艺术人类学》、《汉代风云人物》、《易中天品三国》、《帝国的惆怅》等著作。目前,活跃在全国文坛的厦门文学评论家还有杨春时、俞兆平、陈仲义、郭永健等，他们的学术成就令全国同行瞩目。

4. 以赖妙宽、须一瓜、李晓玲和李秋沅等为代表的中青年作家屡获大奖。赖妙宽，现为厦门市文联调研员，主要作品有《天赐》、《共同的故乡》、《父王》、《天堂没有路标》。其中《天堂没有路标》获第十届全国"五个一工程奖"等。须一瓜，原名徐苹，现为厦门晚报首席记者。2000 年起，陆续在《人民文学》、《十月》、《作家》等杂志发表小说，作品多次被《新华文摘》等刊物选载。曾获华语传媒最具潜力新人奖、人民文学年度奖等。何光喜的报告文学《开埠》（与人合著）曾荣获首届鲁迅文学奖。儿童作家晓玲叮当（李晓玲）先后创作出版了《写给小读者》、《叮当的回响》等作品，其中《写给小读者》一书荣获第十一届中国图书奖；2012 年《魔法小仙子》获第十二届"五个一工程奖"，作品发行量超 500 万册。她的作品还被制作成动漫产品，开创了厦门市儿童文学产业发展的新纪元。李秋沅则以长篇文学《木棉·流年》摘下第九届（2010—2012）全国优秀儿童文学奖桂冠，这是厦门首位获此殊荣的作家，填补了福建省的空白。

此外，值得一提的是，客居异地的厦门籍作家萧马、严歌苓父女以及王安忆、斯妤等，对繁荣中国文学乃至世界文学也做出了重要贡献。严歌苓的祖父严恩春，曾留学哥伦比亚艺术学院文学写作系，是《德伯家的苔丝》中文版第一任译者，后任教厦门大学。父亲萧马，原名严敦勋，1930 年 11 月出生于厦门，后供职于安徽文联，主要作品有《哨音》、《破壁记》、《铁梨花》等。在家庭的熏陶下，严歌苓从小阅读了大量文学著作，受到良好教育，这为她后来文学才能的井喷式释放打下了坚实的基础。她的《第九个寡妇》、《一个女人的史诗》、《小姨多鹤》、《金陵十三钗》、《陆犯焉识》等一系列作品，成就了她"海外华语界极具影响力的杰出作家"地位。厦门同安籍的王安忆，现任中国作协副主席、上海市作协主席、上海复旦大学教授,也是全球最杰出的华文作家之一。曾获茅盾文学奖等多个重大奖项。她的许多作品被译成多国文字,在国外广为发行。现任中国艺术研究院文学艺术创作中心主任的汪国真,也是厦门人,他是当代著名诗人、书画家、作曲家,出版过《年轻的潮》、《年轻的思绪》、《热爱生命》、《雨的随想》、《我微笑着走向生活》、《旅程》等多部诗集。供职于江苏省作协的斯好,曾长期生活于厦门,抒写厦门的作品很多,曾获鲁迅文学奖、庄重文文学奖等重大奖项。她的《北海的早晨》被选入上海中学语文教材。

二、厦门实施文学品牌战略在提升 城市文化软实力中的独特作用

文学是文化中的特殊因子,是艺术之母,更是文化之本,是几乎所有文化艺术形式的源头活水;文学不仅是支撑整个文化产业的基石,更关乎文化产业的质地与灵韵。近百年来,尤其是改革开放以来,厦门的文学品牌已悄然形成。文学在整个文化体系中的基础性地位,决定了实施文学品牌战略在提升厦门城市文化软实力中的重要作用。

1.为全面推进美丽厦门建设提供精神动力。一个国家需要拥有伟大的民族精神,一个城市同样需要有自己的城市精神。城市精神犹如一面旗帜,凝聚着一座城市的思想灵魂,代表着一座城市的整体形象,彰显着一座城市的特色风貌,引领着一座城市的未来发展。当前,厦门的改革进入攻坚期和深水区,建设美丽厦门是厦门全面深化改革、实现科学发展的战略抉择。美丽厦门,既要有繁荣的经济、优美的风景,更要有独特的文化、个性鲜明的城市精神。当下,我们迫切需要打造出自己的城市精神,这样才能对内凝聚人心、对外树立形象,使全市上下团结一致、全面推进美丽厦门建设。

而实施文学品牌战略,大力推动文学发展,通过创作一大批震撼人心的伟大作品,彰显厦门的城市思想灵魂,激发和释放社会能量,最大限度地凝聚共识,引领厦门的未来发展。

2.为厦门城市形象展示提供文化地标作用。城市形象标志是凝聚了城市的地域、经济、文化等各方面因素,通过对城市精神理念和个性的完美诠释,来体现城市特色和整体形象的静态视觉识别符号。推广城市品牌的过程,很大程度上就是推广城市文化的过程。作为国际花园城市的厦门,除了自然环境美的标识之外,还必须建立起属于自己城市的标志性文化标识。狄更斯的《双城记》、雨果的《巴黎圣母院》、老舍的《四世同堂》、张爱玲的《倾城之恋》,这些文学名人、文学名著,对一个城市发展的影响力是巨大的,甚至是深远的。因此,实施文学品牌战略,打造以舒婷为代表的城市文学形象,是塑造厦门城市形象、扩大厦门的知名度和文化影响力的一个重要途径。

3.对厦门文化产业发展起引领与促进作用。文化产业是新世纪国民经济发展的增长点,也是推动绿色产业、地域经济跨越式发展的重要通道。在厦门当下的产业结构中,文化产业基础薄弱,在GDP中所占比重较低,还远不能适应市场和城市未来发展的需求。文学是一种事业,更是一种产业,始终处于教育、出版、影视、动漫、游戏、网络、旅游等产业链的上游,是支撑整个文化产业的基石;文学的发展直接关乎文化产业的质地与灵韵,更关乎良性的文化生态环境和引导机制的建立;只有让厦门的文学创作始终保持长盛不衰的发展势头,才能为厦门的文化产业输送源源不断高品质的创作和发展源泉。因此,实施文学品牌战略,大力发展文学事业和以文学为引领的文化产业,不仅可为经济增长提供新的动力,也可促进厦门经济增长方式的转变和产业结构的升级。

4.对两岸同胞、海外侨胞有血脉滋养与民族认同作用。文学具有直抵人心灵和思想统摄的作用,能唤起人们共同的思想情感,可以消除隔阂,增进价值观和民族认同。台湾文学、东南亚华文文学均源于中国文学,作为两岸同胞和海外侨胞进出祖国大陆的一个重要桥头堡,更由于深厚的文化底蕴,厦门与台湾、东南亚华侨在文学发展上密不可分。台湾新文学运动的先驱张我军和赖和,著名作家林秋梧、余光中、王梦鸥、姚一苇等,都曾在厦工作或学习多年,这些经历对他们的文学创作与活动产生了深刻的影响。台湾作家龙应台与厦门诗人舒婷,常在国际文坛上并驾齐驱,结下很深的友谊。厦门筼筜书院是两岸国学交流的重要基地,诸多国学名家、学者在这里畅谈国学。目前,以厦大为核心的厦门东南亚华文文学研究,成果丰硕,厦门业已成为我国东南亚华文文学的研究中心。因此,厦门实施文学品牌战略,可为两岸乃至海外的文学交流提供崭新平台,有助于拓展海内外文学交流,对大中华文化的深层次交流和增进两岸同胞、海外侨胞的血脉滋养与民族认同都有极其重要的意义和作用。

三、厦门实施文学品牌战略
提升文化软实力的对策思考

文学作为标识一个民族思想深度、文化厚度和精神高度的神圣事业,注定是一场永无休止的创新接力赛。厦门建设具有标志性的文学品牌,不仅十分必要,而且正当其时,我们必须把握机遇,正视问题,从以下几方面加大工作力度:

第一,要总结梳理和探索创新,着力文学发展的顶层设计。"凡事预则立,不预则废","思路决定出路,规划决定未来"。实施文学品牌战略,必须进行顶层设计和总体规划。一是要对现有的文学"家底"进行盘点。建国60多年来,厦门文学虽取得了较为可喜的成绩,但至今仍缺少大师级的作家与作品,尤其是深刻反映本土文化,反映改革开放 30 多年来伟大历史变迁的作品。来自政府和社会的关注远远不够,文学的产业化还处于萌芽状态……我们要对这些成果和不足进行深入的分析研究,对我们城市的文学个性、文化构建进行 SWOT 分析。只有认真进行总结梳理,探索创新,才能发现问题,找到突破口。厦门的文学品牌战略,必须具备自己的核心价值,突出显著个性,充分展示自身深厚的文化沉淀,体现厦门文化的价值观和理念。实施文学品牌战略,就是要巩固已有的品牌,发展新的品牌。二是文联和文艺家协会应当制定 3 年、5 年、10 年的文学创作规划,提出重点创作项目、目标和相应要求,争取收获更多的全国奖项。三是加强文学界与文化产业界的对接,对品牌作品要进行产业化探索。坚持以文学来充实和带动动漫游戏业、出版业、影视业、创意设计业、古玩与艺术品业、演艺娱乐业、印刷复制业、文化旅游业、网络内容服务业的发展和产品的研发,做大做强厦门文化产业。

第二,要整体推进和重点突破,大力培养文学领军人才。实施文学品牌战略,必须正确处理好整体推进和重点突破的关系。只有整体推进,才能取得全面繁荣;强调重点突破,才能以点带面,激活发展动力。一是设立"厦门文学人才资源库",除了建设一支结构科学、布局合理、层次分明、具有竞争力的创作队伍外,还要根据文化产业发展需求,培养和引进一批懂管理、经营,尤其擅长新媒体企业策划、通晓跨行业、跨媒体运营的复合型人才。二是与大中院校合作,开办各种类型的培训班、举办笔会、征文竞赛等活动,以发现和选拔文学新苗,积极组织作家深入生活和采风活动,以提高作家队伍的整体素质。三是加大力度培养文学领军人才。文化具有特殊的"名人效应"。赵本山带活了整个东北的"二人转",常香玉唱响了河南的豫剧品牌。应当大力宣传和包装厦门本土的文学俊杰,塑造本土的文学名人和文化大师,以带动整支队伍的建设。四是探索推行重要作家挂职锻炼制度,采取厦门市委组织部、宣传

蓝皮书

部联合发文,文联、作协推荐的形式,选派重要作家、艺术家到各区或乡镇(街道)、社会以及企业挂职体验生活。只有重视队伍建设,坚持整体推进和重点突破,才能确保未来厦门文学的核心竞争力。

第三,要整合资源和健全机制,强化文学创作扶持引领。文化人的许多纯文化创作是难以在市场上实现其价值的,政府应给予进行纯粹文化学术创造的文化人以相当的物质保障。政府和文化人以及整个知识分子群体都应清醒地认识到其利益的高度一致性,积极谋划,共济时艰,以完成中国的现代化事业。为此,市委、市政府可多做一些工作。一是要尽快出台《关于繁荣发展厦门文艺(文学)创作的若干意见》文件,争取从政策和措施上加强对文学创作的支持和指导。建立文学创作激励机制。加大对主旋律优秀文学作品的奖励力度,对在全国产生重大影响的精品力作进行重奖;应建立对文学创作资金投入、使用、管理的长效机制,加大对于重大题材作品的资助力度,保证文学创作资金的正常运转和逐年增长;加大执法力度,加强对知识产权的保护。二是整合资源,通过政府投入启动资金,利用民间资本设立"厦门文学创作基金"或以高云览、舒婷等冠名的"文学创作基金会",对优秀文学作品或在国家级重要出版社、刊物上发表的作品给予奖励和出版补助。三是在市文联设立"文艺理论研究室"和成立"文艺评论家协会",加强包括文学理论研究、文学评论在内的文艺批评工作;选派优秀的中青年评论家到外地学习、举办文艺评论家研修班等,尽快建设一支本土文艺评论家队伍。通过举办研讨会、推介会,扩大作家和作品的影响,以引领创作方向、提升作品质量。四是全面推行完善作家签约制。采取体制内作家签约制、合同制作家签约制、项目制作家签约制及重点作品扶植等方式,使之成为培养和吸引拔尖人才的有效机制。

第四,要拓宽渠道和创新形式,加强世界范围内的交流合作。在历史上,世界民族,无论大小,大多数都对人类文化做出了贡献。

文化一经产生,就必然会交流、互学、互补,从而推动了人类社会的进步。厦门文化多元,拥有丰厚中原古老文化(河洛文化)与闽越土著文化相融合的闽南文化资源;拥有数百年与海外文明交流对接的世界优秀文化资源;与台、港、澳、侨文化来往密切;又是一个国内移民城市,多种文化相互交融,取长补短,铸就了厦门文化多姿多彩、特性鲜明,又兼容、开放以及平和、从容的个性。厦门文学要在更高层面上谋求更大发展,尤其要在文化产业上取得重大突破,必须以更加开放的姿态,拓宽各种渠道,不断创新形式,加强与国内外文化艺术界的交流与合作,以赢得更大发展空间。一是要"引进来"。英、美、法、德以及韩、日等国家以及我国台、港地区,不仅文学发达,而且文化创意产业在全球也遥遥领先,我们应当注意吸收它们在创意、设计、研发、市场体系、创意人才、投资机制以及运营管理等方面的先进经验,探索引进国内外雄厚的文化资本、优秀的文化成果,不断提升文化产业的层次和水平。二是要"走出去"。要创造条件,努力建设"国际文化名城",把厦门优秀文化产品推向国内外市场,积极开拓国际文化市场。

四、总　　结

美国作家弗兰克·诺里斯曾在 1903 年出版的《小说家的责任》中强调小说是"工具",要"写真实"、"说真理"、"研究人性",他还说过一句相当经典而又意味深长的话:"小说(文学)是那么一种东西,它使人类变得文明,有别于野蛮人,因为人类在小说(文学)上获得的是不朽的、永恒的表现能力。"

今天,我们在推动厦门文化强市、提升城市文化软实力和全面推进"美丽厦门"建设的进程中,文学绝非是无关紧要的文化装饰物，厦门文学因其自身的艺术力量、历史定位和重要使命，将在这一实践中，担当重要的角色，发挥重大的作用。我们要实现"中国梦"，促进厦门经济的新一轮跨越，为社会创造更多的精神价值和经济价值，应当在文学中不断汲取养分，不断拓展自己的文化胸怀和思想内涵，通过文学、文化的复兴和繁荣来推动厦门经济增长方式的不断创新和经济的可持续发展。

2013 年 12 月

文化产业纵横谈：
属性、特点和趋势

◎ 戴志望

一、文化产业的本质属性

2012 年，我国文化产业的增加值为 1.81 万亿元，占 GDP 的比重为 3.48％。从这些数据来看，文化产业还不是国民经济的支柱性产业，对经济增长的贡献率还相当有限。但是，自新世纪以来，文化产业作为一个产业概念在党中央的一系列重要文献中（包括意义十分深远的十八届三中全会决定）均占有一席之地，其重要性毋庸置疑。

文化产业为什么会享有如此重要的地位？或者说，我们为什么要重视文化产业呢？这就涉及文化产业的特殊性问题。文化产业的特殊性来源于两个层面：一是复制性，二是意识形态属性。

（一）文化产业的复制性

这也是文化产业独特的生产方式和经济价值。"复制"是文化产业的最本质特征，我们平常谈到的文化产业的规模经济、范围经济、溢出效应、外部性、融合性和渗透性等特质，均源于其复制性。

各种各样的文化内容通过创意在多种多样的媒介上进行"复制"是文化产业最基本的生产方式。文化产业甚至可以把其他行业作为"媒介"来进行复制,创造文化附加值。

文化产业既是消费性服务业,也是生产性服务业。从国际文化产业发展的实践来看,文化产业具有强大的生产性服务功能,超过一半的文化产品和服务作为中间产品投入到其他产业中去,为其他产业构建和延伸了产业链,为其他产业注入了文化内涵、提升了产业结构、创造了新的附加值。

今天我们要大力促进信息消费,一个重要方面就是要大力促进文化内容的消费。文化产业与信息产业融合发展是当代产业发展的大趋势。从文化产业自身发展来看,文化产业有一个所谓的"OSMU"模式,即:一种文化元素或者一种文化符号,借助于创意设计和媒介创新,演化出多种多样的用途,整个产业链迂回绵长,可覆盖三次产业,创造出巨大的经济价值和社会价值。从文化产品的需求层次来看,2012年,世界500强文化企业的营收总额下滑了4.15%,而利润总额却大幅增长了14.34%;与此相对照,500强企业的总营收下滑了3.54%,而利润更是大幅下降了10.1%。这说明什么呢?我们从文化企业利润增长速度高于销售收入增长速度的实证上,可以得出这样的结论:文化产品和文化服务的需求是一种高端需求,价格弹性低而收入弹性高。换言之,对于文化产品,减价不一定会增加销售,而收入提高必定会带动消费。由此,我们可以说,文化产业是代表社会发展方向的产业,是个以人为本的产业。

(二)文化产业的意识形态属性

文化产业是一个以"复制"文化元素、文化符号等文化内涵为生产方式的产业,文化的意识形态属性决定了文化产业的意识形态属性。无论是作为最终产品还是作为中间产品,文化产品的终极功能都是满足消费者的精神需求,其意识形态属性渗透到一切文化产品所抵达的领域,这一点也是毋庸置疑的。

　　所谓意识形态，简单讲，就是一种影响一个人认同什么、不认同什么的力量。文化产品在消费过程中所激发的这种"力量"是非同小可的。比如，好莱坞电影在普及美国生活方式、价值观念等方面的影响力就不是几个美国政客的宣传鼓噪所能同日而语的。今天，我们的青年人把圣诞节视为一年一度最重要的节日，甚至过上了美国人独有的感恩节，其最大的"功臣"就是源源不断涌入国内的美国影视产品。正因为如此，即便是"门户开放"的美国，在涉及文化企业的兼并收购时，也要立法保护美国公民的优先权，日本也通过立法限制外资进入传媒业，防止外资控制舆论工具。法国等欧洲国家更是提出"文化例外"的主张，限制美国电影占领本国市场，保持本国主流意识形态的主体地位。

　　当然，我们强调文化产业的意识形态属性，不是要采取文化封闭的保护性政策，而是要正视文化产品对消费者认同感的巨大影响力。十八届三中全会的《决定》提出要"提高文化开放水平"，其重要手段是培育外向型文化企业，目的是推动中华文化走向世界。我们讲文化产业的意识形态属性，讲美国文化产品的影响力，就是要说明，为什么我们要重视文化产业、要加快文化产业发展；就是要用我们的文化产品来引起外人对我中华文化的好奇心，并由好奇而喜欢，由喜欢而欣赏，最后实现世界对中华文化的认同。

二、文化产业的基本特点

　　今天，文化产业已经成为一门显学，政府人士、专家学者、媒体朋友都喜欢谈一谈，但存在诸多问题：一是概念多，如：文化产业、文化创意产业、创意产业、创意经济、内容产业、版权产业等，但内涵模糊，大多不愿去界定其内涵和外延。二是肯定得捧上天、否定得一无是处，比如一种观点认为文化产业很重要，似乎已经成为治

蓝皮书

理我国经济社会领域一系列问题的灵丹妙药;另一种观点却鄙视文化产业,认为文化产业是个筐,什么都往里装,是一笔糊涂账。三是定性判断多、实证分析少。为此,本人不自量力,选用世界大企业排行榜的数据,想就文化产业的一些流行看法做点分析,作为对文化产业的一种新的观察视角。

(一)文化产业是否具有反周期的效应?

不少专家学者和政府人士言之凿凿,为凸显文化产业在经济发展中的作用,动辄给文化产业贴上"反周期"的标签,认为越是经济发展的低迷期,文化产业发展前景就越广泛,所谓"口红效应"、逆势发展等论断,一时在各种媒体上大行其道。大型企业的业绩是世界经济和各国经济景气程度的方向标。为了证伪这个论断,我选用2013年福布斯全球500强企业的数据作为分析的依据。2012年,世界经济增长了2.5%,比2011年低了0.2个百分点;全球500强企业的总收入为22.91万亿美元,增速为−3.54%,业绩比世界经济基本面差;而其中的十大文化企业总收入为2770亿美元,增长率为−4.15%,增速下滑幅度还高于一般企业。所以,从大型文化企业的业绩来看,文化产业作为一个产业整体不但不具有反周期的功能,甚至还强化了经济周期或者说属于周期敏感性产业。

(二)文化产业作为一个独立产业的地位比其他行业显赫吗?

以文化产业最发达的美国为例,在规模上,2013年《财富》美国500强的平均行业规模是4020亿美元,而文化产业作为一个行业的规模是3392.9亿美元;行业平均利润是273.43亿美元,文化产业的利润是263.41亿美元;500强企业的平均规模是241.2亿美元,文化企业平均规模为178.57亿美元。上述数据表明:文化产业作为一个独立产业的地位并不突出,与其他行业的大型企业相比，文化企业总体规模偏小、平均利润不突出。

（三）文化产业的发展质量高于其他行业吗？

从 2013 年福布斯全球 500 强的排行榜来看，尽管文化企业在增速上低于其总体增速，且出现了较大幅度的负增长，但发展质量明显高于其他行业的企业。首先在排位上，除美国维亚康姆公司排位降低外，其他文化企业都有大幅度提升，这表明，文化企业的综合效益相比其他行业更加突出；在利润方面，2012 年，全球 500 强的总利润出现了大幅下滑，负增长 10.1%，与此同时，文化企业的总利润却逆势上扬，增长率高达 14.34%；进一步从净利润率看，全球 500 强企业的平均利润率是 7.77%，而文化企业的平均利润率为 11.23%，文化企业的经营效益和盈利能力要明显高于其他行业的企业。《财富》美国 500 强企业的数据所反映的情况与上述福布斯排行榜总体一致。由此，我们可以大胆推论：文化产业的发展质量要明显高于其他产业。

（四）文化产业的最本质特征到底是什么？

文化产业脱胎于上世纪 30 年代的"文化工业"，在当时的一些精英人物眼里类似于今天大家耳熟能详的"三俗"，是个贬义的概念。但是，同时代大学者本雅明却充分肯定这种工业化艺术生产方式，称之为"机械复制艺术"，并认为这种复制技术的进步使得艺术产品开始为大众所欣赏，是一种进步。我以为，本雅明的"机械复制艺术"揭示了文化产业的最本质特征：复制。现在大家日常生活中接触到的电视、电影、广播、互联网、院线等，都是一种"复制"技术。各种各样的内容通过创意在各种不同的媒介上进行"复制"是文化产业最基本的生产方式。

比如，米老鼠是个文化标记或品牌符号，一个杯子是工业品，把米老鼠印到杯子上，这时杯子就成了"媒介"，并与米老鼠一道成了文化产品,其收入计入迪士尼公司的收入而成为文化产业的收入,而把米老鼠印到杯子上就是一个创意,生意做大了就是创意产业;如果迪士尼公司把米老鼠进行授权,其收入就成了版权交易收入而纳入文化产业的统计。动画片《米老鼠》,以影视作为媒介进行交易,这是影视产业(或动画产业);通过设计米老鼠等形象而赚钱叫创意产业,其中就包括把米老鼠形象印到杯子、手表、服装、鞋帽等不同媒介上而形成的产业。如今通过数字技术和互联网技术的大规模"复制"就成了数字内容产业,同时,也可以统称为文化产业。

再举个相反的例子,冰箱在流水线上生产是另一种形式的"复制",但不能称之为文化产业,最关键的原因是冰箱功能无法多媒介复制。你能够把冰箱的冷藏功能数字化后放到互联网上去消费吗?用经济学术语讲冰箱产业缺乏"范围经济",而文化产业在从原创艺术品交易("零复制")到数字化产品("无限复制")的两个极端之间有无限广阔的范围经济,只要有足够的"创意"。在这里,我们不能把文化产业简单地定性为精神产业,而应该说文化产品和服务的最终功能是满足人们的精神需求,即便是作为中间产品,投入其他产业的文化产品也是为了提升其他产业之产品的精神满足程度即文化内涵或文化附加值。从这个意义上讲,如果有一天购买冰箱不是用于冷藏而是为了欣赏其美学价值时,这个冰箱就是一件艺术品,就可以纳入文化产业。

三、文化产业的发展趋势

文化产业是个庞大的产业集群,但是各门类的发展并不平衡,而且随着数字技术的发展,一些交叉融合的新兴业态应运而生,并引领了文化产业发展的新方向。笔者用 2013 年《财富》美国 500

强企业榜中 19 家大型文化企业的数据作为基本依据,分析文化产业内在变化及其发展趋势。

进入 2013 年财富美国企业榜的 19 家文化企业,其主营业务涉及广播影视、内容制作、出版印刷、图书发行、演艺中介、广告策划、专业零售等 7 个核心产业门类,可分为 4 大组别:

(一)平台型企业发展迅猛、规模效应强

以康卡斯特、直播电视公司和时代华纳为代表的新兴业态文化企业,已经发展成为集数字内容与新媒体为一体的运营平台,其营收的增长率分别为 12.0%、9.2% 和 8.7%,其利润增长率为 49.1%、13.0% 和 29.4%,远远高于文化企业 3.54% 的平均增速。净利率则分别达到 9.9%、9.9% 和 10.7%,盈利能力和经营效益大幅提升,发展态势十分强劲。同时,这类企业的规模导向很强,市场集中度高,要么做大做强、要么因亏损而被兼并,规模效应很强。这一组别中,其余 3 家企业均处于低速增长或亏损状态。

(二)内容提供商发展平稳、盈利能力强

以华特迪士尼和哥伦比亚广播公司为代表的内容产业领域的企业,属于影视内容等娱乐节目提供商。这类企业的一大特点是净利率特别高,维亚康姆的净利率为 14.3%,华特迪士尼是 13.4%,除新闻集团外,其余 2 家也在 10% 以上,发展效益十分显著。近年来,新闻集团的发展业绩不断下滑,与其他内容产业领域的大型企业背道而驰,既有内部管理和发展战略问题,又与其自身的一系列丑闻有关,同时也反映了传统传媒企业面临业务拓展的压力。

(三)传统出版行业发展面临瓶颈,大面积亏损

在入围的 3 家出版印刷企业中,总部在芝加哥的当纳利公司

是全球印刷巨头,有140多年的历史,但在2012年度出现了6.51亿美元的亏损,利润下降了420.3%,反映了传统印刷企业的发展困境。其他两家出版印刷企业麦格劳希尔公司和甘尼特集团虽未出现亏损,但利润均出现较大幅度的下滑。甘尼特报业集团在美国43个州拥有99份日报和300多份周报或半周报,其中包括全美发行量最大的《今日美国》,其低速增长和利润的不断下滑态势反映了传统报业的经营困境;1933年创刊的《新闻周刊》于2012年底停止出版纸质杂志是传统出版没落的最新标志。麦格劳希尔公司总部设在纽约,是世界著名的常春藤公司,拥有《商业周刊》、标准普尔、McGraw—Hill、Irwin、Glencoe、Osborne等众多品牌。2012年,该公司的利润下降了52%,传统出版企业面临瓶颈。

(四)传统文化产业门类发展举步维艰、连年亏损

以巴诺公司为代表的企业属于最为传统的文化产业门类,包括图书发行、演艺中介和专业零售等企业。巴诺是世界上最著名的书店之一,曾在1997年创办网上书店,但依然在亚马逊等公司的竞争和阅读方式逐步变迁的大背景下连年亏损;美国最大的演艺中介与售票企业Live Nation Entertainment和全球最大的视频游戏零售商均出现亏损,利润分别下降了96.39%和179.3%。

其他以宏盟集团为代表的广告策划企业,业绩中等,与经济增长同步,且规模效应明显。

在世界文化市场上,美国占43%的份额,上述美国企业均是世界文化产业各门类中的最具代表性的企业,代表了这个产业门类的最新发展态势。我国文化产品的国际市场占有率较低,不到4%。但是,中美作为同一级别的经济大国,我国的文化产业发展情况最终会应和上述美国企业的发展态势。因此,分析美国文化产业的内部结构变迁对于我们把握文化产业的发展方向是有指标性价值的。

　　通过对美国大型文化企业发展业绩的分析，我们可以得出以下结论：文化产业正在与信息服务业相互融合，传统电信企业凭借传播渠道优势进军文化产业，成为拥有渠道优势的内容集成提供商。美国康卡斯特和直播电视公司是两个成功的典范。在4G背景下，渠道与内容集成的平台型文化企业发展前景十分广阔。

　　目前，国际文化产业发展的最新趋势是谷歌、微软等典型的国际高科技企业涉足文化产业，文化和科技融合成为文化产业发展的主旋律。对这些高科技企业而言，这是拓展收入来源和创新商业模式的一种手段；对文化产业而言，这是文化与科技融合培育新兴业态、推动文化产业创新发展的一种重要途径。由此，我们可以分析出文化产业发展的两个重点方向：一是内容创新，比如，各国文化遗产如何挖掘、加工、创新，这是文化产业发展的源泉；在产业形态方面主要是指数字内容产业。二是媒介创新，即传播渠道的创新，根本目的是如何尽可能地扩大文化产业的"复制性"；在产业形态方面主要是指新媒体产业。

　　（本文为登载于2013年12月份《厦门日报·文创周刊》的系列文章，作者为厦门市文化改革发展工作领导小组办公室副主任）

蓝皮书

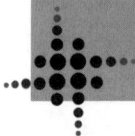

厦门文化保税区建设刍议

◎ 李长福

"文化保税区"是个新生事物,不少人感到比较陌生。它有什么功能?它在境内外的实践情况如何?厦门该如何建?本文试就这些问题作些介绍和探讨,以期抛砖引玉。

一、文化保税区的功能

所谓文化保税,即依托保税区平台,将国际贸易中针对普通商品的保税政策及通行做法运用在文化领域,并根据文化产品创意、设计、生产、存储、销售特点进行政策资源整合和制度创新,形成适应精神产品生产规律、促进文化对外贸易的专门保税形态。文化保税区具有进出口加工、国际贸易、保税仓储、商品展示等功能,区内文化产品享有"免证、免税、保税"的优惠政策。

为更直观说明,试以艺术品保税拍卖为例。按照规定,境外艺术品入境正常报关,需要先交 30% 左右的税收(增值税 17%、关税 6% 及营业税等其他税)。而在文化保税区内,这 30% 左右的税费则可免除,只缴纳相应的服务费,使大型艺术拍卖和展览会更加方便。

二、境内外文化保税区的实践

过去传统的交易市场,如博览会、拍卖会等已不能满足国家间文化贸易竞争的需要,基于保税区、免税区的新一轮竞争正在拉开序幕,瑞士、伦敦、纽约、新加坡都已建设了一定规模的文物艺术品的保税区。

北京于 2012 年 3 月在临近首都机场的北京天竺综合保税区内,以园中园的形式开建北京国际文化贸易服务中心。这是国内首个依托空港保税区建设的文化保税区。涵盖国际文化商品展示交易中心、国际文化贸易企业集聚中心和国际文化仓储物流中心三个功能区,将为境内外文化生产、传输、贸易机构提供专属保税服务。

上海于 2007 年在外高桥保税区内设立上海国际文化服务贸易平台,并于 2011 年获文化部授牌为国家对外文化贸易基地。该基地采用"政府推动、企业运作"的运营模式,利用外高桥保税区"境内关外"的特殊区域优势,开展文化展示交流、境外文化资产保税仓储、国际艺术品展示交易、文化设备保税租赁、文化进出口代理等服务。

厦门于 2013 年 4 月在象屿保税区举办境内首届西洋艺术品保税拍卖会,引起了业内极大的关注。

三、艺术品保税区:厦门文化保税的切入点

《中共厦门市委关于贯彻落实党的十七届六中全会精神推动文化强市建设的实施意见》明确提出:"探索建设文化产品保税区,

蓝皮书

打造文化企业保税政策的实体服务平台,推动高端国际文化贸易发展。"当前,厦门正在着力创建"自由贸易园区",文化保税区可作为其中重要内容来加以充实和推进。

一要突出优势,体现特色。厦门地处海峡两岸、香港和澳门的中心地带,是国内排名前列的文化出口城市,也是海外艺术品回流的重要"桥头堡"。厦门要立足独特的自然、人文以及海陆空交通枢纽等优势,挖掘艺术品市场的巨大潜力,吸引周边城市、外省市、海峡对岸,甚至东南亚的收藏商家,建成国内最大的两岸艺术收藏品交流、交易中心。厦门市的文化保税区,可先建成专业化的文化艺术品保税区,今后再扩大到商品油画、网络游戏、影视等其他文化产品。

二要项目引领,建好载体。厦门市已于 2012 年底在两岸金融中心内开工建设厦门国际艺术品(金融)中心项目,将建设国内首个覆盖艺术品投资、融资、展示、拍卖、交易、担保、典当、仓储、鉴定、修复等全产业链的国际性市场平台和保税平台,力争经过 3～5 年的运营,每年创造 100 亿元人民币以上的总营业额。此外,借鉴国际经验及北京的实践,可在高崎机场附近,依托临港保税平台,规划引进相关文化保税项目。

三要大胆创新,形成合力。在 2013 苏富比北京秋拍中,北京天竺保税区海关大胆改革创新,为苏富比量身定制"上门服务",把拍卖所在地北京国贸(三期)平移为保税点,突破了现有的只能在封闭的保税区内进行保税拍卖的限制,在提高交易便利性上体现了制度和技术的创新。这种创新对厦门市文化保税区建设将有重要借鉴作用,因为厦门市在建及待建的文化保税项目都不在现有保税区内,都面临制度创新的问题,相关职能部门有必要主动提前介入指导。厦门市相关职能部门在保税监管服务方面历来创新意识较强,促成了国内首个游艇水上保税仓、国内首届西洋艺术品保税拍卖会落户厦门等创新之举。相信在各界的共同推动下,厦门的文化保税区建设一定会取得丰硕成果，成为增创发展新优势、促进产业转型升级的助推器。

（此文发表于 2014 年 1 月 10 日《厦门日报·文创周刊》）

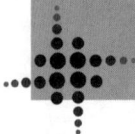

厦门市国有文化资产管理体制改革取向探索

◎ 厦门市国有文化资产管理体制改革取向探索课题组

当前,随着文化体制改革的不断深入,国有文化资产管理体制相对滞后的弊端进一步凸显,成为制约文化发展的瓶颈。因此,在全国各地对文化体制改革实践的经验基础上,探索构建具有厦门特色的国有文化资产管理体制改革模式,是深化文化体制改革的关键所在,同时对于转变政府职能,进一步促使厦门市国有文化的企事业单位改进运营效率、盘活和整合现有国有文化资源,使之成为国有文化企业发展的资源整合平台和投融资平台,推动文化产业成为厦门市国民经济的支柱性产业具有极为重要的意义。

一、厦门市国有文化资产的基本情况

近年来,厦门市的文化建设在市委市政府的领导下,以邓小平理论和"三个代表"重要思想为指导,深入贯彻落实科学发展观,全市的文化事业呈现出蓬勃发展的良好态势,文化对经济社会发展的比重不断提高,国有文化资产的总量不断扩大。

(一)国有文化资产的内容丰富

作为国有资产的重要组成部分,国有文化资产在厦门市的文化领域拥有主导地位,是实现社会主义文化大繁荣大发展的物质基础和经济支撑。目前,厦门市国有文化资产主要有两大类:一是文化事业资产,主要为财政全额预算和差额预算的事业单位,如图书馆、博物馆、文化馆、艺术院团、社科科研机构等部门;二是文化产业资产,主要是指新闻出版、文化影视媒体等实业机构,属于文化产业的国有主体部分,例如厦门日报、厦门广电集团所属的经营性资产等。

(二)文化体制改革取得新成效

厦门市按照国家深化文化体制改革的总体部署,紧密结合厦门市文化发展的工作实际,在文化体制改革方面取得了积极的成效。特别是通过推动经营性文化事业单位转企改制,形成了一批国有文化企业,给国有文化资产管理工作提出了新的要求。

(三)文化产业规模总量稳步提升,成果丰硕

2012 年,厦门市文化产业迅猛发展,实现增加值为 211.86 亿元,比增 17.23%,占 GDP 的比重为 7.5%,其中印刷发行、古玩艺术、新闻出版等传统文化产业比较优势明显,继续呈现出平稳较快发展的趋势,数字内容与新媒体、创意设计等新兴创意产业高速发展,初步形成了"支柱产业"雏形。

(四)公共文化服务事业蓬勃发展

全市共有各类博物馆、纪念馆 17 个,文物保护管理机构 3 个;文化馆 7 个,公共图书馆 10 个,其中国家一级馆 6 个,公共图书馆馆藏总量 606 万册,借阅量 589 万册次,读者流通量 615 万人次;公共博物馆、纪念馆 24 家,馆舍面积达 4.7 万平方米。出版发行各类报纸 9 种,期刊 25 种。共有广播节目 6 套、电视节目 6 套,人口综合覆盖率分别达到 98.9% 和 100%。在映电影银幕总数 122

蓝皮书

块。发行 11 部、333 集、4310 分钟原创影视动画片。动画片《星星狐的体验》获国家第二十二届星光奖。5 部原创动画片在央视少儿频道黄金时段播放。农村电影和城市社区"温馨家园"电影共放映 7608 场。

(五)持续推进文化遗产的保护和管理

鼓浪屿和闽南红砖民居申报中国世界文化遗产预备名录获得成功。全市文物保护单位国家级 7 个、省级 22 个、市级 132 个,涉台文物保护单位 63 个。建立完善非物质文化遗产保护体系。完成第四批省级非遗名录、第四批国家级非遗代表性传承人、第三批国家级非物质文化遗产名录扩展项目名录(闽台送王船和海沧蜈蚣阁)的申报工作。截至 2011 年底,厦门市共有国家级非物质文化遗产项目 41 个、国家级非遗代表性传承人 10 个、省级非物质文化遗产项目 21 个、省级非遗代表性传承人 46 个、市级非物质文化遗产项目 53 个、市级非遗代表性传承人 83 个。

二、厦门市国有文化资产监管存在的问题

当前,厦门市在文化产业发展方面取得了显著的成就,文化体制改革稳步推进,国有文化资产总量不断壮大,为厦门市的文化产业的跨越式发展奠定了坚实的基础。但是,随着文化改革发展的纵深推进,原有文化体制相对滞后,制约文化发展的矛盾凸显,国有文化资产管理体制还存在很多漏洞和薄弱环节,主要表现为:

(一)国有文化资产监管体系有待完善

目前厦门市还未建立一套科学完整的国有文化资产监管体

系。国有文化资产的产权登记、统计评价、清产核资、流失查处等监管制度还不完善。由于国有文化资产管理问题长期以来没有受到足够的关注,在思想上没有意识到文化兼具意识形态属性和产业属性的双重属性,没有建立起管人、管事、管资产、管导向相结合的有效体制机制。而政府的监管存在多头管理、管理缺位、权责不明等问题。另外文化经营人才队伍建设、国有文化资产法制建设等保障体制也比较薄弱,这些都不同程度地制约着国有文化资产管理的科学化进程。

(二)国有文化资产出资人机构有待明确

国有文化资产被多个文化管理部门以出资人的身份行使职权,国有文化企事业单位中的国有文化资产,有市政府投资的资产、宣传部门投资的资产、财政部门投资的资产,还有本单位投资的资产,没有建立一个权威的、法定的、集权的国有文化资产出资人机构。这就造成职权划分缺乏明确的制度性边界,无法发挥国有文化资产的资本属性,难以进一步拓宽投融资渠道,保证国有文化资产保值增值。

(三)国有文化资产管理机构有待建立

在文化体制改革的实践中,厦门市还没有成立专门的国有文化资产管理机构。国有文化资产的产权被分散在多个文化管理部门,形成了产权主体分散化的格局。政府主管部门不仅行使管文化的职能,负责制定相关的文化政策并进行管理,同时还通过直接举办各类文化企事业单位行使办文化的职能,造成了国有文化资产管办不分、政企不分、政资不分的状况。由于产权模糊,各个管理部门的职能定位不明确,阻碍了国有文化资产的合理流动和资源优化配置,导致了条块分割的管理主体多元化模式,同时直接责任人的缺失也为国有文化资产的流失埋下了隐患。

蓝皮书

(四)国有文化资产的运营效率有待提高

由于政府的行政干预以及缺乏相应的竞争环境和制度规范,国有文化资产在文化领域方面长期处于垄断性的控制地位。因此,大量的国有文化企事业单位习惯性地游离于市场经济之外,对政府形成了强烈的依赖性,导致所提供的文化产品和服务受到极大的制约,创新能力不足,缺乏竞争力。另外,当前国有文化企事业中所有者与经营者之间的信息不对称、利益不一致以及现代企业制度与治理结构的缺失,也导致了其运营效率的低下。

(五)国有文化资产的法律制度有待规范

随着厦门市场经济体制的日益完善和法治进程的不断推进,对国有文化资产的保护、监管及资产评估,国有文化企业资产保值增值、产权转让及交易管理等都缺乏相应的法律制度规定。因此,在国有文化资产管理体制改革的探索中,需要进一步完善相关的法律法规,充分运用法律制度加强对国有文化资产的监管,以确保国有文化资产管理有法可依、违法必究。

三、厦门市国有文化资产管理的指导思想

党的十八大明确提出要加快完善文化管理体制和文化生产经营机制,健全国有文化资产管理体制,形成有利于创新创造的文化发展环境。厦门市在构建国有文化资产管理体制上要深刻领会和认真贯彻党的十八大精神,以改革创新的精神推动国有文化资产管理体制的不断健全。

(一)坚持党的领导,保证社会主义先进文化的前进方向

深化文化体制改革是党中央在新的历史条件下作出的重大战略决策,在改革中,要坚持党对文化工作的领导,坚持马克思主义在文化改革发展中的指导地位。党的领导是推进国有文化资产管理体制改革的根本保证,要坚持为人民服务、为社会主义服务的方向;坚持解放思想,转变观念,提倡多元化;坚持以人为本的基本原则,贴近实际,贴近群众,保证社会主义先进文化的前进方向。

(二)坚持实现社会效益与经济效益的相统一

深化文化体制改革必须始终把社会效益放在首位,通过提供丰富优质的文化产品和服务,不断满足人民日益增长的文化需求,提升广大群众的文化素质,从而推动经济社会的发展。经济效益是社会效益的重要基础,没有经济效益,企业的生存发展将难以为继,社会效益也就无从谈起。因此,国有文化企业应该坚持把社会效益放在首位,努力实现社会效益与经济效益的有机统一,通过提高国有文化产品的创新力和竞争力,增强主流文化的号召力和影响力,实现国有文化资产的保值增值。

(三)坚持管人、管事、管资产、管导向相结合

国有文化资产是实现社会主义文化大发展大繁荣的重要物质基础,因此要全面把握管人、管事、管资产、管导向相结合的国有文化资产监管要求,加强产权管理、绩效管理、财务管理等资产基础管理,健全清产核资、兼并重组、产权转让、上市融资等重大事项审核制度,建立灵活的人才引进、培养和选拔的人力资源管理体系,完善激励约束机制。通过对人、事、资产的有效管理,实现对国有文化企业生产经营导向的调控。

蓝皮书

(四)坚持政企分开、政事分开、管办分离

创新政府管理方式,提升政府宏观调控能力和执政能力,理顺政府的文化管理部门和国有文化企业的关系,积极探索国有文化资产的委托经营管理的方式方法,实现政企分开;界定国有文化资产管理职能和国有文化资产营运职能,明确各自的作用对象和管理方式,实现政事分开;划清政府的公共文化部门职能和国有文化资产所有者职能,划定各自的职权范围和责任体系,实现管办分离。

(五)坚持所有权和使用权分离、行政权和经营权分离

正确处理国有文化资产所有者与经营者的关系,使所有权与使用权分开。正确处理监管者与市场主体的关系,使行政权与经营权分开,理顺政府和国有文化企业的关系。

四、探索厦门市国有文化资产管理改革取向

探索建立厦门市国有文化资产管理体制,一方面要充分考虑到国有文化资产具有意识形态属性和资本产业属性的双重属性,不同于通常意义上的国有资产;另一方面要充分学习和借鉴中央和地方省市国有文化资产管理体制的成功经验。当前国有文化资产管理的核心在于:一是要准确定位国有文化资产管理机构的性质与管理职责;二是如何划分政府文化管理部门和国有文化资产所有者职能,以及与宣传部门、财政部门等监管机构的职能,实现政企分开、政资分开、管办分离。在此基础上,根据以上思路,结合厦门市的实际情况,课题组尝试性地提出以下国有文化资产管理

体制改革模式：

（一）厦门市国有文化资产管理模式选择

根据国家国有资产监督管理的政策法规和厦门市宣传系统的实际情况，课题组建议在厦门市委宣传部内设立厦门市属国有文化资产监督管理办公室，作为国有文化资产监督管理主体的办事机构，并在市文化改革发展工作领导小组领导下，负责对宣传系统经营性国有资产和公益性国有资产进行监管。同时成立厦门市国有文化资产投资运营公司，在文资办的监督管理下，对经营性的国有文化资产履行出资人的职责。如图1所示：

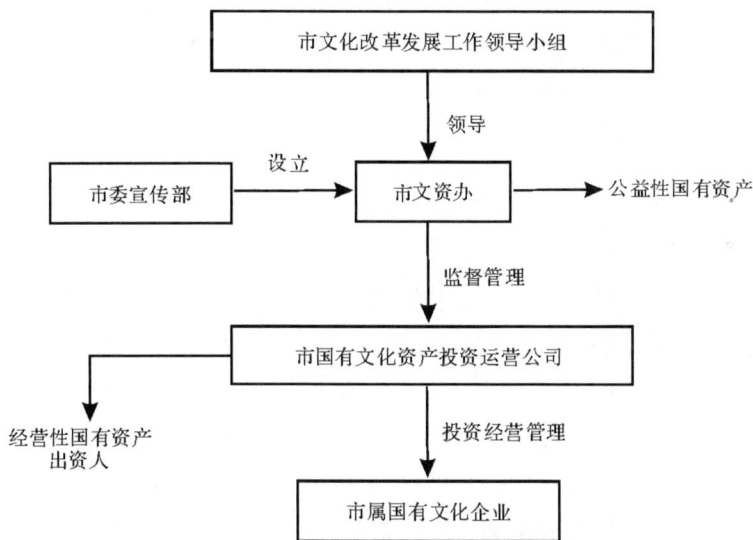

图1　厦门市国有文化资产监督管理模式

1. 设立厦门市属国有文化资产监督管理办公室

在市委宣传部下设厦门市属国有文化资产监督管理办公室（以下简称"市文资办"），并在市文化改革发展工作领导小组领导下，承担对授权范围内的市属公益性国有文化资产和经营性国有文化资产的监督管理、综合协调、考核评价等职能。

对政府兴办的图书馆、博物馆、文化馆、美术馆等公益性文化事业和影视、出版等经营性文化产业进行明确界定和区分,一方面巩固和完善非经营性国有文化资产管理体制,另一方面积极推进经营性文化资产管理体制的改革,加快推进经营性文化事业单位向企业体制过渡。因此必须要进行分类管理,对于公益性的文化事业资产,因关系到社会舆论的导向、国家和社会的稳定,其社会效益远远大于经济效益,可由"文资办"直接管理。

2.成立厦门市国有文化资产投资运营公司

对于经营性的国有文化产业资产,应充分发挥其经济属性,设立权威、集权和运转高效的厦门市国有文化资产投资运营公司(以下简称"市文投公司")。经市政府授权,厦门市国有文化资产投资运营公司代表市政府作为出资人,在"文资办"的监督管理下,依法履行出资人职责,负责对经营性的国有文化资产进行投资经营管理,实现国有义化资产的保值增值。

更进一步地说,履行出资人职能的市文投公司应是按照《公司法》等相关法律成立的独立市场主体。市文投公司应在政府和国有企业之间扮演好桥梁和纽带的角色,隔断政府与国有企业之间的直接联系,使国有企业免受不必要的行政干预,通过对资本的投资运营来引导企业和行业的发展,从而连接政府与国有企业,乃至相关行业领域的关系,实现政资分开下政府对国有文化企业的适度控制和行业导向作用,进而促进国有文化资产的保值增值。

(二)明确管理机构的职责

1.厦门市国有文化资产监督管理办公室的职责

(1)根据厦门市经济发展战略和文化发展规划的要求,负责对厦门市公益性的文化事业资产进行监督管理;

(2)根据国家有关国有文化资产管理的规定,制定本市相关地

方性的文化企业国有资产管理的方针政策、规章制度等,并组织实施;

(3)对市属国有及国有控股文化企业的发展战略和规划、投融资规划等重大事项进行审查,承担监督国有文化资产的保值增值的责任;

(4)建立和完善国有文化资产保值增值指标体系和收入分配制度,制定和组织实施对市属国有文化资产收益、文化企业负责人经营业绩进行考核评价,并根据考核结果提出奖惩意见;

(5)指导和推进市属国有文化企业建立现代企业制度和现代产权制度,完善法人治理结构,协调解决市属国有文化企业在改革发展中的困难和问题;

(6)任免国有独资企业的高层管理人员,向国有控股、参股的文化企业提出独立董事、监事人选;

(7)其他有关市属文化企业国有资产管理工作和承办市政府交办的其他事项。

2.厦门市国有文化资产投资运营公司的职责

(1)根据厦门市经济发展战略和文化产业规划的要求,对授权范围内的经营性国有文化资产进行资产管理和资本运营,调控国有文化资产的投资方向,确保国有文化资产的保值增值;

(2)负责对市属文化企业国有资产的投资收益进行管理,按要求参与制定和执行国有文化资产经营预算,建立完善市属文化企业资产经营预算制度;

(3)通过各种方式筹集资金,拓宽投融资渠道,对所属国有文化企业进行周转投资和存量结构调整;

(4)派出监事会和独立董事,监督投资及控股企业财务报告的真实性,形成内部化的财务预算和审计监督的硬约束机制,保障国有资本的权益;

(5)向文资办汇报受托国有文化资产的相关重大事项;

（6）依照相关规定，在一定的会计期间向市文资办提交国有文化资产统计报表、经营报表等有关资料，并定期报送财务状况、投资经营状况和国有资产保值增值状况；

（7）文资办委托授权的其他业务。

3. 重大事项审批制度

市属文化企业的下列重大事项需报市文资办审核后，报市文化改革发展工作领导小组审批：

（1）国有独资企业、国有独资公司的章程制定、修改及股份制改造方案；

（2）国有独资企业、国有独资公司的分立、合并、破产、解散、清算和重组；

（3）转让国有股权或增资扩股；

（4）文化企业转让国有股权或因增资扩股，致使国有股东不再拥有控股位；

（5）对外企业重组、兼并事项；

（6）境外投资；

（7）企业资产绩效考评办法和收入分配意见，企业负责人经营业绩考核办法及其奖惩意见；

（8）向出资文化企业派出监事会和独立董事人选；

（9）按规定应报市政府审批的其他事项。

（三）国有文化资产的管理和监督

1. 国有文化资产的管理

（1）市文资办依照国家有关规定，负责市属文化企业国有资产的产权界定、产权登记、资产评估监管、清产核资、资产统计、综合评价等基础管理工作，协调市属文化企业之间的国有资产产权纠纷。

（2）市属文化企业及其参股企业在进行改制、分立、合并、破产、解散、产权转让、以非货币资产对外投资或者资产转让、拍卖、收购、置换时,必须依法采用公开招标投标的方式,委托具有相应资质的资产评估机构进行资产评估。市文资办对资产评估活动进行监督管理,并对市属文化企业国有资产评估报告进行核准或备案,要建立完善市属文化企业国有资产产权交易监督管理制度。

(3)市文资办应当对市属文化企业国有资产的存量、分布、结构及其变动和运营效益等基本情况进行统计,掌握市国有文化资产投资运营公司的运营状况和投资效益。市国有文化资产投资运营公司应当依照相关规定,向市文资办提交国有资产统计报表和国有资产经营报表等有关资料,并定期报送财务状况、生产经营状况和国有资产保值增值状况。

(4)市文资办应当依照国家和市有关规定,建立健全市属文化企业国有资产指标评价体系,对市属文化企业国有资产的运营状况、财务效益、偿债能力、发展能力等情况进行定量、定性对比分析,作出评价。

(5)市文资办应当按照国家产业政策及市国民经济和社会发展规划,审核市属文化企业的发展战略规划、重大投融资规划,对市国有文化资产投资运营公司的投资方向和投资总量进行监督管理,对市国有文化资产投资运营公司的投资决策进行评估。

2.国有文化资产的监督

(1)市文资办应当参照《国有企业监事会暂行条例》的相关规定,建立市属文化企业监事会工作制度和企业法律顾问制度,加强对市属文化企业国有资产的监管。

(2)市属文化企业应当接受审计等部门依法实施的监督检查,并依照国家和市有关规定,建立健全企业内部财务、审计和职工民主监督等制度,完善科学决策机制,强化内部监督和风险控制工作。

(3)市文资办应当建立市属文化企业财务决算报告工作制度

和财务决算审计监督工作制度。根据需要,由市文资办委托,或与市属文化企业共同委托会计师事务所,对市属文化企业的年度财务会计报告进行审计,维护出资人权益。

(4)市文资办应当会同有关部门依法建立健全市属文化企业负责人重大决策失误的责任追究制度,明确企业负责人在履行职责时因玩忽职守、滥用职权或者徇私舞弊等违法行为给国有资产造成损失应当承担的责任。

五、创新厦门市国有文化资产监督管理的保障机制

(一)健全文化领域国有资产管理的制度体系

完善国有文化资产管理保障机制,形成与国家法律法规相互配套、协调统一的国有文化资产管理的制度体系。比如,为了加强对国有文化资产的监督管理,可以出台相应的国有文化资产监督管理暂行办法;为了强化目标约束和激励力度,考核文化企业经营能力,可以出台相应的国有文化企业负责人考核暂行规定、薪酬管理暂行办法等奖惩考核措施;为了实现高度授权与监管相结合,确保国有资产保值增值,可以出台相应的贷款担保管理暂行规定、投资管理暂行规定等。

(二)加快国有文化资产产权结构多元化的改革

在当前国有文化资产的改革中,由于国有产权主体一元化以及国有股的"一股独大",难以形成有效的法人治理结构,导致政企不分。因此,在厦门市国有文化资产的管理改革中,除了必须由国家独资的文化单位,对于经营性的国有文化资产应该实现产权结

构多元化。通过产权结构多元化来强化其他产权主体对文化单位的监督力度,形成内部产权约束,弥补国有产权代理的缺陷,实现国有文化资产的保值增值。具体做法如下:

1. 降低国有股比重,增加法人持股比重。在国有资本只要拥有相对控股权就能够获得对其他社会资本的控制权的大前提下,应当允许通过资本市场上的股权转让、兼并收购、股份回购等形式逐渐将过大的国有股比重降下来,逐渐增加法人互相持股的比例,实现产权结构多元化。在具体方式上,可以通过国有文化资产的运营主体,规范增量部分的产权结构,对存量的改革采取渐进性的方式实现减持变现。

2. 应以吸收民间资本和公民个人股为主。随着产权制度改革的深入,降低准入门槛,逐步放宽条件,鼓励非公有制经济以参股、合资、联营等方式进入文化产业,允许民间资本、公民个人直接进入国企,有利于实现国有文化资产的有进有退,提高国有文化资产的控制力和影响力。

3. 设置优先股。可以考虑将部分国家股设置为优先股。优先股由于先于普通股,是事先承诺获得公司收益分配的,因而风险较小,同时,优先股的权利比普通股小得多,这对于政府而言较为恰当。因此政府行使股东权利的能力较弱,将部分国家股设置为优先股,一方面可以切断政府对于国有文化企业的行政干预,更好地发挥公司经营的积极性,从而获得更好的经营业绩;另一方面,由于优先股的股东收益是事先约好的,国有文化资产的增值保值也有了保障。

(三)构建多层次的文化投融资服务体系

文化企业的发展需要大量的资金支持,为了缓解政府压力,解决资金短缺问题,要加快推进厦门市文化产业的投融资体制改革,降低准入门槛,逐步放宽条件,鼓励非公有制经济以参股、合资、联营等方式进入文化产业,推动文化产业的发展。

1. 加大文化财政的投入力度,调整财政投入结构。要按照建立服务型政府和公共财政的要求,加大厦门公共财政对文化建设的投入力度,逐步提高文化事业支出在国民支出中的比例。同时,要进一步调整和优化财政投入结构,当前最重要的是要突出支持重点:一是财政投入要向基本公共文化需求倾斜。政府财政要加大对提供公共产品和服务的非营利性的公益性文化单位的资金扶持力度,如图书馆、文化馆、博物馆、文化保护和研究单位等,优先保障广大人民群众享受基本文化的权力。二是财政投入要向保障文化行政管理部门转变职能倾斜。

2. 探索国有文化资产基金管理模式。通常,政府主要采用的文化项目资金投入方式是由政府主导的文化项目,项目的实施经常受到个人偏好的影响,缺乏专家和公众的参与,缺少公平的评价机制,投入方式欠缺科学性,也不易得到社会的认可。建立基金管理模式,实施专家评审和社会公示制度,可以不断提高资金使用的公平性、公正性,最大限度地实现其社会效益和经济效益。

3. 注重发挥社会资本和国外资本的作用,鼓励社会捐赠。要做好公共文化服务,仅靠政府投入是远远不够的,更多的要发挥社会的作用,形成政府主导全社会参与的多渠道投入机制。《关于进一步完善文化经济政策的若干规定》中规定:纳税人通过文化行政管理部门或批准成立的非营利性的公益性组织对国家重点交响乐团、芭蕾舞团、歌剧院和京剧团及其他民族艺术表演团体的捐赠,对公益性图书馆、博物馆、科技馆、美术馆、革命历史纪念馆的捐赠,对重点文物保护单位的捐赠,在年度应纳税所得额 3% 以内的部分,经主管税务机关审核后,在计算应纳税所得额时予以扣除。除此之外,政府还可根据捐助项目、捐助额大小等具体情况,规定凡捐资建设公益性文化的企业和个人,将获得减免税等优惠,或在文化基金、文化设施、文化项目、文化单位冠名等问题上给予政策照顾,或在一定区域内优先优惠设置广告、获得营业场地等设置奖励。这些规定对于发挥社会资本和国外资本的作用,对于鼓励社会捐赠,无疑会有一个巨大的促进作用。

(四)建立现代企业制度,完善法人治理结构

在国有文化资产监管体制改革过程中,国有文化企业将逐步减弱与政府部门的行政隶属关系,实现国有文化资本的社会化。要建立起现代科学的企业管理制度,在文化企业的组织结构上,应该逐步由官僚的科层制转变为组织结构扁平化,开展成本预算制、收入和支出管理,健全财务制度。既要建立起科学的董事会、股东会和监事会等相关机构,实行董事会、监事会、管理层三权分立、相互制衡的治理结构,又要提高文化企业管理的科学性和有效性。

(五)加强人才队伍建设,建立科学合理的激励约束机制

目前,国有文化企业高素质的经营管理人才、文化技术人才等现代文化专业人才紧缺,而人力资本是整个国有文化资产保值增值的关键核心。要取消国有文化企业以及经营管理层的行政级别,实行党政人才和国有文化企业人才分开使用,打破文化企业领导政府直接任命的方式,转换党政干部和国有文化企业的选拔和培养机制,建立和完善文化企业家市场,实现企业管理层来源多元化。

课题组成员:林媛媛、叶　翔、张　云
执笔人:林媛媛

2013 年 10 月

蓝皮书

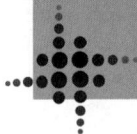

关于湖里区文化产业发展的
重点领域和对策建议

◎ 湖里区文体出版旅游局

湖里区于 2007 年制定了全市首个区级文化产业专项规划,又于 2010 年制定了十二五文化产业专项规划,基于对文化产业认识的逐步加深,现结合文化产业重点发展领域、影响路径,提出湖里区文化产业发展的重点、着力点和政策建议,为决策提供参考。

一、对当前文化产业统计口径与文化产业
重点发展领域关系的认识

按照国家现行文化产业统计口径,文化产业划分为文化服务业、文化贸易业和文化制造业。以湖里区为例,2012 年湖里区文化产业增加值 38.4 亿元,同比增长 8%,占区级生产总值的5.4%,其中文化产品制造业包括厦华、松下等视听电子类企业,文化贸易包括森宝集团等办公用品销售企业,这一类企业占全区文化产业超过六成的比重,但属于文化产业的外围层,不属于文化产业的重点发展领域,或者说不是当前文化产业工作重点关注的领域。

厦门市十二五文化产业发展规划确立了全市重点发展的四大产业集群,一是创意设计产业集群,包括工业设计、数字设计、建筑设计、时尚设计等;二是文化旅游产业集群,包括演艺娱乐业、文化会展业、古玩与艺术品业、文博图业、主题公园业、体育休闲产业、节庆赛事产

业等；三是动画影视产业集群，包括影视剧本创作、影视拍摄、动画制作、影视动画后期制作、动画配音、影视博览交易、衍生品产业等；四是数字内容产业集群，包括数字出版、网络游戏、数字动漫、移动多媒体、数字学习、互联网视频娱乐、互联网信息服务业等。

二、从文化产业对经济发展贡献途径来确立湖里区文化产业发展的着力点

贡献途径一：文化的产业化

趣游是典型的高附加值、高成长企业，落户湖里区不到1年主营业务收入已超过1个亿，税收贡献也非常可观，网络游戏业已成为当前国内增长最快的行业之一。为此，相关数字内容和新媒体类产业应当是政府优先关注的发展领域，类似腾讯这样产值上百亿、利润率高达75%的互联网企业对经济发展的贡献高且不会对环境造成负面影响，是非常理想的发展类型，我们需要前瞻性地重点关注这些具有潜质的企业，并予以引进和培育。

油画产业近年来增速趋缓、附加值处于中等水平，行业特点是原创油画的附加值很高，一般复制油画附加值较低，外销市场已趋于饱和，内销市场亟须拓展，行业发展尚不够规范。但对于湖里区的传统优势文化产业，并非没有其发展的价值，可以通过巩固区位油画品牌和建立油画市场平台来规范、提升这一行业，打开面向高端收藏、装修装饰和艺术品拍卖的内销市场。

贡献途经二：产业的文化化

欣贺服饰在统计口径上归于制造业，相对于一般制造业30%

蓝皮书

的平均附加值而言,其高达75％的高附加值除了由规模化生产环节带来外,很重要的就是品牌和设计环节创造的价值。虽然当前的统计方式没有将企业的制造环节和品牌设计环节分别统计,但品牌和设计的价值是显而易见的,特别是在当前制造业产能过剩的形势下,更需要通过创意来打动消费者。另外,一些品牌和设计部门从制造业中分离出来,形成了独立的品牌或设计行业,如曾凤飞服饰设计企业,我们不能因这类企业不够"大"而忽视它们,因为这类企业通过"产业的文化化"而支持了相关行业的发展。所以,政府为小型文创企业创造综合配套良好的集群发展环境,建立公共技术和服务平台,既是对小型文创企业的直接支持,同时也是对其关联发展行业进行的间接支持。

贡献途径三:文化的融合带动效应

音乐节或演唱会的承办企业,其所创造的企业增加值是有限的,甚至要冒较大的市场风险,但活动本身通过带动人流而增加了社会其他部门的增加值创造,如媒体、交通、酒店、餐饮、纪念品制造业等。因此,一场音乐节或演唱会所创造的社会增加值可以带动其他社会部门的增加值,取得的外部效益是很大的,且是GDP创造的激发点。政府应通过政策扶持这类外部效益很强而企业效益不是很明显的活动,这已成为各地普遍的做法。

如,深圳前海经济区是蛇口工业区转型升级的产物,系由招商地产总体运营开发,邓小平为居于新城核心位置的明华轮题写了"海上世界",通过广告片渲染出现代、时尚、浪漫和国际化的情调,再以多媒体纪念馆等形式不断强化投资商、游客、居民对滨海新城及其开发者的认同感,达到了以文化纽带提升品牌形象、聚拢市场要素的效果。该核心区域拥有海上世界广场、花园城中心两大商业综合体,还包括由40万平方米的网谷互联网及电子商务产业园、10万平方米的南海意库创意产业园和36万平方米高端甲级写字楼群构成的高科技创智产业集群,有超过 50 万平方米别墅、涉外公寓、高端住宅、酒店等商务、旅游、居住服务设施,成为中西文化交融和国内最具国际化的城区之一。前海经济区作为当前国内改革开放和产业转型最成功的区域,运用文化纽带来融合引领区域的创新发展,是高端的经济组织运营模式,湖里区湖里工业区改造、五缘湾片区开发可以借鉴其理念和方式。

三、湖里区文化产业的发展特色、优势和存在问题

湖里区文化产业发展较早,一批文化企业或行业具有较大的知名度和影响力。优必德工贸公司被文化部授予国家级文化产业示范基地,乌石浦油画村被文化部美术文化产业司命名为"全国文化(美术)产业示范基地"。湖里区现拥有省级文化产业示范基地 6 个,分别是优必德工贸公司、乌石浦油画村、惠和腾飞园林古建工程公司、吉比特网络技术公司、万石画艺公司和凤飞服饰设计公司。2012 年最新评定的重点文化企业包括优必德工贸公司、惠和腾飞园林古建工程公司、吉比特网络技术公司、万石画艺公司、凤飞服饰设计公司、威扬广告公司、趣游(厦门)科技公司等 8 家。

从湖里区文化产业的重点发展领域来看,主要特点是:

1. 文化艺术业为湖里区的传统优势行业,形成了一批知名品牌,如乌石浦油画、优必德漆线雕、惠和石艺、法蓝瓷瓷艺、三乐钢琴等;

2. 文化旅游业方兴未艾,如五缘湾文展苑、惠和石文化园(2012 年旅游人次达到 20 万)、闽南古镇的建设等,有待进一步发挥文化旅游作用;

3. 新兴文化行业崭露头角,服饰设计如全国著名品牌凤飞,趣游、吉比特作为国内游戏业领军企业在湖里区形成集群发展的态

势,2013年湖里区还引进了洛基山影视基地项目。

"十七届六中全会"的召开,确定了文化产业作为经济发展的新引擎,未来几年将是加快文化产业发展格局的战略机遇期,厦门市有望成为全国文化产业中心城市和两岸文化产业合作中心,湖里区文化产业发展前景广阔:

1.湖里区正处于产业转型升级加速阶段。全区人均GDP已超过1万美元,"退二进三"、消费升级、精神文化需求增加是不可逆的趋势,文化产业必将以高于GDP的增速快速成长,而湖里区作为厦门中心城区,必然是文化产业优先选择布局的区域。

2.区位空间优势是湖里区文化产业发展最大的优势。湖里区商务和生活配套服务相对完善,有利于吸引高素质文化创意人才;交通便捷,陆、海、空通道齐全,有利于发挥集聚辐射功能;拥有大规模的三旧改造空间,有利于吸引文化产业集群发展。

3.厦门市2013年启动了闽台文化产业试验区的核心区——湖里老工业区原华美卷烟厂项目。该试验区若能成功运营,将在省内发挥先行先试、示范引领、集聚辐射功能。

4.一批重大文化产业项目和园区将逐步形成生产力。两岸建筑设计产业园已建成运营,闽南古镇项目于2014年正式运营,投资超过20亿元的华辰艺术品交易中心业已开工建设,环五缘湾文化旅游圈正逐步建设完善,法蓝瓷文创园正积极开展前期项目工作,湖里文创园规划工作也已经启动。

总之,湖里区文化产业发展的中长期趋势是好的。当然,从短期来看,湖里区文化产业发展中还存在着一些问题:

1.高附加值、高成长文化企业数量不多,文化服务业比重与中心城区的地位不够相称;

2.文化产业扶持政策不够完善,空间优势尚未充分利用,一批重大项目因用地困难尚难以落地;

3.文化产业规模化、集约化程度还不够高,相对于文化产业先进区主要发展指标的差距还比较大。

四、湖里区文化产业的发展重点和政策建议

　　湖里区文化产业发展总体思路是：充分发挥湖里区区位空间优势，抢占战略制高点，把引进龙头文化企业、开发区域性文化产业园区载体、举办国内外具影响力的活动作为重要着力点；持续构建数字内容、新媒体、创意设计、影视动画、文化旅游产业链；构筑公共服务平台促进文化企业兼并重组、集群发展，促进文化与科技、旅游、商业、金融、房地产业的融合发展和综合带动。用3年左右的时间确立文化产业在湖里区经济发展中的先导和支柱地位，促进湖里区经济的深层次、高端化转型。

（一）发展重点和着力点

　　1.促进创意设计行业发展壮大。老工业厂房改造而成的工作室非常适合创意设计行业的需要，该领域也是人才和智力驱动型的行业，湖里区具备了较好的发展条件：一是工业设计行业，湖里区的工厂外迁后，可以把设计、展示销售环节留下，如新能源汽车、视听娱乐、节能电子产品的设计和展示等，有条件的可发展成概念店、品牌店；二是建筑设计行业，两岸建筑设计产业园即将建成并运营，省市内设计协会正在寻求较大的成片发展空间用于行业的聚集，可以通过土地收储或促进业主与行业的合作等方式，使该行业在湖里区集群发展；三是时尚设计行业，服饰设计产业园是厦门市缺乏而业界又迫切希望打造的园区，湖里区有曾凤飞这样的全国服饰界金鼎奖获得者的设计师，可以通过发起设计师行业协会，发挥名牌设计师的号召力，吸引外部资本投资建设时尚设计产业

园;四是品牌、广告、软件等其他设计行业,通过改造湖里工业区,培育设计业发展的良好基础环境和集群创新氛围,吸引其他设计行业前来落户。

2. 打造文化旅游产业链。湖里区将逐步形成东、西两大文化旅游圈,由于湖里区缺乏在国内外著名的景区,为此旅游的核心应是文化旅游。西部文化旅游圈以闽南古镇为中心,可与老工业区改造的湖里文创园和东渡邮轮母港联为一体;东部环五缘湾文化旅游圈,初步形成了以海洋文化体验和博物馆群的展示为主题的局面,可以融合发展影视、音乐、游艇等产业,与厦金湾滨海休闲旅游区和未来建设的钟宅民俗村、法蓝瓷文创园、忠仑公园联结为整体的旅游线路。前不久上古文化艺术馆曾吸引了法国前总理慕名而来,也表明文展苑确有潜力可挖。围绕文化旅游产业发展,工作重点包括:优化交通线和空间布局,转移传统制造业和人口,加强餐饮酒店、商业娱乐业的规划配套,完善产业空间布局的顶层设计和协同执行力。以政策促进会议会展、节庆旅游赛事活动的开展,提升五缘湾的总体形象和外部影响力等。

3. 积极发展数字新媒体产业园。当前,以互联网、移动新媒体、三网融合为代表的新媒体领域和与之适应的数字内容产业发展迅猛。鉴于该领域的核心生产力是人才,但又面临全行业的人才短缺,为此,湖里区应当利用区位和空间优势,释放两岸金融中心、湖里工业区等优质空间资源,打造数字新媒体产业园,吸引龙头文化企业进驻。

4. 重点推动闽台文化产业试验区及湖里文创园规划建设。把湖里区文化产业的发展与厦门市建设全国文化产业中心城市和两岸文化产业合作中心联动起来,围绕重大任务配套产业政策、配置工作资源、形成市区发展合力。目前市里已成立协调领导小组,正在制定入园政策等,应促其正常运转,尽快开展工作。一是要把规划的过程变成产业资源整合和重大项目策划招商的过程,下大力度、紧紧抓住对文化产业发展格局产生重大影响力的"引爆点"项目进行引进和培育;二是务必重视文创产业与商业、酒店、娱乐、金融等行业融合发展的趋势和产业文化化的发展方向;三是要在空间发展政策上有大的突破,可学习借鉴深圳城市更新的做法,对拆除重建、功能变更等不同的改造模式给予明晰的政策导向和审批流程。

(二)政策建议

1. 营造良性互动的文化产业发展氛围。鉴于文化产业类别很多,对经济社会发展的影响路径和积极意义还不为大家所知。为此,要提高全区对文化产业发展的意识,充分认识当前宏观经济发展的中长期趋势;采用文化产业促进经济发展的直接和间接途径,对推动特区发祥地退二进三、再造新辉煌的先导和融合带动作用;在转变经济发展方式、扩大人民精神文化消费的基础上,支持社会各界在湖里区主办各类有影响力的文化活动,逐步树立"文化湖里"的对外形象,为引进优质文化产业宣传造势。

2. 深化文化产业发展的综合配套改革和灵活促进政策。要重点突破文化产业组织管理、空间资源的创造性利用等关键性问题。通过设立文化产业专项资金,围绕全局或局部的解决方案来制定专项配套政策,鼓励文化产业集群创新发展和发挥融合带动效应。

3. 加强统计工作。鉴于当前的文化产业统计口径与文化产业工作的重点还不相一致,湖里区文化产业统计在做好例行工作的同时,可以按照文化产业重点领域,梳理出重点的文化企业,持续跟踪和分析行业发展态势和成长因素,为文化产业发展提供决策参考。

执笔人:赵　斌
2013 年 10 月 30 日

蓝皮书

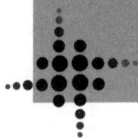

海沧区提升文化产业
课题调研报告

◎ 海沧区文体广电出版旅游局

党的十八大报告指出:文化实力和竞争力是国家富强、民族振兴的重要标志。增强文化整体实力和竞争力,要坚持把社会效益放在首位、社会效益和经济效益相统一,推动文化事业全面繁荣、文化产业快速发展。这为当前文化产业的发展指明了前进的方向,对海沧来说,既是机遇,又是挑战。

一、海沧区文化产业发展概况

自 2003 年厦门市行政区划调整以来,海沧区委、区政府高度重视文化产业的发展,加快实施"文化强区"战略部署,通过立足市场化运作、强化管理引导、加大政策扶持等一系列举措,打造了以油画、玛瑙、陶瓷等产业为代表的特色文化产业,取得了明显的经济效益。目前全区现有 1 条省级特色商业街、1 个省级文化产业示范基地和 5 家市级重点文化企业。可以说,文化产业已成为全区国民经济发展新的增长点和可持续发展的战略性新兴产业之一。

(一)油画产业

海沧油画产业发轫于 20 世纪 90 年代初期,现已建成永信花园油画街、兴港花园油画村和中沧油画产业基地三大油画创作生产集聚区。区内共有油画企业 30 多家,画廊画室 580 多家,从业人员 10000 多人,2013 年油画产业产值达 12 亿元。海沧已跻身我国三大商品油画出口基地之列,并发展成为国内最大的手工油画生产基地。海沧油画村先后被授予"省级特色商业街"(2007年)和"省级文化产业示范基地"(2008 年)等荣誉称号。

(二)玛瑙产业

东孚玛瑙产业发轫于 20 世纪 80 年代末期,目前海沧全区共有玛瑙相关企业、店面及家庭作坊 300 多家,从业人员 4000 多人,2013 年玛瑙产业产值突破 3 亿元。东孚玛瑙原石进口量占全国 80% 以上,玛瑙工艺制品中的手镯占据全球市场份额 90% 以上,玛瑙戒指和圆珠占到全国市场份额 70% 以上。海沧区东孚镇现已发展成为我国最大的玛瑙生产基地和玛瑙原石交易中心,成为名副其实的"中国玛瑙之都"。

(三)陶瓷及树脂等产业

陶瓷、树脂产业是海沧区文化产业的新亮点。目前以敦海艺品、纽威轻工等为代表的陶瓷、树脂生产企业呈现出高速发展的势态,企业核心竞争力不断增强。

蓝皮书

二、海沧区文化产业发展特点

（一）加强组织领导，完善管理机制

海沧区文化产业的发展得到各级领导的关注，国家文化部、省文化厅、市委、市政府领导及有关部门领导多次莅临海沧调研指导，为进一步发展海沧文化产业提出了宝贵的意见和建议。区委、区政府更是把文化产业当作工作重点抓紧、抓好。2008 年以来，区政府先后成立了"区油画产业管理工作领导小组"、"区玛瑙专业市场工作领导小组"，下设专门的办公室，具体负责规范和指导区美术产业协会、区玛瑙协会日常管理工作的开展。

（二）加大政策扶持，优化发展环境

近年来，市里先后制定出台了《厦门市促进文化产业发展若干政策》、《厦门市促进文化产业发展财政扶持政策实施细则》，海沧区也制定了《海沧区关于扶持海沧油画产业发展的若干意见》（厦海政〔2008〕63 号）、《海沧区关于进一步扶持海沧油画产业发展的若干意见》（厦海政〔2012〕71 号）、《海沧区高层次文化人才引进和培育暂行办法》（厦海委办〔2013〕70 号）等扶持政策，从管理机制、产业规划、政策扶持、人才培养、宣传推介等多方面全力推动海沧油画产业的健康持续发展。

（三）完善产业链条，凸显洼地效应

海沧区油画、玛瑙产业现已形成了较为完善的产业链条，实现了产供销一体化的格局，洼地效应和集聚效应日益凸显。2009 年10 月，海沧区中沧文化产业基地投入运营。基地占地面积 8.9 万平方米,建筑面积 15 万平方米,投资额 2.26 亿元,是以油画、陶艺、香道等生产为主的轻工业园区,致力于打造厦门规模最大、配套最全的文化产业基地。2011 年 6 月,中国(海沧)油画村艺术品交易中心建成投用,交易中心共有店面 53 家,营业面积近 8000 平方米,成为厦门乃至海峡西岸经济区重要的油画生产和贸易基地。2011 年 9 月,东孚商业街玛瑙展示中心开业,为海沧玛瑙提供了一个优质、便捷的展示和营销平台。2012 年 6 月,福建省首家玛瑙艺术博物馆——石语珠宝商城在东孚商业街开张。2012 年 8 月,全省规模最大、档次最高的玛瑙雕刻厂——和玉缘玛瑙工艺品厂在东孚玛瑙工业园正式开业。

三、海沧区文化产业存在的主要问题

(一)文化产业规模偏小

海沧区文化产业在取得跨越式发展的同时,还存在一些较为突出的问题。表现在文化产业相关企业整体规模偏小,经济实力较弱,缺少具备一定规模和影响力的龙头企业和知名品牌,产业链延伸不够,对地方经济、财税贡献有限。辖区文化企业中仍以中小企业为主,其中 90% 以上为传统家庭作坊式的个体工商户,鲜有年产值超 1 亿元的大型文化企业。

(二)文化产业结构单一

2011 年海沧区文化产业实现增加值 35.97 亿元,占地区生产总值的 9.5%,占比为全市最高。其中文化制造业实现增加值 22.85 亿元,占比 63.5%;文化贸易业实现增加值 0.07 亿元,占比 0.2%;文化服务业实现增加值 4.65 亿元,占比 12.9%;个体工商户实现增加值 8.40 亿元,占比 23.4%。在油画、玛瑙等传统基础产业快速增长的强势带动下,海沧文化制造业以每年20%以上的发展速度递增,优势十分明显。相比较而言,海沧文化服务业基数过小,发展滞后,文化产业结构不合理的问题日益凸显。2012、2013年文化服务业偏弱的格局仍未改变。

(三)文化产业创新能力不足

文化产业提升的关键在于创新性和创造性,创新性和创造性的关键在于人才。与北京、上海、深圳等文化产业发达的地区相比,海沧的文化产业高端人才匮乏现象较为突出。特别是油画、玛瑙等产业从业人员学历层次不高,素质参差不齐,创新能力不足,缺少在国内外具有一定知名度和影响力的画家、雕刻家。导致油画、玛瑙等文化产品多以临摹仿制为主,原创作品较少,产品附加值偏低,同质化现象严重,行业内部竞争形势日益严峻。

四、海沧区文化产业发展的主要思路

(一)优化政策,落实文化产业发展保障

一是加快落实扶持政策。落实文化产业扶持政策是提升海沧文化产业经济贡献力的重要保障。要结合实际用好、用足、用活中央、省、市已有的文化产业优惠政策,确保执行力度。要关注细节,提高已有政策的可操作性和执行力,把政策落到实处。二是完善扶持政策配套。按照"市场调节、政府引导"的发展战略,政府行政部门要进一步建立和完善文化产业扶持政策的配套,鼓励社会资本兴办文化企业,通过降低市场准入门槛,实施税收减免、项目补贴、贷款贴息、获奖奖励等措施,完善扶持政策的配套体系。

（二）调整结构，促进文化产业转型升级

一是健全文化产业价值增值链建设。通过完善文化产业生态环境，降低文化企业的生产和经营成本，提高文化产业的运营质量，推动文化产业扩大规模、优化结构。重点发展具有高附加值、高效益的油画、玛瑙工艺品的原创设计、生产，培育一批具有较大规模和影响力的文化产业龙头企业。二是加快完善油画、玛瑙工艺品设计研发基地建设。大力支持国内外知名高等艺术院校与海沧当地职业教育机构合作，在海沧建立产学研合作基地、实践基地，加快培养研发设计、经营管理、营销经纪等文化产业高端人才，建立健全文化产品合作开发创新机制，全面推进文化产业转型升级。

（三）加强规划，推进文化产业园区建设

一是实施项目带动。以重大文化项目带动策略为工作重心，抓好项目前期生成、招商落地、建设运营、后期服务四个主要环节。加快推进海峡两岸（翔鹭）旅游文化综合体项目、海峡两岸中医药博物园区的建设，打造文化产业新洼地，壮大海沧区文化产业领军队伍实力。二是完善园区配套。全力打造油画、玛瑙专业文化产业园区，依托海沧油画村、东孚玛瑙村的资源优势，加强规划引导，进一步完善海沧油画、东孚玛瑙两个专业文化产业园区软硬件配套设施建设，提升其产业集聚能力。三是坚持规划先行。在海沧规划建设大型专业化文化艺术品交易中心，打造成为集商贸对接、品牌展示、物流集散、文化教育、旅游会展、消费购物为一体的文化产业综合平台。并争取纳入国家级文化产业试验园区——闽台（厦门）文化产业园区建设范畴，获得国家相关政策支持。

(四)拓宽渠道,密切对台文化产业交流合作

一是充分发挥海沧作为国内设立时间最早、面积最大的国家级台商投资区的对台优势,坚持解放思想,先行先试,进一步拓宽两岸合作渠道,创新两岸合作模式,探索海沧与台湾两地文化产业深度合作的体制机制,先行先试一些重大改革措施。二是围绕海峡两岸(厦门)文化产业博览交易会、海峡论坛等节庆活动,持续举办海沧油画、东孚玛瑙分会场活动,不断开创对台经贸、文化、旅游交流合作的新局面。

(五)培养引进,完善文化产业人才队伍建设

一是积极实施"人才兴文"、"文化强区"战略,加快落实《海沧区文化人才发展规划(2013—2016年)》(厦海委办〔2013〕64号)、《海沧区高层次文化人才引进和培育暂行办法》(厦海委办〔2013〕70号)等文件精神,全面推进实施文化名家、文化产业领军人才、文化产业创新创业英才的培养和引进计划。二是设立"海沧区文化人才专项资金",确保财政资金对文化产业人才培养和引进工作的专项投入。完善文化产业人才的工作补助、安家补贴、创业奖励等配套扶持措施,积极为文化产业人才创造良好的工作环境和发展空间。

执笔人:张 洁

2013 年 12 月

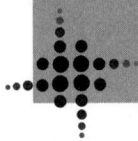

注入文化魂　实现中国梦

——厦门市文联赴广西文化考察调研报告

◎ 厦门市文联广西考察调研团

　　为进一步促进全市文联建设,提高履职能力和服务质量,繁荣文艺事业,推动厦门市文联工作和文艺事业的发展,6月28日至7月3日,以厦门市文联党组书记、常务副主席林起为团长的市、区两级文联考察团一行9人,赴广西进行为期一周的考察调研活动。

　　考察团先后参观了广西民族文化博物馆,观摩了中国文联等单位在南宁举办的山花奖评奖比赛和展演,参观了广西日报印刷传媒博物馆;赴防城港,考察了北部湾文化广场和东兴市艺术品市场;前往北海市考察,与北海文联主要领导同志座谈;同时还考察了桂林市部分文化演出市场和文化旅游项目,并与桂林市文联领导班子座谈。通过调研,考察团从中受到很大启发,获得了很多宝贵经验,既开阔了思路、明确了方向、增强了信心,也达到了考察调研的目的。现将相关情况报告如下:

一、第十一届中国民间"山花奖" 决赛评奖的相关情况

　　6月28—29日,由中国文联、中国民协、广西文联、南宁市人民政府联合主办的中国(南宁·青秀)舞龙展演暨第十一届中国民

间文艺山花奖·民间艺术表演奖评奖活动在广西南宁举行。来自包括我市集美弄龙阵头在内的全国各地 17 支舞龙代表队参加角逐,展示和诠释了独具特色的中国传统民间文化艺术。

本届山花奖举办地南宁市青秀区,是"中国芭蕉香火龙之乡"。2011 年,青秀区壮族"芭蕉香火龙"获得第十届中国民间文艺山花奖舞龙大赛金奖,该区也被中国民间文艺家协会授予"中国芭蕉香火龙之乡"称号。该区为承办这次比赛,全部承担了 600 多位演员和嘉宾的往返路费与食宿费用,足见该区对民间文化艺术的重视。

经省民协推荐,由集美大学体育学院民族传统体育专业学生组成的"集美弄龙阵头"代表福建省参加决赛,并荣获金奖。闽南自古有"有庙就有阵头,有阵头就有弄狮弄龙"的说法。集美弄龙阵头是爱国华侨陈嘉庚出生地——"集美大社"庙宇、宗祠活动的民俗技艺。集美大学体育学院的学子们将闽南舞龙文化的特色发挥得淋漓尽致,由于加入闽北建瓯地区的独特民间传统艺术——挑幡,更具福建的特色,彩旗翻飞,双龙腾跃,气势磅礴,充分展示了"爱拼才会赢"闽南文化的精神气质。

据悉,中国民间文艺山花奖是经中宣部批准于 1999 年设立,由中国文学艺术界联合会和中国民间文艺家协会联合主办的国家级民间文艺大奖,与电影金鸡百花奖、电视金鹰奖、戏剧梅花奖、舞蹈荷花奖等同属我国文艺界最高奖项。

二、广西特色文化事业建设的相关情况

广西是我国文化大省(市、区),特色文化闻名世界。广西特色文化由世居少数民族文化与中原文化、海洋文化融合而成,是各族人民勤劳智慧的结晶,是中华民族文化的重要组成部分。山水文

化、海洋文化、边境文化、多民族文化等各种文化特色相互融合与激荡,铸就了广西得天独厚、妙趣横生的文化形态。近年来,广西不断挖掘自身资源,积极致力于加强文化建设,亮点频现,独具魅力。

1. 注重文化品牌建设,促进地方经济发展

进入新世纪以来,广西各地经济取得了很大发展,离不开"东盟桥头堡"和文化两个因素叠加作用。特色文化品牌项目不仅为广西带来了巨大的经济效益,还促进了产业结构调整。以南宁国际民歌艺术节为例,节日期间,经贸洽谈签约金额从70亿元(1999年)上升到1036亿元(2011年)。同时,还带动了当地旅游、餐饮、演出、出版等产业的发展。桂林市充分利用历史文化名城、国际旅游名城、生态山水名城的文化优势,大力发展绿色GDP。继打造出大型山水实景演出《印象·刘三姐》和《象山·传奇》之后,2003年10月以来,该市又斥资3亿元打造《夜王城》,致力于打造出"桂林山水甲天下,阅尽王城知桂林"的旅游文化效应。《桂林市文化产业发展"十二五"规划》中明确提出:"到2015年,桂林作为'演艺之都,创意福地,富集市场,智慧新城'的定位基本实现。全市文化产业增加值力争达到79亿元,占GDP比重4.5%,争取达到5%,占广西文化产业增加值总量的8%左右。"我们在南宁街头和宾馆、酒店,随处可以看到与民歌、书画作品相关的元素。如所住酒店的大堂、走廊上都挂满了当地书画名家的作品;就连在观看刘三姐演艺厅歌舞表演之前的稍许时间,相关组织还在现场竞拍书画作品。

2. 推进公益文化建设,"文化惠民"惠及万民

近年来,广西各级党委政府充分发挥自身文化优势,扎实推进公益性文化事业建设。防城港市地处广西南端,总面积6222平方公里,总人口不足100万。尽管经济实力远不如厦门市,但该市重视公益文化建设的大手笔却让我们大为惊叹。该市结合新区建设

和行政中心迁移工作,建设防城港北部湾文化广场(又称"市政府广场"),占地面积约 26.7 公顷。其中红树林面积约 9 公顷,广场硬化面积约 9 公顷,内湖面积约 5 公顷,绿化面积约 5 公顷,投资约 3700 万元。这里已经成为名副其实的海洋文化主题公园,港湾、海水、山水、亭榭以及处处刻有与海洋有关的诗词书法作品石雕景观,浑然天成,美轮美奂。这座极具地域文化特色的"红树林及文化生态公园",营造了人与自然共生、经济发展与生态保护和谐共赢的氛围,堪称"综合性、多功能的城市客厅",是防城港市民集会的场所、居民休憩游玩的好去处。

阳朔县城西街,拥有 1400 多年的历史,这里的饭店、餐馆、网吧、酒吧等大都中西合璧。进入夜幕,处处灯红酒绿,游客摩肩接踵。这里又被称为"中外文化街",有阳朔人爱吃的糍粑与米粉、正宗的意大利咖啡与西餐、古老的中国画、最前卫的休闲风尚、普通话、数不清的方言,还有英语、法语、意大利语乃至西班牙语。另外,广西积极打造"文化惠民工程",常年组织专业文化艺术工作者走基层,把欢乐带给民众,在欢乐中营造健康。遍及全区的"和谐文化在基层——千团万场"群众文化系列活动,以及"周周演"、"月月比"、"季季赛"和"年年奖"的活动方式,使各地群众业余文化活动常年欢声不断、笑语不停。南宁的"绿城歌台"和桂林的"漓江之声",已经成为群众文化活动的品牌。

3. "东盟桥头堡"地位凸显,文化贸易输出步伐加快

广西是我国唯一一个与东盟国家海陆皆连的省区,地理位置的邻近以及相互间深厚的文化渊源,为广西与东盟各国文化交流与文化产业合作与发展提供了巨大的商机。自 2004 年中国—东盟博览会落户南宁以来,广西已成功举办了多届中国—东盟文化产业论坛,这些文化活动不仅推动了双方的文化合作,也为推进双方经贸合作起到了良好的促进作用。在具体合作项目上,广西还策划中国—东盟文化产业展,建立中国—东盟文化产业园、中国—

东盟文化博览园、中国—东盟文化产业物流园区、中国—东盟文化产业信息网络、中国—东盟文化研究中心、中国—东盟出版文化创意基地等。此外,广西还与周边国家的部分省份的文化部门签订了合作备忘录,使文化合作交流经常化、规范化。就连广西民族博物馆也有很深的"东盟情结"。作为"民族文化展示之窗,东盟文化交流平台",广西民族博物馆特别注重与东盟国家的交流。自2007年以来,该馆先后派出多批专业技术人员到东盟各国的著名博物馆参观访问、学习,吸取了许多有关博物馆建设和管理方面的宝贵经验;与东盟10国博物馆举办馆长论坛;与印尼国家博物馆共同承办"印度尼西亚文物珍品展"……越共中央对外部副部长王乘风在参观该馆后由衷地说:"在发展经济的同时,广西还能这么完整地保留少数民族文化,真是难能可贵。"他对广西保护和传承少数民族文化表示钦佩,通过参观,切身感受到了广西世居少数民族繁衍生存、融合发展的社会发展历程和多姿多彩的风情习俗。中越民族文化有许多相似之处,这对于加强两国文化交流以及促进两国友好合作是非常有益的。

三、广西文艺事业和文联工作的相关特色

1. 党政领导高度重视文艺和文联工作

2008年下发了《中共广西壮族自治区委员会关于进一步加强新时期文联工作的意见》(桂发〔2008〕38号),不断加大对文化建设的政策支持和财政投入。2012年10月11日上午,时任广西壮族自治区党委副书记、主席马飚深入广西美术出版社、广西书画院以及广西文联所属的广西美术家协会、广西桂学研究会、广西文学院等单位就广西文艺创作工作进行考察调研。马飚强调,文艺创

作不创新就没有生命力,加大广西文艺创作的创新力度,着力打造文化精品力作。为了加大对文艺创作工作的支持,自 2011 年以来,广西连续三年每年投入 1000 万元用于艺术创作生产。

2. 打造富有特色的文艺桂军和文艺精品

近年来,壮族文学在全国文坛迅速崛起,引起了全国文坛高度关注。文学"桂军"的出现,除了当代壮族作家扎根于壮族文化厚土之外,还与广西推行的签约作家制度有很大关系。早在 1997 年 4 月,该区委宣传部主持召开了"广西百名青年作者创作会",会上布置了"213"工程,即到 21 世纪初,培养出 20 名在全国有影响力的作家艺术家,100 名在全区有影响力的作家艺术家,3000 名在地方有影响力的作家艺术家,同时,正式启动广西签约作家制。2010 年以来,广西文联按照培养"四个一批"人才的要求,抓好广西文艺人才信息库的建设和优秀文艺人才培养,重点培养中青年人才、少数民族人才,特别是各文艺门类拔尖人才和领军人物,进一步打造"文艺桂军"品牌。桂林市在全国画坛享有重要地位,与该市造就和吸引海内外美术人才的政策紧密相关。一大批画家在艺术上的成就和影响,体现了桂林文化的跃升和精神的延续。广西文艺界还特别重视"桂学"研究,出版"桂学"研究书集、《广西当代作家丛书》等。近年来,由于打响了"山水牌"、"民歌牌"、"边疆牌"、"海洋牌"、"老区牌"、"民族牌"等文化特色,广西的艺术精品越来越多,在全国性评奖和比赛中屡获大奖;民族音画《八桂大歌》、壮族歌舞剧《妈勒访天边》和桂剧《大儒还乡》等还入选国家舞台艺术精品工程"十大精品剧目"。

3. 首创试点"千村万户文艺惠民工程"

"千村万户文艺惠民工程"是广西各级文联为主导的文艺工程,以广大农村为阵地,以农民群体为服务主体,通过创建文艺村、命名文艺户,广泛组织开展公益演出、艺术培训和专业指导,进一步弘扬优秀传统文化,满足农民群众文化艺术需求,繁荣农村文化。过去,文化惠民工作常停留在送戏、送电影、送书下乡等送文化上,而千村万户文艺惠民工程,则把定期的送文化拓展为常态的种文化,在农村培养造就一支"不走"的文艺队。这项文艺惠民工程就是要让农村文艺活动从"穷开心"向"富娱乐"转型,从"要我唱"向"我要唱"转型,从"文艺装门面"向"文化自觉"转型。据了解,从广西文联首批命名贺州市的 20 个文艺村、30 个文艺户中,培养和造就了一批乡村文艺能人,也创作出了一批文艺精品,而且获得了多项文艺界重要奖项。到 2020 年,广西将实现建设一千个文艺村屯、一万个文艺专门户的目标,通过积极开展民俗文化、节庆文化、村落文化等活动,让文化艺术逐渐浸透到农民群众的日常生活中,并焕发出新的生机,将极大地繁荣农村精神文化生活。

4. 拓展与东盟国家的民间文化艺术交流

广西各地充分发挥民间文化交流的优势,借助中国—东盟博览会的平台,通过拓展交流的地区、对象、方法和渠道,密切开展与东盟各国文艺界的联系,开展高层次高规格的国际文学艺术合作交流活动,与东盟各国举办美术、摄影交流展,组织文艺工作者赴东盟交流、考察等,充分展示广西优秀文化,提高中华文化的影响力。前不久,北海市大型历史舞剧《碧海丝路》和在中国画坛享有较高声誉的北海水彩画作,远赴马来西亚开展文化交流活动。作为中国文化的使者,北海除了向中国友好邻邦展示推广中华文化精品,展现北海悠久的历史文化和美丽的自然风光外,其主要目的是以文化交流的方式,向东盟国家解读一个正处在和平发展中的中国,传递中国人民和平友好、开放包容、共同发展的价值取向;并为推进中国—东盟区域性文化合作寻找有效途径,发挥文化"桥头堡"的作用。

5. 广西各级文联重视文艺理论研究工作

文艺理论研究是艺术链条中的一个重要环节,是文艺家和文艺作品、艺术接受者和艺术鉴赏活动的重要沟通方式。广西高度重视文艺理论研究和文艺批评工作,早在 1982 年就设立了文艺理论研究机构;1995 年 12 月,成立广西文艺理论家协会。桂林等设区市文联也拥有独立的文艺理论研究部门或事业单位以及设立文艺理论家协会。以桂林为例,该市充分利用当地深厚的文化底蕴和高校众多、文艺理论人才集中的优势,大力加强文艺理论研究,组织开展多种形式的文艺评论活动,以文艺评奖为契机,加强内外交流,对促进文艺创作实践、繁荣文学艺术事业产生了积极的影响。

四、主要收获与启示

通过考察和调研,我们进一步认识到文化不仅是软实力,更是经济发展的硬实力。"中国梦"的实现,很大程度上要由文化来支撑。广西考察调研之旅,让我们感触、收获颇多,主要有以下几点:

1. 应从制度建设上加强对文艺工作的领导

近年来,广西、湖南、四川、宁夏等省以及黄山、榆林、桂林、绵阳等市的党委、政府都陆续推出《关于进一步加强文联工作促进文艺繁荣的意见》《关于繁荣文艺创作和加强文化人才队伍建设的若干意见》等相关规定。这些规定,从制度上保障和促进了当地文艺事业和文联工作的迅猛发展,成效显著。厦门作为全国改革开放和现代化建设的窗口和前沿阵地,应在全面实施综改方案的基础上,充分发挥优势,抓住机遇,先行先试出台相关的规定,促进厦门市文艺工作的发展和繁荣。

2. 文联在文化产业发展上应发挥更大作用

在考察调研当中,大家强烈感受到,作为"文艺家之家"的文联组织,汇聚了众多门类、高层次的文艺人才。当前,在政府职能转变和大力发展文化产业之际，文联组织要与时俱进，主动作为，吸纳更多的文艺团体及人才，在指导协会规范管理、执业培训、维权保护、资质认定、人才评价等多个方面发挥更大作用；要主动向新兴艺术领域延伸，吸引更多会员，做大做强"文艺家之家"；加强"网上文联"建设，利用现代科技手段，建立文艺资源数据库，利用自己的专业特长和专业高度对文化产业进行探索，在推进文化产业发展上找平台、找机遇，为文艺家介入市场提供服务。

3. 加大对文艺精品创作的扶持力度

广西及所辖的设区市，经济上并不富裕，但在文艺精品创作上特别舍得投入。自 2011 年开始，为了加大对文艺创作工作的支持，广西连续 3 年每年投入 1000 万元用于艺术创作生产。为了繁荣厦门市文艺事业，厦门也应当详细制定文艺精品创作的总体目标，编制文艺创作的题材规划，建立文艺创作题材库，定期确定文艺创作的重点项目，实施文艺"精品工程"，努力提高文艺创作水平，带动和促进文艺创作的全面繁荣，逐步建立有利于调动文艺工作者积极性、推动文艺创新、多出精品、多出人才的工作机制，力争文艺创作在数量和质量上有质的飞跃。除了政府加大对文艺精品创作的投入扶持力度外，市文联也应积极探索建立"文艺发展基金"等各种资助方式，鼓励和组织社会力量以投资、捐赠等形式参与这项工作，积极探索建立多元创作投入机制及文艺项目招商机制，大力扶持重要艺术门类的创作及精品生产。

4. 建设一支高素质的"文艺鹫军"

近年来，厦门北漂的艺术人才很多，尤其是一些专业的领军人物。我们可以探讨建立相关政策，尽量减少人才流失。树立"不求所有，只求所用"的全新理念，学习桂林经验，吸引海内外更多的文艺名人集聚厦门，以弥补厦门文艺领军人才紧缺的状况；同时，还要健全文艺人才队伍培养选拔管理机制，建立文艺人才库，继续加大对中青年文艺人才的培养力度，拓展实施青年文艺人才外出研

蓝皮书

修工程,造就一支在全国有实力、在海内外有影响力的"文艺鹭军"。同时,要尽快实施"文艺品牌"创建工作,不但要着眼于打造亮点、叫响品牌,更重要的是使之成为具有鲜明时代特征、厦门地方特色和有学术水准的可持续利用的城市文化标识。

5. 引领和推动闽南文化走向世界

闽南文化既继承了古老优秀华夏文化的传统,又具有浓郁的闽南乡土特色。作为人民团体的文联和文艺家组织,可以充分利用政治、组织、人才和专业等多种优势,做足做活"闽南文化"这一特色主题,深化对台、对东南亚以及全球闽籍华人华侨等文化沟通、交流与合作。厦台文化产业发展各具特色,两地具有很强的互补性,合作空间巨大。厦门文联组织应当积极探索符合厦台文艺发展和文化产业发展规律的管理体制、运行机制、组织形式、活动方式,在开展厦台民间文化交流、文化产业服务和文化输出等方面发挥更大的作用。厦门还要进一步坚持文化建设"走出去,请进来"战略,积极开展海内外文化交流合作,加深与国际友城间的相互了解,成功举办各种文化赛事和重大文体活动。

6. 营造"文化厦门"的良好氛围

作为著名滨海旅游城市的厦门,至今仍缺乏规模较大、代表厦门文化形象的文化街区、广场、公园;缺乏具有深远影响,如"印象刘三姐"、"梦幻漓江"之类的舞台艺术展示剧目;走在厦门的大街小巷,没有更多的闽南文艺特征或浓郁的文化氛围……我们应重视"文化厦门"氛围的营造,街区、公园、景区、景点、商店等公共场所,我们渴望厦门也能尽早拥有类似防城港"北部湾文化公园"、阳朔"中外文化街"和福州"三坊七巷"这样的城市名片,营造出更多更浓的厦门特有的文化氛围;要加强新闻宣传的作用,对一些重点文艺作品的创作生产过程(包括发行、演出、播映等环节),要有计划、有重点地组织新闻媒体进行宣传,为优秀作品营造广泛的社会影响;加强文艺评论工作,尽快成立文艺理论家协会或理论研究会,总结文艺创作经验,研讨、分析作品得失。对重大影响的优秀作品,要专门组织召开研讨会,精心组织首发、首映、首演等仪式和展演、展播、展映等活动,广泛地向社会展示和推介创作成果,使优秀作品产生更大的社会效益和经济效益。

团　长:林　起
副团长:陈　影
团　员:杨广敏、陈禾清、蔡清辉、黄文娟
　　　　孙伏园、许文跃、刘建新
执笔人:蔡清辉
2013 年 7 月

Wen Hua Ke Ji Rong He

文化科技融合

蓝皮书

文化科技融合

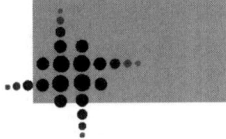

厦门市促进文化和科技融合调研报告

◎ 厦门市促进文化和科技融合发展调研课题组

为贯彻落实十八大和十七届六中全会精神,大力实施美丽厦门战略规划,强化文化科技创新工作,着力推动厦门市文化科技产业的发展,带动信息消费,促进文化的大发展大繁荣,根据市委宣传部部务会的统一部署,特组成厦门市促进文化和科技融合发展课题组,围绕文化和科技融合的形势与需求、思路与目标、重点任务等开展专题调研,并据此提出政策建议,为科学编制《厦门市国家级文化和科技融合示范基地发展规划》提供思路和依据,为申报国家级文化和科技融合示范基地奠定基础。

一、形势与需求

推动文化和科技融合是文化产业发展的时代要求。厦门市发挥自身优势,把推动文化和科技融合发展作为提升文化产业竞争力、推动经济转型升级、促进信息消费的重要举措。创建国家级文化和科技融合示范基地对厦门市实施"综改方案"、缔造"美丽厦门"、建设智慧城市具有重要意义。

（一）厦门文化和科技融合发展的优势

围绕文化强市建设的战略目标，利用厦门独特的区位、环境、人文等优势，加大政策扶持力度，厦门文化产业快速发展，特别在文化和科技融合发展的领域，取得了明显的成效。传统文化产业通过科技创新和创意设计提升了附加值、拓展了新的发展空间；新兴文化产业在网络技术、数字技术、3D 显示技术等高新技术支撑下迅猛发展，亮点突出，逐步形成了厦门文化和科技融合发展的特色和路径。

1. 文化产业发展态势良好

2012 年度厦门市文化产业主营收入为 863.47 亿元，实现增加值 217.03 亿元，同比增长 20.1％，占 GDP 的比重为 7.7％。厦门文化产业的增速和增加值均已超过房地产业，并逐步逼近金融业。据台湾亚太文化创意产业协会发布的《两岸城市文化创意产业竞争力调查报告》显示，厦门在两岸 42 个城市中排名第 7 名，显示出了厦门文化产业的勃勃生机与巨大的发展潜力。

2. 文化和科技融合发展趋势明显

在制定"十二五"文化产业发展规划阶段时，厦门市就强调要"突出文化创意和科技创新两大主攻方向，加强文化创意环节，拓展文化产业链，重视数字技术和网络技术等现代信息技术手段的支撑和应用"。"十二五"期间，厦门市明确要重点发展"以创新创意为核心、以数字技术为支撑、以现代知识产权制度为保障、具有生产性服务功能、满足人民群众精神文化需求的产业集群"。通过近几年的努力，集中体现文化和科技融合发展的新兴文化产业取得了迅猛发展。动漫网游、数字内容与新媒体、创意设计等产业已形成聚集发展的态势，以联想手机、美图科技等龙头企业为核心构建的多媒体显示终端产业链在全国居领先地位。据统计，2012年，厦门市文化和科技融合型企业的总营收约为 400 亿元，占文化产业总收入的 46%,文化产业的内部结构明显优化。

3.创新创业服务体系比较完善

厦门市先后获得了首批国家创新型试点城市、中国十大创新型城市、首个国家科技成果转化服务示范基地、国家知识产权工作示范城市等一系列荣誉和称号;建立起了一整套科技成果转化及创新创业服务体系,包括项目推介、人才培训、风险投资、代理服务等中介服务体系,以及信息、技术、人才、交易、融资、企业沙龙等创业孵化服务体系;拥有厦门大学、集美大学、厦门理工学院、华侨大学、福州大学工艺美术学院等众多高校,培养输送了大量文化科技型创新创业人才;建成了如国际一流的动作捕捉摄影棚、动漫作品体验室、集成电路及 IC 设计中心、厦门云计算中心、国家 LED 检测中心等公共技术服务平台。全市共有高新技术企业 750 家,占全省高新技术企业数的近一半;高新技术企业对工业经济增长的贡献率超过 95%,文化科技型企业对文化产业增长的贡献率超过 60%。授权的国际发明专利占福建省的 80%,技术交易额占全省的 80%,每万人拥有发明专利 7.16 件,是全国平均水平的 2.22倍。

4.文化科技型园区建设取得成效

厦门文化和科技融合的产业承载平台是厦门火炬高技术产业开发区(简称"厦门火炬高新区")。厦门火炬高新区是首批国家级高新技术产业开发区,是全国 4 个以"火炬"冠名的国家高新区之一,已成功培育出百亿元以上产值企业 5 家、亿元以上产值企业达到 70 多家,已建设成海西最大的科技企业孵化器。2012 年园区企业营业收入 1881 亿元,出口创汇 173 亿美元。文化科技产业是厦门火炬高新区致力发展的 5 个特色产业之一。已聚集了相关企业 110 多家,文化科技产业主营收入近 400 亿元。首期已在厦门留学人员创业园创业大厦设立了建筑面积 3 万平方米的文化科技企业孵化器。以厦门火炬高新区为依托,文化科技企业呈现集群化发展的特点,出现了以4399、吉比特、大拇哥、青鸟动画、翔通动漫、读客网、金英马影视、新华颉媒、万仟堂、优必德等为代表的本土文化品牌企业,以法兰瓷、西基动漫、华榜等为代表的台湾文化品牌企业,以及中国移动手机动漫基地、中国电信动漫运营中心、中国联通动漫中心等平台型企业和落地厦门的华强文化科技产业集团、中娱文化股份有限公司、趣游(厦门)科技有限公司和水晶石数字科技有限公司等我国知名文化企业。

5.对台区位优势突出

厦台一水之隔,两地文化一脉相承,方言、习俗、宗教信仰相同,经贸、旅游、文化交流、人员往来十分活跃,有近十万名台胞在厦门工作生活。厦门是台商投资大陆最集中的地区之一,也是两岸经贸交流最密集的地区之一,还是台胞进出祖国大陆最便捷和人数最多的口岸之一。经厦门口岸赴台人次占全国总人次的9%,稳居全国各城市首位。在两岸文化和科技交流平台方面,厦门目前已形成了"一区、两基地、两展会"的特色。"一区",即国家级闽台(厦门)文化产业试验园区(文化部);"两基地",即首个国家级对台科技合作与交流基地(科技部)和海峡国家数字出版产业基地(国家广电新闻出版局);"两展会",即由两岸共同举办的"海峡两岸(厦门)文化产业博览交易会"和厦门台北轮流举办的"海峡两岸图书交易会"。随着《海峡两岸经济合作框架协议》的生效,厦门作为两岸交流合作的前沿平台,在推进两岸文化产业合作与深度对接方面将会起到更加重要的作用,产生更加深刻的影响。

6.政策环境不断优化

厦门市是福建省唯一的全国文化体制综合改革试点城市,适时出台了一批支持文化改革发展的政策措施,如《厦门市促进文化产业发展若干政策》(厦府〔2008〕398号)、《关于推动我市动漫产业发展实施意见的通知》(厦府办〔2009〕171号)、《厦门市重点文化企业认定暂行办法》(厦府办〔2009〕201号)、《厦门市文化产业基地和文化产业集聚区认定暂行办法》(厦府办〔2009〕202 号)、《厦门市动漫产业发展资金管理办法》(厦财企〔2010〕36 号)、《厦门市文化产业发展专项资金管理办法》(厦文发办〔2013〕1 号)、《厦门市文化名家、文化产业人才引进暂行办法》(厦委办〔2013〕10 号)等。

(二)推动文化和科技融合发展是厦门市经济社会发展的现实需要

推动文化和科技融合发展,促进文化和科技的深度融合,对于厦门市转变经济发展方式,实现工业化向后工业化社会的转型,提升文化产业竞争力,推动信息消费,促进科技创新和文化发展具有十分重大的现实意义,是厦门市经济社会发展的现实需要。

1.引领创新发展、建设美丽厦门的战略需要

当前,厦门市委市政府提出了建设美丽厦门战略规划,勾勒了"两个百年"的愿景和"五个城市"的发展目标,实施"十大行动计划"。文化是美丽的重要内涵,加快发展文化科技产业是"美丽厦门"战略规划的重要内容。厦门市委市政府高度重视国家级文化与科技融合示范基地的创建工作,并以此为重要契机,聚集优势资源,推动文化与科技、旅游、信息等融合发展,推进文化科技创新,增强厦门的城市竞争力和文化软实力,打造智慧名城、提升城市品位、优化发展质量、美化城市环境,更好地发挥厦门市在海西地区的辐射带动作用。

2.转变发展方式、优化产业结构的内在需求

厦门经济社会发展开始迈入后工业化阶段,原有传统的发展模式已难以为继,发展中不平衡、不协调、不可持续问题依然突出,要素成本上升和创新能力不足并存等问题,都迫使我们必须加快产业转型升级的步伐,更加依靠内生动力推进经济发展。文化与科技相互促进、融合发展成为当今经济文化发展的新趋势。厦门

市应以创建国家级文化与科技融合示范基地为契机,推动文化和科技跨行业、跨部门的协同创新,完善产业链和创新链,促进数字内容、新媒体、创意设计、文化装备制造等文化科技产业的快速发展,并以此为抓手带动产业转型升级和经济发展方式的转变。推动文化和科技融合发展是厦门产业结构战略性调整的一次重大探索。

3.促进科技进步、提升文化产业内涵的重要途径

文化与科技融合是文化产业发展的必由之路。厦门文化产业已进入持续快速发展的轨道,呈现出强劲的发展势头。但从总体来看,厦门市文化企业还存在规模小、布局散、竞争力弱等问题,文化产业转型升级既是加快转变经济发展方式的需要,也是文化产业自身发展的重要路径。以推动文化和科技融合发展为抓手,充分发挥科技创新对文化发展的重要引擎作用,实施重大项目带动战略,提升传统文化产业、培育新兴文化产业,构建形成结构合理、门类齐全、科技含量高、创新链完善、竞争力强的科技创新体系和文化产业体系,打造形成具有厦门风格的文化科技产业园区,重点发展数字内容、新媒体与移动互联网、创意设计等产业集群,发挥文化和科技融合示范基地的引领示范作用,不断丰富文化产业的内涵,确立其在后工业化发展阶段的支柱性产业地位。

二、思路与目标

从全球产业发展的规律来看,文化和科技融合已势不可挡。深入推进文化产业科技化、科技产业文化化,对优化产业结构、转变发展方式、提升城市综合竞争力,实现经济、环境、社会协调发展具有重大的现实意义和深远的战略意义。

（一）指导思想

全面贯彻党的十八大和十七届六中全会精神，以马克思列宁主义、毛泽东思想、邓小平理论、"三个代表"重要思想、科学发展观和中国特色社会主义理论为指导，坚持社会主义先进文化前进方向，围绕《国家"十二五"时期文化改革发展规划纲要》和《国家文化科技创新工程纲要》的战略要求和美丽厦门战略规划，发挥文化和科技相互促进的作用，深入实施科技带动战略，提升自主创新能力，增强文化产业核心竞争力，依托厦门火炬高技术开发区，实施"一基地多园区"联动发展战略，坚持科技创新与文化发展相结合，坚持创新创意与市场需求相结合，坚持规模扩大与内涵提升相结合，坚持硬件优化与服务优质相结合，充分发挥厦门的对台前沿平台作用，深化厦台在文化科技领域的合作对接，探索一条特色化、差异化的文化产业发展之路，把厦门建设成为我国文化和科技融合发展的示范性城市。

（二）基本原则

创新思维，融合发展。推动文化和科技深度融合，创新思维、整合资源、组织力量，研发一批具有自主知识产权的核心技术、关键技术和共性技术，为文化产业发展提供科技支撑，为文化产品和服务增添科技魅力，更好地满足人民群众的多样化需求。

需求导向，应用驱动。文化科技创新要以市场需求为导向，强化应用驱动，在认真分析厦门文化科技发展条件和文化产业发展特点与发展瓶颈的基础上，面向市场需求组织科技创新，着力解决文化产业发展中面临的技术难题和文化产业高端化发展中的制约环节与共性问题，实现科技创新和文化发展的有机融合，通过市场竞争体现科技创新的文化价值和经济价值。

部门协同，联动推进。落实科技部、中宣部等相关部委有关文

蓝皮书

化科技创新工程的具体部署,对接国家文化科技创新战略,在市级层面建立相关部委办局和厦门火炬高技术开发区管委会之间的联动机制,创新文化产业的发展模式和管理模式,协同推进文化与科技融合发展,提升厦门文化产业的科技含量,增强厦门文化产业发展的内生动力。

开放合作,突出重点。遵循对外开放和交流合作的方针,发挥厦门对台前沿平台的作用,强化厦台之间在文化科技领域的合作,相互学习借鉴、加强集成创新,突出两岸特色、聚焦新兴业态,重点推动数字内容、移动互联网与新媒体、创意设计、3D 显示、科技时尚等产业的快速发展,做大做强具有厦门特色的文化科技产业。

(三)发展目标

围绕厦门文化大发展大繁荣、推动文化强市战略的重大科技需求,重点依托厦门火炬高新区,实施项目带动、研发带动、资本带动、人才带动战略,加快推进文化和科技相互融合,促进传统文化产业的调整和优化,加快新兴业态的培育和发展。

总体目标:近期到 2015 年,培育文化与科技融合的三大特色产业集群——数字内容、移动互联网与新媒体、创意设计。示范基地内企业营业总收入超过 1500 亿元,实现增加值 400 亿元以上,年均增速保持在 20%,其中数字出版、网络视听、动漫游戏、新媒体与移动互联网、创意设计等新兴业态文化产业实现增加值占比超过 60%,到达 260 亿元左右,年均增速保持在 25% 以上,文化科技产业成为文化产业发展的主导力量,文化科技型企业将成为文化产业发展的重要支撑。2015 年,厦门在全国主要城市中的文化竞争力排名进入到前 10 位,力争成为全国文化产业融合发展的示范城市。

中期到 2020 年,示范基地内企业营业总收入达到 3000 亿元,实现增加值约 1000 亿元,其中,新兴文化产业的增加值到达 600

亿元以上,预计占文化产业增加值的比重达75%。园区万元增加值能耗低于0.1吨标煤,居全国领先水平。

产业积聚度目标:到2015年,培育一批新技术、新模式、新业态的文化科技企业,打造年营业收入达10亿元以上的文化科技龙头企业10家、骨干企业80家、上市企业5~6家。到2020年,打造文化科技龙头企业30家、骨干企业120家、上市企业10家以上,打造两个国内领先的创新型产业集群,文化和科技融合型产业的竞争优势明显增强,文化科技企业的核心竞争力明显提升,成为厦门经济发展的新支撑。

人才目标:依托火炬高新区厦门国家海外高层次人才创新创业基地,积极切实贯彻"海纳百川"的人才计划,引进国际一流的创意大师、艺术大师、设计大师、文化大师以及软件工程师和产业紧缺人才,建设海峡科技文化产业的人才梯队,到2015年文化与科技融合的产业领域引进国家千人计划、福建省千人计划、厦门双百高层次人才累计达到100名,各类跨界技能人才、管理人才、创新创业人才累计超过500人。

创新目标:突出企业创新主体地位,引导建设企业技术中心或工程技术中心、博士后工作站、重点实验室等企业内研发机构建设达到100个,引进央企或大型科研院所等独立研发机构超过10个。到2015年,突破一批满足文化发展需要的共性重大关键技术10项,打造系列体现文化科技融合创新示范工程20个,实现若干关键文化产品技术改造和装备升级项目50个。

知识产权目标:示范基地内,从业人员中每万人拥有发明专利、版权或软件著作权拥有量达到40件。

创新服务体系:培育和集聚创新资源,市区两级财政用于文化和科技融合企业创新扶持的财政科技拨款占全部财政支出的比例超过1.5%,建立起覆盖文化与科技融合各种业态的专项统计制度,试点建设示范基地统计分队,建立文化和科技融合企业网上直报统计系统。到 2015 年,示范基地搭建公共服务平台总数超过 10 个(含共性技术、后台支撑、金融服务、技术信息发布、产业联盟等),构建文化与科技融合重大服务平台 5 个(3 家国家级孵化器、1 个加速器)。公共服务体系创新方面,在全市范围内建成数字化、网络化的公共文化服务体系,推进下一代广播电视网建设,完成市、区两级图书馆和全市主要博物馆的数字化和网络化建设。

厦台合作重点领域:从现有基础和条件出发,充分利用台湾在数位内容产业和创意设计产业方面的比较优势,确定数字内容产业和创意设计产业为厦台在文化科技产业合作方面的两大重点领域,依托厦门火炬高新区、两岸新兴产业与现代服务合作示范区和闽台(厦门)文化产业合作试验区,大力引进台湾在上述两大领域的龙头企业、创意园区、研发机构和知名人士来厦投资创业,推动厦台在数字内容产业和创意设计产业的深度合作,形成两岸数字内容产业和创意设计产业的聚集区,打造两岸文化科技产业合作对接的示范区。

借鉴台湾内湖、新竹等地建设科技园的先进经验,积极探索建设以台湾专业团队为主运营、两岸共同投资管理的文化科技产业合作园,联手培养研发团队和技术人才,大力吸引台湾高层次人才创业就业,吸引台资企业超过 1000 家以上,吸引台资超过 500 亿元,吸纳台湾科技人才超过 5000 人。

三、重点任务

文化产业具有融合性好、成长性高、带动辐射效应强和自然资源消耗低等特点。推动文化和科技融合、实现文化科技创新、加快文化产业跨越发展,从厦门实际出发,要着力完成好以下六大重点任务。

(一)实施文化科技产业集群建设工程

把握文化和科技融合的发展趋势,依托厦门火炬高新区,以创建国家级文化和科技融合示范基地为契机,以骨干文化企业或企业集团为主体,以完善产业集群的产业链和创新链为核心,实施重大文化科技项目的带动战略,重点发展数字内容、新媒体与移动互联网、创意设计等三大产业集群,并形成相互支撑、互动融合的产业链,实现高附加值效应的价值链,构建文化内涵深厚的创新链,力争到"十二五"期末文化和科技产业成为厦门文化产业的主导产业。

1. 大力发展数字内容产业集群

推动数字内容产业集聚发展,发展动漫游戏产业链,支持数字内容产品的创作与生产,组织厦门数字内容企业与衍生产品制造商的对接,推动数字内容衍生链的形成和发展,推动数字内容产业价值链的形成与发展;建立数字内容播出宣传推广机制,支持厦门数字内容的原创、制作、销售与出口;支持中小企业发展数字内容产业,创新数字内容商业模式,推动数字内容业务外包,鼓励跨国公司研发机构扩大本地分包业务量,建成全国数字内容业务外包示范城市。

围绕数字内容集群建设,依托水晶石、4399、趣游科技、吉比特、拙雅科技等一批重点文化科技企业,加快集聚以内容设计为主要经营特征的企业,铸造海峡内容设计品牌。在数字出版方面,重点依托新华频媒、柯达(厦门)影像、比特尔、翔通信息科技、大雅传奇等一批企业,促进数字出版企业做大做强,建设涵盖数字报刊、数字音乐、电子图书、手机出版、数字印刷等业务板块以及新媒体、新出版的内容数字化,建设国家数字出版基地、海峡两岸新闻出版交流与合作基地。在影视动漫方面,依托中娱文化、金英马、嘉影动漫、翔通动画、大拇哥、青鸟动画、光环信息、吉比特等一批企业，抓住国家三大移动互联平台（电信、移动、联通）来布局厦门的有利条件，打造国家影视动漫产业基地。在内容信息传播方面，依托美亚柏科、三五互联、易联众、雅讯、信达物联等骨干企业，加强在网络传输、引擎搜索、电子办公、信息安全等领域的关键软件开发，着重突破数字核心业务的信息系统及大型应用信息系统，大力支持软件应用商店、软件服务包等信息消费新模式，引进或培育一大批软件企业。

2. 大力发展新媒体与移动互联网产业集群

以全国"三网融合"试点城市为契机，支持发展有线数字电视、IPTV、手机电视、网络电视和高清数字电视等新媒体；建成电脑、手机、电视及多样化接收终端等多屏多业态运营平台，建设厦门IPTV集成播控平台、手机动画集成平台和网络游戏视频播出平台；支持美亚柏科公司和四三九九网络股份有限公司开展网络信息安全产品的研发和生产，支持企业依托各类宽带网络平台、手机平台、户外传播平台和电视播出平台，加快网络信息安全产业发展；结合智慧城市和数字家庭建设，探索"云计算"、"物联网"等新兴技术在网络传媒中的应用，实现资源产业化、规模化发展态势。

围绕新媒体与移动互联网产业集群建设，在便携式显示装备方面，以冠捷科技、景智科技、联想、夏新科技等龙头企业为依托，优先发展便携式电脑、智能电视及机顶盒、数码摄影像和数码影音、数字听觉、便携影音产品、车载影音等领域的数码集成化产品；重点引进12寸晶元生产线及配套厂商，以及国内手机电子元器件等项目；积极推动中电三十所"新一代宽带无线移动通信网、北斗卫星导航系统、物联网、汽车电子"等专业领域的技术成果转化，促成北斗应用系统等子项目的应用及投产；拓展宸鸿平板电脑、联想移动及夏新智能手机项目，引进优美PDA项目。在景观显示装备方面，以夜景、灯饰等LED显示为重点，依托三安电子、玉晶光电、华联电子、乾照光电、利胜电光源、强力巨彩等行业龙头企业，集中在 LED 芯片、LED 芯片及外延片封装、节能灯等环节壮大 LED 产业链，以夜景工程、露天大屏幕、彩色幻映灯饰、手机灯光源等为重大下游市场，引进台湾晶元光电、亿冠晶光电，把厦门建设成为全国 LED 显示基地。在云计算后台方面，突破智能终端芯片、下一代互联网、云计算、物联网、大数据等领域的核心技术，促进车联网、物联网、移动互联网的融合发展，培育或引进亚马逊、美图秀秀等一批电子商务或物流总部项目；利用 DELL 等跨国公司售后信息服务的升级机遇，建设面向全球的大数据处理后台；借助"智慧厦门"建设，分担"智慧厦门"后台计算的模块或系统建设任务；引进华录集团的"智能交通"项目；重点引进美国匹兹堡医疗中心生物信息云计算项目等。

3. 大力发展创意设计产业集群

构建创意设计产业链。构建创意设计的上游原创研发、中游生产制作、下游知识产权交易和运营服务的产业链条，实现集群化发展，形成设计创作、信息发布、产权交易、消费引导等产业循环和技术培训、咨询服务、政策引导和知识产权保护等配套服务体系；着力建立一个以推动并完善产业链为目的的产业孵化器，鼓励设计企业运用先进技术，引进高级人才，提高创意设计水平，创立自主品牌。

促进创意设计企业集聚发展。促进与工业生产相关的研发和设计活动，包括工业设计、平面设计、软件设计、环保设计、广告设计、产品设计、服装设计、工艺美术品设计等领域；促进与网络、数字等高技术产品相关的研发和设计活动，包括数字设计、体验设计、网络游戏、数字娱乐、网络服务等领域；促进与建筑、环境等有关的研发和设计活动，包括建筑设计、景观设计、装饰设计、室内设计等；促进与时尚相关联的研发和设计活动，包括概念设计、时尚设计、服装设计、广告设计、品牌企划、时尚沙龙、时尚传媒等；促进中小设计公司、个人工作室的发展，重视引进国际知名创意设计机构。

形成科学合理的组织形态。夯实原创设计的前端环节，以中小设计企业和个人工作室为主体；做强产品化和营销等市场开发的后端环节，以大型企业集团等龙头企业为主体；提升中介服务机构等中间环节，以行业协会、中介组织和产权交易所等为主体，链接个人创意与市场需求，提升创意设计产业集聚区的综合竞争力。

(二)实施文化科技产业自主创新能力提升工程

文化产业的科技创新，决定着文化产业的竞争力和可持续发展能力。实施四大工程，提高文化产业的科技含量和科技水平，提升文化产业的创新力、影响力、表现力、传播力和吸引力。(见图1)

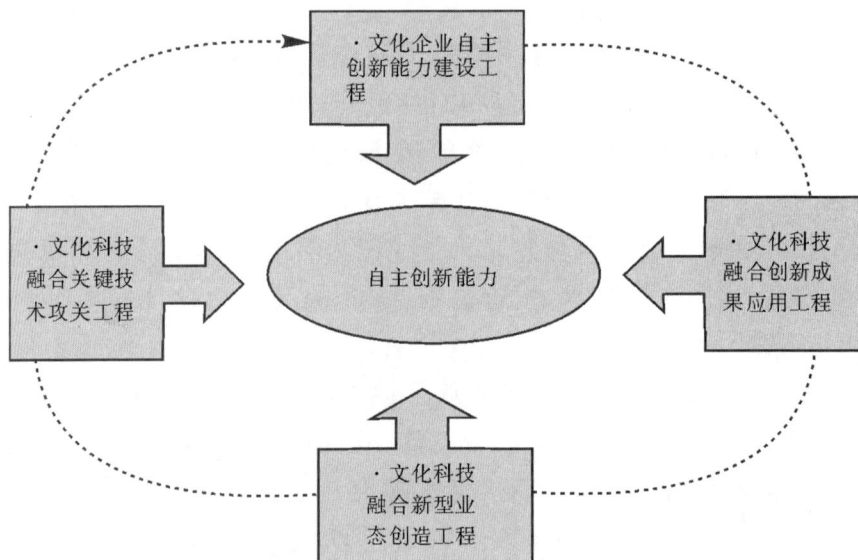

图1

1. 文化科技融合关键技术攻关工程

加大政府科技投入，围绕三大集群开展关键技术攻关。(见图2)

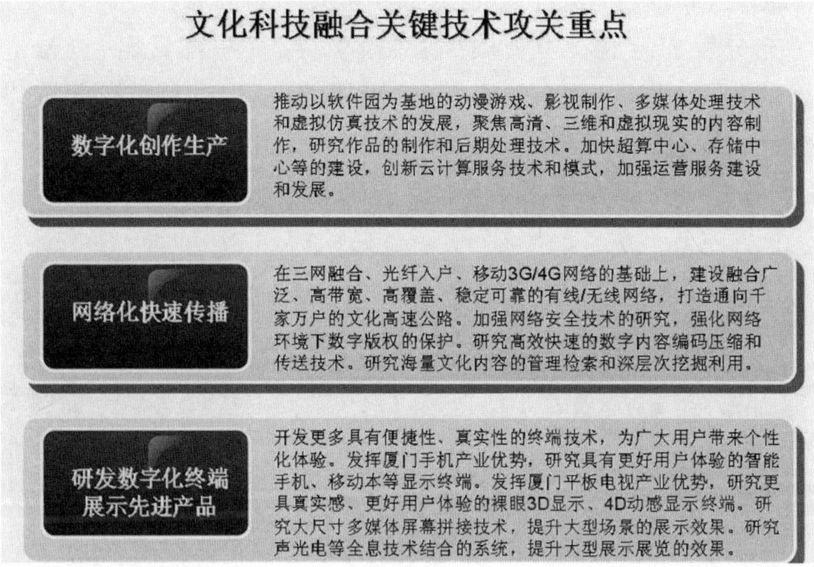

文化科技融合关键技术攻关重点

数字化创作生产

推动以软件园为基地的动漫游戏、影视制作、多媒体处理技术和虚拟仿真技术的发展,聚焦高清、三维和虚拟现实的内容制作,研究作品的制作和后期处理技术。加快超算中心、存储中心等的建设,创新云计算服务技术和模式,加强运营服务建设和发展。

网络化快速传播

在三网融合、光纤入户、移动3G/4G网络的基础上,建设融合广泛、高带宽、高覆盖、稳定可靠的有线/无线网络,打造通向千家万户的文化高速公路,加强网络安全技术的研究,强化网络环境下数字版权的保护。研究高效快速的数字内容编码压缩和传送技术。研究海量文化内容的管理检索和深层次挖掘利用。

研发数字化终端展示先进产品

开发更多具有便捷性、真实性的终端技术,为广大用户带来个性化体验。发挥厦门手机产业优势,研究具有更好用户体验的智能手机、移动本等显示终端。发挥厦门平板电视产业优势,研究更具真实感、更好用户体验的裸眼3D显示、4D动感显示终端。研究大尺寸多媒体屏幕拼接技术,提升大型场景的展示效果。研究声光电等全息技术结合的系统,提升大型展示展览的效果。

图2

2.文化企业自主创新能力建设工程

建立和完善以企业为创新主体的政策法规,发挥财政资金的引导作用,带动企业、银行、风险投资、社会民间机构对文化领域的资金投入,激发企业的自主创新能动性。市级科技项目立项优先支持文化科技融合产业项目,鼓励和辅导文化企业申报国家科技项目,争取国家政策和资金的支持。以重大项目和工程为载体,支持高校院所和骨干企业建立产学研合作联盟,建立健全成果共创、共享机制,吸引创新要素向文化科技企业集聚,增加创新优势。以基地为载体,大力挖掘、培育一批发展势头好、发展潜力大、自主创新能力强的骨干企业,建立产业联盟,以龙头企业带动中小企业形成产业链和创新链,提高基地创新能力。充分发挥行业联盟、中介组织的协调作用和服务职能,鼓励企业联合制定文化技术标准和开展标准化试点工作,推动文化科技资源整合、技术成果转化、品牌建设、市场拓展,提升文化企业的实力和核心竞争力。

3.文化科技融合创新成果应用工程

充分发挥政府在宏观调控、政策引导、资源配置、协调推进等方面的作用,深化"政产学研媒金"协同创新,建立科技创新成果有序流动机制,提高科技成果的转化效率。(见图3)

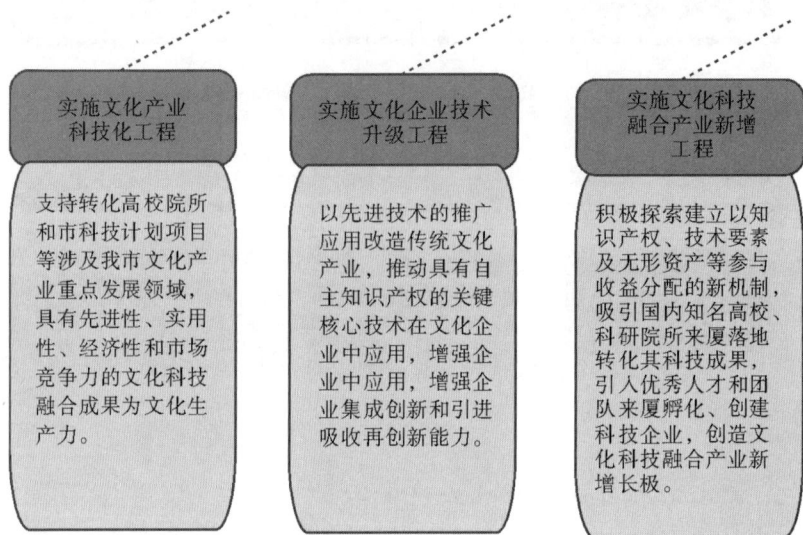

实施文化产业科技化工程	实施文化企业技术升级工程	实施文化科技融合产业新增工程
支持转化高校院所和市科技计划项目等涉及我市文化产业重点发展领域,具有先进性、实用性、经济性和市场竞争力的文化科技融合成果为文化生产力。	以先进技术的推广应用改造传统文化产业,推动具有自主知识产权的关键核心技术在文化企业中应用,增强企业集成创新和引进吸收再创新能力。	积极探索建立以知识产权、技术要素及无形资产等参与收益分配的新机制,吸引国内知名高校、科研院所来厦落地转化其科技成果,引入优秀人才和团队来厦孵化、创建科技企业,创造文化科技融合产业新增长极。

图 3

4.文化科技融合新型业态创造工程

建设文化产业的物联网、云计算技术应用工程。结合智慧城市建设,探索"云计算"、"物联网"技术、产业体系、产业架构、产业链在网络文化产业中的应用示范工程。以创意设计注入文化内涵,推动先进制造业升级。建设一批以工业设计、时尚设计等为核心的创意设计中心,通过创意设计在交通装备制造、工程机械、电子通信、节能照明、卫浴、包装等工业产品中融入文化元素,提高其附加值。

(三)构建文化和科技融合发展的创新体系

围绕示范基地的规划、建设,逐步建立以企业为主体、市场为

导向、政策为保障、创新服务平台为支撑的文化科技融合创新体系，构建文化科技融合发展创新链。（见图4）

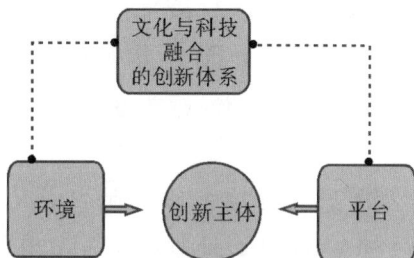

图4

1.优化文化和科技融合发展的环境

用好用活"先行先试"政策，创新体制机制，完善文化和科技融合的政策体系和服务体系。针对文化科技融合发展的关键领域和重要环节，主动对接境内外优势资源，推动建立区域性联动合作机制，扩大与延伸文化和科技融合产业发展的机会和空间，实现文化要素与科技资源、平台资源、人才资源、科技金融等方面的整合互动，不断优化文化科技融合发展环境。

2.培育文化科技融合创新主体

（1）着力发展研发机构。落实厦门市关于引进和设立企业研发机构的各项扶持政策，引导和支持有实力的文化科技企业、高等院校和科研院所在数字内容、新媒体与移动互联网、创意设计等领域联合建立重点实验室、工程技术中心、技术研发中心、博士后工作站、技术服务平台、产业技术联盟、项目型联盟等文化技术研发机构和创新组织，不断增强厦门市文化领域研发实力。积极引进中科院研究所、央企、跨国公司、国家重点大学等在厦设立文化和科技融合研发机构，推动两岸合作共建文化和科技融合研发中心和实验室等，开展文化科技领域的前沿技术研发，引领和支撑文化科技融合产业高水平发展。

蓝皮书

(2) 着力培育文化科技型企业。进一步放宽市场准入条件、拓宽准入领域,以项目为抓手,积极鼓励非公资本和境外资本以多种形式进入政策许可的文化领域,打破部门分割和行业壁垒,坚持谁投资、谁所有、谁受益的原则,鼓励开办多种形式的科技型文化企业,大力培育一批新兴文化企业,着力引进一批跨国文化科技型企业。

(3) 着力打造一批文化科技企业品牌。建立和完善文化企业品牌发展激励机制,建立品牌奖励制度。制定出台客观公正,便于统一操作的品牌企业评价和管理办法,并实施动态管理。重点培育、扶持与发展一批在境内外有影响力、综合竞争力强的文化科技品牌企业。

3. 强化文化科技产业创新服务平台建设

建设一批为文化科技产业创新发展提供各类公共服务的重大平台,建立"开放、科学、共享、高效"的平台运营管理机制,促进文化科技创新,推进文化科技融合发展,提升文化产业的发展质量和发展水平。(见表1)

表1 文化和科技融合创新平台建设类型及其代表性平台

平台类型	代表性平台
为产业发展提供公共技术服务平台	集成电路及 IC 设计平台、海西时尚设计中心、工业设计中心、美亚柏科厦门超算中心、新华社电视多媒体播控平台(新华频媒)、爱卡汽车网络互动交易平台、LED 国家检测平台、运动器材产业研发设计中心、水暖卫生洁具及橱柜产业研发设计中心、厦门市车联网技术及应用公共服务平台、海西云计算公共服务平台、消费品安全检测技术创新平台、信息消费公共技术服务平台、智能手机终端动漫、应用软件及服务研发平台等。

续表

平台类型	代表性平台
是以承载科技成果转化与产业化的中试基地、孵化器等为目的的成果转化与产业化服务平台	数字内容产业孵化器、"文化＋科技"孵化器、加速器等。
为产业提供科技基础资源共享、知识产权和科技成果对接交易、技术培训、交流合作等各类服务的科技服务平台	国家科技成果转化服务(厦门)示范基地暨综合信息服务平台、厦漳泉科技基础资源服务平台、知识产权服务中心等。
为文化科技融合产业提供多层次资本市场、资产评估、风险控制和信息传递等投融资服务平台	"创业服务＋创业辅导＋天使投资"服务平台、海西股权投资中心等。

(四)构建对台文化科技交流合作的前沿平台

以闽南文化为纽带,遵循"政府主导、政策扶持、两岸参与、产业集聚、互动融合"的原则,借助海峡两岸文博会等综合性文化展会,充分发挥厦门独特的区位优势,利用现有的工作基础和发展条件,深化厦台文化产业交流合作,努力构建两岸文化科技交流合作的前沿平台,推进文化科技产业的集聚和发展。

1. 加强地域文化传承和保护,建设闽南文化生态保护区

依靠科技创新,实施闽台传统文化保护工程、闽台文化创作新科技支撑工程和闽台文化艺术展示工程,促进闽台文化的保护、创作、展示和传播,弘扬闽台文化,推动两岸交流。

2. 加强两岸文化科技互动,打造两岸文化产业合作中心

依托台湾学者创业园、台湾科技企业育成中心、台湾光电子孵化器,实施两岸知名高校产学研合作,努力转化其科技成果,力争吸引各类台湾科技中介服务机构(风投、专业咨询、培训及科研促进等),打造两岸科技创新合作的战略性枢纽,做好、做实国家对台科技合作与交流基地;积极探索建设以台湾专业团队为主运营、两

蓝皮书

岸共同投资管理的产业合作科技园,联手培养研发团队和技术人才,大力吸引台湾高层次人才创业就业,吸引台资企业超过1000家以上,吸引台资超过500亿元,吸纳台湾科技人才超过5000人。

3.加强国家级闽台(厦门)文化产业试验区核心园建设

以1平方公里的湖里老工业区为规划范围,根据厦台两岸文化产业对接重点,加快各类文化创新要素的集聚融合,形成创意设计、商贸服务、健康服务、汽车服务、旅游服务的产业体系;整合文化科技资源,强调产业与城市功能的融合,促进技术应用和产业化。

4.发挥园区的辐射带动作用,拓展厦台合作能级

在做好、做实厦门国家对台科技合作与交流基地的基础上,着力发挥技术先进优势和国家产业服务平台的优势,探索BOT(建设—经营—转让)或BT(建设—转让)模式,实施"一区多园"发展战略以及"一群多园"模式,提升两岸文化科技产业合作的经济能级和辐射带动力,快速拓展在漳州(长泰、诏安、东山)、泉州(永春)等地已有合作意向的火炬产业基地,通过一批精品项目创新示范来引领厦漳泉同城化,并通过两岸共建,推向金门、澎湖和台湾。

(五)加强文化科技融合统计评价工作

在完善文化产业统计的基础上,加强文化科技融合业态的统计分析工作,探索文化和科技融合发展统计试点、统计制度,建立相关企业数据库。

1.建立文化科技统计工作协调小组

研究探索厦门文化和科技融合发展的产业统计制度,在市文化改革发展工作领导小组的领导下建立厦门市文化科技统计协调小组,加强对文化新兴业态和文化产业核心园区的统计工作,设立厦门市文化科技融合重点企业数据库,对主要产业指标和重点企业进行定期跟踪和统计分析。

2.探索建立文化和科技融合示范基地的考核评价体系

围绕本规划的发展目标和重点任务,认真学习和借鉴首批国家级文化和科技融合示范基地的工作经验,设定科技研发创新能力、科技成果转化能力、文化科技产业集聚度、产值规模、人才队伍等为重点考核内容,形成定期考核制度,研究建立厦门文化科技融合发展考核评价指标体系,对核心园区和各分园进行考核评估,为调整和改进政策措施提供参考依据。

(1)科技研发创新能力:建立以企业为主体的创新评价体系,即万名从业人员拥有当年新增发明专利数/软件著作权等指标,园区企业研发投入占销售收入比例(R&D)。

(2)科技成果转化能力:创新环境进一步优化,研发机构和研发载体建设取得明显进展,即建立企业、科技研究所、大学,拥有重点实验室、博士后工作站、企业技术中心、企业工程技术中心数的统计评价体系。

(3)文化科技业态集聚度:即文化科技企业占园区企业总数比例、文化科技产业收入占营业收入的比例。

(4)文化科技业态产业集群与骨干企业数:园区营业收入(产值)、增加值,形成的产业集群数及骨干企业数,骨干企业规模,企业上市数。

(5)文化科技业人才集聚:万名从业人员本科以上学历人数。引进国家千人计划、厦门市双百计划、文化名家、重点产业紧缺人才数。

(6)文化科技业发展保障措施:财政科技拨款占全部财政支出比例,园区空间载体建设,孵化器、加速器建设。

(7)绿色园区建设:园区万元增加值能耗指标。

(六)加强文化科技复合型人才培养工程

人才是文化科技发展的根本,要拓宽人才培育和引进渠道,特别是文化科技复合型人才的培育和引进,做好人才战略性储备,完善人才激励机制,为人才的成长发展、创新创业营造良好的环境和氛围。

1.以自主培养为主,实施紧缺人才培育工程

市财政每年安排一定资金,用于实施文化产业人才培养计划,打造一批业内领军人才队伍;注重发现和挖掘民间艺术人才,给予民间艺术人才特殊关注。给予大学生和初创业者租金、税收等方面的支持,向他们提供低价的创业创意创作场所,做到"放水养鱼";依托专业院校、教育培训机构和企业等多方力量,建设一批文化与科技人才实训基地;加强与海外高校和研究机构的交流与合作,培养具有国际视野的文化产业人才。

2.通过"海纳百川"的人才计划,引进高层次人才与团队

积极组织开展海外招聘高层次文化人才工作,参与国际人才竞争,争取引进国际一流的艺术大师、设计大师,着力提高厦门市文创人才队伍的质量和数量;把文化产业人才纳入厦门市高层次人才相关政策文件的适用范围之中,形成包括住房、子女入学、落户等在内的文化产业人才引进"一揽子"政策;发挥高等院校的"蓄水池"作用,加强与在厦高等校院、科研院所和企事业单位的合作,采取公开招聘、人事调动、合同聘用、项目合作、开办工作室、创作室等多种方式,走以人(大师)引人(团队)、以机会(提供创业机会)引人、以活动引人、以赛事引人的路子,着力引进一批国内外优秀的文化产业人才和创业团队;探索建立高层次的文化产业人才的信息数据库建设,畅通供需信息发布渠道,建立高级人才信息管理协调制度,建立开放共享的高端创意人才信息库、分类人才资源信息库。

3.完善人才激励机制,营造充满活力的创新创业环境

建立健全具有正确导向的人才评价方法,实行专业岗位聘任制,实行灵活的人事管理和薪酬制度,吸引和稳定人才队伍;保护

知识产权,协助科研人员进行技术成果的申报和推广,科研人员可以拥有科技成果收益的一定比例;专门设立平台合作奖学金,支持大学与企业研究人员在平台进行合作研究;推行厦门市文化创意风云人物评选活动,设立文化创意奖,对有突出贡献的集体和个人给予表彰和奖励,不断完善创意人才激励机制,使文化科技人才在厦留得住、干得好、出成效,成为文化科技产业的"根本"和"核心资源"。

四、保障措施

为扎实有效地推进厦门市文化和科技融合发展工作,切实完成好各项重点任务,促进厦门市文化科技产业的发展,建议采取以下措施,为文化和科技融合发展提供保障。

(一)强化组织领导,完善保障机制

成立厦门市文化和科技融合发展工作领导小组,由市委市政府相关领导担任组长和副组长,成员由市委宣传部、市科技局、市文广新局、市信息化局、厦门国家火炬高技术开发区管委会等部门和单位以及各行政区组成。领导小组负责统筹协调,整合各区、各部门资源,共同推进融合发展;领导小组下设办公室,负责基地的日常工作,保障基地各项任务的实施。每年发布文化和科技融合的产业导向目录,引导重点企业按照示范基地的产业方向发展,并更新重点企业名录库;承担《厦门市促进文化和科技融合发展的若干政策》的执行主体职责,并推动厦门市扶持科技人才创业的优惠政策,向文化产业人才创业延伸;推动厦门市扶持高科技园区发展的优惠政策,向文化与科技融合示范基地延伸;将科技含量高的文

蓝皮书

化企业纳入高新技术企业认定范畴,享受厦门市财政专项扶持等优惠政策。

(二)倡导人文理念,提升公共服务

坚持"以人为本、执政为民"的理念,理顺政府部门的管理职能,加强部门间的统筹规划、决策执行、协调监督,提高工作效率和资源配置效率。加强和改善对文化科技企业的服务,领导小组成立专门服务小组、开发建设小组,建立文化产业接待服务中心和文化与科技融合的运营基地,推动示范基地高起点规划建设超过10万平方米的孵化器,营造国内一流的办公环境及商务配套环境,在厦门形成引领区域性文化与科技融合的产业集聚示范区,并产生全国性的辐射力;推进行业协会建设,充分发挥其在产业发展中的沟通、协调、自律与助推作用;培育和发展项目推介、人才培训、风险投资、代理服务等各类中介服务机构;推进文化产权交易和艺术品交易平台的建设;建立和完善信息、技术、人才、交易、创业孵化、融资等公共服务平台,逐步形成以市场化为方向、以公共服务平台为支撑、各类中介服务机构和行业协会为主体的文化科技产业服务体系。

(三)完善配套措施,促进产业发展

领导小组自2013年起每年负责引导不少于1亿元各级财政扶持资金集中用于示范基地建设;建立以企业为主体、产学研结合的技术创新体系和开放、流动、竞争、协作的文化科技创新管理制度和绩效评价制度,组建行业技术平台、产业技术创新联盟,促进科技成果的转化和产业化;对于引进的文化与科技融合发展企业,在土地和房产等方面进行支持;对于重点企业开拓市场及品牌宣传,通过展会补助和优先采购等进行支持;对于经认定的重点文化科技企业,自获利年度起,缴纳的企业所得税地方留成部分前两年

100％返还,后三年50％返还;支持重点企业引进人才,按政策解决骨干员工的户口落户问题;对于经认定的重点企业的高级管理人才、重点研发或创意人员,按政策给予住房与生活补助。奖励文化企业对创新成果及时进行申请和注册知识产权,鼓励知识产权评估机构发展,积极推进知识产权质押融资工作。利用厦门独特的对台优势,积极争取中央政策支持,吸引台湾资金、技术和人才在厦门集聚,形成厦台文化和科技产业交流合作的先行区。

(四)加大创新投入,增强创新能力

设立厦门市文化科技产业专项资金,以奖励、贴息、资助等方式扶持重大文化产业项目及企业进行自主研发创新与成果转化,对经核定的科技与文化融合领域产业技术创新一次性给予30万元补助,对获批省级和国家级产业技术的牵头企业,分别给予50万元、100万元奖励,对主导创制国际、国家、行业标准的重点企业分别给予100万元、50万元和20万元奖励。建设公共技术平台,为文化企业提供网络科技研发、游戏动漫原创、数字节目制作、游戏实景互动等高端服务,提升企业的创作创新能力和制作加工水平;加快推进文化产业技术创新平台建设,建设若干企业技术中心、工程技术研究中心、企业重点实验室。加快建立以文化企业为主体、市场为导向、产学研相结合的技术创新体系,建立利益共享、风险共担的运行机制及协作联盟,支持产学研联合开展产业核心技术的再开发、再创新,积极引进文化领域的外资和台方研发机构及项目,通过各种措施不断提升我市文化企业的创新能力和国际竞争力。

(五)加强金融支持,拓宽融资渠道

建立文化和科技融合发展母基金,财政首期出资5000万元专项资金,以母基金吸纳社会资本设立面向科技与文化融合的各项

产业子基金,用于支持示范基地的各类试点企业的融资需求,并视产业发展情况追加投入,不断扩大基金规模;设立政府创业引导基金,采用阶段参股、跟进投资等方式,吸引国内外的风险资本投向初创型文化企业;鼓励有实力的企业、团体、个人依法发起组建各类文化产业投资公司和文化产业投资基金,投资文化企业;设立风险补偿基金,首期出资 1000 万元,鼓励股权投资企业向示范基地内的中小微企业投资,若发生企业破产清算或项目退出时发生实际亏损,给予风险补助;设立担保补偿专项资金,首期出资 1000 万元,鼓励担保公司在不提高其他费用标准的前提下对重点企业的融资提供政策性担保服务;每年组织开展有融资需求的文化产业项目征集工作,征集一批具有影响力、符合条件的文化产业项目,以"银企洽谈会"、"投融资洽谈会"等形式,加以推介发布;建立融资文化企业信用评级制度;每年组织开展文化产业投融资创新产品评奖活动;支持文化企业以股权出质、出资等方式拓宽融资渠道。

(六)保护知识产权,清除维权壁垒

创新工作机制,强化全市知识产权统筹协调,强化知识产权工作体系,进一步理顺知识产权执法管理体制,强化行政管理职能,实行专利、商标、版权等知识产权工作的一体化管理,提高文化科技创新产业知识产权管理的效能;鼓励文化科技企业对创新成果及时进行申请、注册知识产权、交易及以版权和著作权为核心的外围产品的授权经营;发展知识产权评估机构,积极推进知识产权质押融资工作;加大行业监管力度,大力整顿和规范网络、出版物、演出等文化市场秩序,严厉打击网络侵权盗版为主的各种侵犯知识产权的行为,为文化产业的健康发展营造良好环境;加强宣传培训,着力提高员工的知识产权保护意识;提高企业的用法和维权能力,提升公众版权意识;建立知识产权维权援助机制,积极发挥中

国(厦门)知识产权维权援助中心作用,切实做好文化科技企业维权工作;强化厦台知识产权合作交流;发挥行业协会组织自律、服务协调以及沟通政府和企业的桥梁和纽带作用,通过对外交流与合作,扩大行业协会获取全球知识产权信息的范围,充分发挥行业协会在搭建产学研合作和知识产权研发、运用、管理、保护平台中的桥梁作用。

课题组长:叶重耕

副组长:林朝晖

成员:戴志望、李长福、刘宏宇、
颜莉冰、俞　芹等

2013 年 10 月

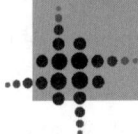

文化和科技融合
是文化产业发展的必由之路

◎ 夏文发

推动文化和科技融合是文化产业发展的时代要求。深入推进文化产业科技化、科技产业文化化，大力推动文化、科技和信息等要素的融合发展，对优化产业结构、转变发展方式、提升城市综合竞争力，实现经济、环境、社会协调发展具有重大的现实意义和深远的战略意义。厦门市获批第二批国家级文化和科技融合示范基地恰逢其时，契合厦门市经济社会已迈入后工业化阶段的发展实际；建设好示范基地是缔造"美丽厦门"、提升文化产业核心竞争力、促进信息消费、建设智慧城市的重要平台和抓手。

文化和科技融合是国际文化产业发展的大趋势。其主要特征是国际大型高科技企业全力涉足文化产业，比如谷歌公司开始与直播电视公司开展大规模的合作，并把电视业务作为其增长的一个重要支柱。微软公司也全力介入网络电视业务，通过对有线电视服务的数字化，把渠道与内容结合起来，构建双向互动多媒体平台，着力发展数字内容产业。而传统电信企业更是把发展文化产业作为拓展生存空间和提升核心竞争力的支撑点。我们有理由相信，随着第四代通信技术的全面普及，新兴文化业态将成为电信产业这艘大船平稳航行的压舱石。在《福布斯》公布的 2013 年美国最具潜力的 100 家企业中，共有 19 家文化企业入围，并且清一色是文化和科技融合的新媒体企业。这从一个侧面也揭示了国际文化产业发展的最新方向：新媒体产业的大发展即依托高科技推动媒介创新、不断增强文化产业的"复制性"。

　　文化创新是提高文化生产力和文化软实力的战略支撑。文化和科技融合是文化创新的重要途径,也是文化产业发展的必由之路。党中央高度重视文化和科技融合发展工作。十八大明确提出要"促进文化和科技融合,发展新型文化业态,提高文化产业规模化、集约化和专业化水平";十八届三中全会再次强调要"提高文化产业规模化、集约化和专业化水平"、"推动传统媒体和新兴媒体融合发展",其内在动力也必然是文化和科技的深度融合。文化产业的大发展必须紧紧依靠文化科技创新,不断增强自主创新能力;必须充分发挥文化和科技相互促进的作用,深入实施科技带动战略;必须学会利用电子信息产业的最新成果,着力放大文化产业与信息产业融合发展的叠加效应。

　　创建国家级文化和科技融合示范基地是厦门市经济社会发展的现实需要。当前,厦门市委市政府提出了建设美丽厦门战略规划,勾勒了"两个百年"的愿景和"五个城市"的发展目标,实施"十大行动"。文化是美丽的重要内涵,加快发展文化科技产业是"美丽厦门"战略规划的重要内容,也是厦门产业结构战略性调整的一次重大探索。市委市政府高度重视国家级文化与科技融合示范基地的创建工作,并以此为重要契机,聚集优势资源,推进文化科技创新,完善产业链和创新链,促进数字内容、新媒体、创意设计、文化装备制造等文化科技产业的快速发展,促进产业的转型升级和经济发展方式的转变,增强厦门的城市综合竞争力,着力带动城市品位的提升、发展质量的优化和城市环境的美化。

　　文化与科技融合是文化产业发展的必由之路。厦门市文化产业已进入持续快速发展的轨道,呈现出强劲的发展势头。但从总体来看,厦门市文化产业还存在规模偏小、布局分散、竞争力不强等问题,文化产业转型升级既是加快转变经济发展方式的需要,也是文化产业自身发展的重要路径。以建设好国家级文化和科技融合示范基地为抓手,充分发挥科技创新对文化发展的重要引擎作用,实施重大项目带动战略,提升传统文化产业、培育新兴文化产业,形成结构合理、门类齐全、科技含量高、创新链完善、竞争力强的科技创新体系和文化产业体系,打造具有厦门风格的文化科技产业园区,重点发展数字内容、基于移动互联网的新媒体、创意设计等重点产业集群,发挥文化和科技融合示范基地的引领示范作用,不断丰富文化产业的内涵,全面确立其在后工业化发展阶段的支柱性产业地位。

(2013 年 12 月 27 日)

文化科技融合

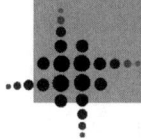

发展厦门文化产业
引领信息消费升级

◎ 厦门理工学院文化产业学院课题组

文化消费是信息消费的重要组成部分。促进信息消费必将有力带动文化产业发展,而加快发展文化产业是促进信息消费的重要手段,文化产业与信息产业深度融合发展是文化产业发展的最新趋势。

厦门发展已进入后工业化阶段。发展厦门文化产业,引领信息消费升级,对厦门"两个百年"、"五个城市"建设具有重要的战略意义。

厦门应顺势而为,以"宽带厦门"、"数字厦门"、"智慧厦门"、"创意厦门"为着力点,把创建国家级文化和科技融合示范基地和创建国家信息消费示范城市有机统一起来,积极推动"美丽厦门"建设。

一、信息消费的地位和作用

信息消费是当代高科技、高文化发展的产物,将成为人们未来消费的主流。促进信息消费有利于经济转型升级、有利于提振经

蓝皮书

济新动力、有利于改善民生、有利于"美丽厦门"建设。

(一)促进信息消费有利于经济转型升级

当前,我国经济发展面临的首要任务是转变发展方式,调整结构,大力推进产业转型升级。扩大内需是最大的结构调整,也是稳增长的根本。扩大内需最重要的途径就是鼓励和促进消费,以消费来拉动经济增长。推进产业转型升级,转型的方向是推进高附加值产业的发展,而信息产业就属于高附加值产业。

发展信息产业能够降低信息成本和交易成本,不仅有利于提升信息产业本身,还能促进其他受益产业的竞争力提高,使其产业转型升级更加顺畅。

近年来,我国信息消费群体不断壮大。截至2013年6月底,全国智能手机出货量达到2.14亿部,网民数量已经达到5.91亿。而根据中国互联网络信息中心2013年初发布的第31次中国互联网络发展状况统计报告显示,截至2012年12月底,互联网普及率为42.1%。网络购物用户规模达到2.42亿人,网络购物使用率提升至42.9%。[①]

信息消费规模的迅速扩大,将促进中国需求结构的改变。2013年上半年,我国GDP增速为7.6%,经济下行风险增加。在"稳增长调结构"的基调下,促进信息消费,已经成为扩大内需、推动经济转型升级的重要抓手之一,是促进经济平稳较快发展的重要着力点。

(二)促进信息消费有利于提振经济新动力

信息消费作为现代服务业和战略性新兴产业的典型代表,具

---

① "信息消费将成中国拉动内需新动力",新华网,2013-07-16,http://news.xinhuanet.com/2013-07/16/c_116559561.htm.

有结构层次高、绿色无污染、带动作用强的作用,是近年来各个国家继住房、汽车后重点培育的新兴消费热点。工信部电信研究院预计,到 2015 年,信息消费规模将达到 3.18 万亿元,年平均复合增速 20% 以上,带动相关行业新增产出超过 1.2 万亿元。

信息消费带动能力特别强,主要是两个层面:一个是信息产品,一个是信息服务。可以预见,信息消费将极大地促进移动互联网产业、数字内容产业、网络游戏、网络电影、网络音乐、网络阅读等新兴产业的发展。

(三)促进信息消费有利于改善民生

民生是经济发展的根本,经济发展的目的就是改善民生。在现代科技高速发展的当下,信息消费是提升人民生活水平的一个重要方面。

随着生活水平的提高、消费结构的升级,居民对于信息消费的需求也将越来越大,人们在生产、生活中的许多行为都需要通过信息渠道来实现。

以往以报刊、图书、电视、广播等为主的信息消费方式向以网络为载体的新兴信息消费方式过渡,智能终端和宽带网络的日益普及和电子商务类应用在终端的迅速发展,极大地激发了网络支付、电子商务、云计算、物联网等信息服务需求,社会公众的消费行为和消费习惯发生了巨大变化,信息消费早已渗透到大众的生活之中。

(四)促进信息消费有利于"美丽厦门"建设

厦门具有生态环境美、山海格局美、发展品质美、多元人文美、社会和谐美等五大美丽特质。市委、市政府确立的"美丽厦门"发展战略、行动计划,提出了厦门"两个百年"发展目标,即建党 100 周年时建成美丽中国的典范城市、新中国成立 100 周年时建成展示中国梦的样板城市;明确了厦门城市发展定位:国际知名的花园城市、美丽中国的典范城市、两岸交流的窗口城市、闽南地区的中心城市、温馨包容的幸福城市。

厦门市加快发展的一大制约因素是:发展空间不大、市场腹地较小。而信息消费不受地域限制,发展潜力巨大,很适合厦门的产业特色和对台区位优势,有利于加强两岸信息产业对接。而扩大信息消费,是提升人民群众生活品质、推动厦门社会事业进步的重要手段。

因此,2013 年上半年,国家工信部专题调研组向厦门提交了一份调研报告,明确提出:厦门在发展数字家庭产业及应用、促进信息消费方面具备良好的基础条件,建议以普及数字家庭为切入点,打造"家庭-社区-社会"三级结构的信息消费平台,率先建设国家信息消费示范城市。厦门市委、市政府已明确把创建国家信息消费示范城市作为加快建设美丽厦门的有效举措。

二、文化产业与信息消费的互动关系

"高技术"与"大文化"结合的信息消费时代的到来,从根本上改变了众多文化产品的生产、设计、流通、消费方式,影响着文化产业的现存形态及发展趋势。与此同时,无论是互联网、手机还是多媒体电子产品,都需要海量的文化内容予以支撑。

与发达国家相比,我国目前的信息消费容量还有巨大的成长空间,随着信息消费大幕的拉开和通信基础设施进一步完善,文化内容需求将随之升级,智能终端产品也将会更加普及。

(一)促进信息消费必将有力地带动文化产业发展

1.信息消费促进文化产业载体更新换代

新一代信息技术产业的飞速发展,智能终端、移动互联网等新兴产品和服务将推动信息消费继续保持强劲增长态势。与此同时,随着人们生活水平的提高,消费结构的升级,居民对于信息消费的需求也越来越大。

网络游戏和网络购物在信息消费中占有的比例非常可观。有统计数据显示,十年间,中国网络游戏出版产业已发展成为直接市场规模超过400亿元、带动电信和媒体等相关产业收入超过700亿元、消费人数上亿的巨大产业。

随着网络交易在规模和层面上的不断扩大,网络销售产品日益多样化,除了传统实体物品的销售以外,知识产权转让、广告设计、报刊发行等虚拟物品的交易数量也大幅增长。新载体的更新换代,使得信息消费成为拉动文化产业发展的新动力。

2.信息消费实现了文化产品多样化的价值呈现方式

在信息消费时代,新技术的不断涌现让文化产业拥有了更强大的活力,文化产业的可持续发展也得到了极大的提升。在信息消费领域中,因为信息传播网络和渠道得到了极大扩展,传统的文化产品、渠道、方式不断得到调整,不同媒体间的互换性及互联性也得到加强。如,文化内容被数字化后,其复制成本越来越低,文化产品的传播、流通成本急剧降低,文化内容产品拥有了更多的传输渠道和接收终端,并在多次售卖中不断增值。例如,一档视频类节目(如《中国好声音》),既可以通过有线电视播放,又能够发布在互联网供人们选择观看,还可以在移动通信终端设备中播放,它的价值在多渠道传播中得以不断增加。

3.信息消费不断增加文化产品的积累价值

根据长尾理论,只要储存和流通渠道足够大,众多小市场可汇聚成与主流大市场相匹敌的市场能量。在数字化服务环境中,文化内容产品几乎没有复制成本和分销费用,经过相当长的一段时间内观众零散的选择、浏览和下载,能够获得相当的边际利润的累积价值。因此信息消费时代的到来,让信息技术对海量内容和超时间存储得以生发,更使得这一长尾理论在文化产业中得以实现。

4. 信息消费促进文化产业链结构升级

在信息消费过程中,尖端的信息技术成为开拓文化产业渠道的主要力量,个性化服务方式和成熟的用户业务管理系统改造着文化产业的经营模式,信息业务综合平台更为文化资源的自由流通和交流反馈提供强大的支持。这些变革不仅能够在多个环节提高文化产业的生产效率和资源利用率,还可以促进文化产业结构动态合理化、带动整个产业链的优化升级,成为塑造文化产业可持续发展新形态的主要动力。例如深圳华强科技集团将动画和数字电影通过人工智能、数据库管理等先进方法引入生产线,生产效率提高了7~8倍。因此,信息消费也在不断促进文化产业链的结构升级与公共文化服务的发展。

(二)加快发展文化产业是促进信息消费的重要手段

1. 文化消费是信息消费的重要组成部分

文化消费是满足人们信息消费需求的根本动力。通过文化消费,可以搭建起足够强健的产业生态系统。当今在广阔的综合业务平台上,用户能够随时随地自主选择、自主消费,只有保证足够的内容资源支持,才能实现文化内容供给与终端消费的相互促进。从这一角度而言,文化资源是支撑内容生产制作、推动信息消费的源头活水。

2. 文化需求是文化业态创新的驱动力

随着我国经济社会的快速发展和人民生活水平的不断提高,人们对精神文化的需求也随即提高了,更加注重个性化、多样化、多元化的内容产品,更加注重高质量的文化消费,这就从根本上驱动了科技进步及业态创新。将文化元素和文化服务植入科技产品中,催生出动漫、网络游戏、数字内容、手机媒体、多媒体产品等一大批极具发展潜力的新兴文化科技业态。

3.文化产业是促进信息产业可持续发展的重要保证

文化产品以及文化内容通过数字化呈现出来时,打破了原有的信息文化传播边界,用精神形态的文化充实信息消费领域,促进信息产业的健康发展,集中反映了文化产业和信息产业相互支撑的关系。只有借助于先进文化的力量来统帅技术、支撑网络空间,才能够保证信息产业的发展具有良好的生态环境,使人们在充分享受信息消费时代所带来的便利的同时,也能保持自己作为人类个体的独立性及情感性,使信息技术的发展具有更多的人文内涵、更多的人性化内容,才能更加有序、健康、可持续地发展下去。因此,应从战略上强调文化产业对信息消费的推进和提升作用,整体推进文化产业和信息产业的发展。

(三)与文化产业深度融合是信息产业发展的最新趋势

综观全球文化发展态势,其特征主要表现为:一是文化产业已成为发达国家重要的支柱性产业,其产值占 GDP 比重普遍高于 10%;二是科技与文化融合态势凸显,先进技术已渗透到文化内容产品开发、制作、传播、消费的各个层面和关键环节,成为文化产业发展的重要支撑和引擎,文化产业与信息产业融合被提到了前所未有的战略高度。因此,促使信息产业与文化产业汇流并保持信息产业与文化产业的平衡发展,不仅可以促进整个社会的经济发展,同时也有利于文化的大繁荣及人民整体生活质量的提高。

1.文化产业和信息产业相互融合

文化产业和信息产业的相互融合将逐渐形成新型产业形态,进而推动产业的变革和社会生产的发展。一方面文化产业是现代服务业的核心产业,对信息产业发展及信息技术革新起着强有力的支撑作用,特别是随着数字技术的快速发展,信息产业对文化产品的需求呈几何级数增长;另一方面新技术革命为文化功能的扩展提供了新的手段,推动数字出版、互动新媒体、移动多媒体等一系列新兴文化产业的发展,催生了一系列新的文化业态,如网络服务、动漫游戏、数字音乐、手机视频、网络艺术品交易等,对经济发展的贡献率明显提高。

2. 文化产业和信息产业相互交叉

文化产业和信息产业的相互交叉将不断推动文化产品的生产方式改进,文化产业的经济效益及附加值提升。现代信息社会中,文化产品的创造无不借助于完美的技术形态得以实现。文化产品的创作生产很难离开数字技术、网络技术、三维动画技术及宽带信息传输技术等的支持,亟须广泛地与多媒体技术结合,增强文化作品的表现力及感染力、作品内容的传播力及产品附加值。

3. 文化产业和信息产业相互渗透

文化产业和信息产业的相互渗透将创造文化传播的新渠道,互联网、手机等移动终端成为文化传播的新载体。随着文化产业与信息产业融合的步伐越来越快,近年来我国数字音乐产业生机蓬勃,一些传统唱片公司、网络音乐公司每年在数字音乐方面的收入超过千万元,大大促进了中国音乐产业的健康、快速发展。以中国移动无线音乐基地为例,在上游与包括全球知名的索尼、华纳等500多家版权提供商合作,下游发展俱乐部会员数近1亿人,2011年正版歌曲累计下载量超过13亿次,产值超过200亿元。

4. 文化产业和信息产业相互协调

文化产业和信息产业的相互协调将加强文化产业和文化资源数字化、网络化建设,将促进文化产业的产业升级和跨越式发展。文化产业是科技应用最广泛、科技创新最活跃的产业之一,高新技术在文化产业的应用不仅表现在书、报、刊、音像及电子等各类出版物的生产、广播电视节目的生产、美术及动漫和网络游戏的生产方面,还表现在运用高新技术改造文化产业基础设施方面,文化资源的开发、储存以及文化遗产的保护方面。

5. 文化产业和信息产业的统一

文化产业和信息产业的统一将有效解决文化资源的数字化和文化资源的共享。实现文化资源数字化,既是文化传承及保护的需要促进信息消费的需要。文化资源数字化是信息消费的一项基础性工程。加大下一代互联网、光纤入户、云计算等基础设施的建设,用于完成信息消费中通信基础设施,是"硬基础建设";而文化资源数字化及共享,则是用于完成信息消费中内容生产创作的基础设施,是"软基础建设"。因此要推动我国经济转型的这一抓手——信息消费,就必须将文化产业与信息产业统一起来,纳入国家战略规划中。

三、厦门信息消费与文化产业发展现状

近年来,厦门文化产业发展势头强劲。2012 年厦门文化产业主营收入为 863.47 亿元,实现增加值 217.03 亿元,同比增长 20.1%,占 GDP 的比重为 7.7%。厦门文化产业的增速和增加值均已超过房地产业,并逐步逼近金融业,显示出厦门文化产业的勃勃生机与巨大的发展潜力。全市已初步形成数字内容与新媒体、影视动漫等产业集群。电子信息产业也已成为厦门最大产业。2012 年,厦门电子信息产业产值达 1700 多亿元,软件和信息服务业销售收入 461 亿元。积极推进现代信息技术、数字技术和网络技术与文化的融合对接,产生了一批以高新技术为依托、以自主知识产权为核心的新兴文化业态,进一步提高了文化产品的附加值

和文化产业的竞争力。

当前,厦门正积极创建国家级文化和科技融合示范基地。重点培育数字内容、移动互联网与新媒体、创意设计三大特色产业集群,数字出版、网络视听、动漫游戏、新媒体与移动互联网、创意设计等新兴业态文化产业将得到快速发展。未来几年,厦门将着力构建两岸文化产业合作的示范区、国际知名的文化旅游目的地城市、国家级数字内容与新媒体产业基地、国家级文化产品与服务的出口基地、区域性创意设计之都和影视产业中心;到2015年年底,全市文化产业增加值将达到400亿元以上,占全市GDP的比重达10%,成为厦门经济发展的支柱性产业。

(一)信息消费基础良好,产业发展粗具规模

厦门市信息消费基础良好,在智慧城市、宽带城市、4G无线城市建设方面走在全国前列,在宽带网络基础设施、通信设备、三网融合、民生信息服务平台、软件园建设等基础设施建设方面取得了较大成绩。

厦门相继成为全国首批三网融合试点城市、国家电子商务示范城市。厦门市民健康信息系统获得2009—2010年度中国地方政府创新奖。厦门在2012年陆续获得了"中国城市信息化卓越成就奖"、"中国智慧城市创新应用奖"、"中国智慧城市推动奖"三大奖项,还成为工信部向全国推广的TD无线城市样板。此外,厦门市政务、交通、医疗、教育等云计算项目成为全国云计算试点项目。

1.信息产业整体规模不断扩大

以软件与信息服务业(网游动漫、IC设计、服务外包、软件、信息咨询)、移动互联网、电信服务业、电子商务等为主体的厦门信息产业,近年来整体发展规模不断扩大。

第一,软件和信息服务业成为厦门支柱产业之一。从2005年到2012年,厦门软件和信息服务业产值从45.5亿元增加到461.3

亿元,年均增速达到 39.25%,凸显出强有力的产业优势。仅厦门软件园二期园区,2012 年新增认定软件企业 73 家,累计达到 539 家;新增软件产品登记 665 件,累计达到 3288 件。全省现有通过认定的软件企业 998 家,通过登记的软件产品 6092 个,厦门软件企业约占全省的 54%,软件产品约占全省总数的 54%。

此外,2012 年全市新增认定"动漫企业"20 家,动漫相关企业总数达 113 家,从业人员超过 3500 人,2013 年又新增 31 家。直联 POS 终端 4.70 万台,交易金额 1038.83 亿元,比上年增长41.9%。易通卡累计发卡 441.22 万张,全年交易额 5.5 亿元,增长 34.1%。数据表明,厦门软件与信息服务产业正处于快速发展时期。

第二,厦门信息消费用户数量迅速攀升。厦门电信业务总量75.04 亿元,增长 19.0%。至 2012 年年末,全市固定电话用户155.26 万户,增长 1.1%;移动电话用户 586.37 万户,增长11.9%;全市电话普及率为 202 部/百人,增长 7.4%;固定电话普及率为 42 部/百人,比上年略降;移动电话普及率为 160 部/百人,增长10.3%;互联网宽带接入用户数为 128.57 万户,增长27.7%。厦门成为全国首个手机数据流量超过短信收入的城市。

第三,电子商务快速发展。厦门现有电子商务企业约 4000家,应用电子商务企业约 25000 家,其中网络零售 B2C 企业约 850家,2012 年全市网络零售额达 50 亿元,增长 177.8%,预计 2013年可达 60 亿~70 亿元。

第四,信息产业直接带动电子终端产品制造业的发展。如,数字家庭智能终端、智能手机、平板电脑等硬件产品,由于 WIFI、3G、4G 等无线服务能力的提升而需求大增,已成为电子产品制造业的新增长点。

2012 年,厦门信息产品制造业完成产值 1914.6 亿元,同比增长 14.3%,约占全省全年总产值的 49.1%,其中,联想移动大幅增长 150％,达运精密增长 123％,冠捷显示增长 56％,宸鸿科技增长 21.2％,戴尔(厦门)增长 16.4％。厦门电子终端产品制造业如此喜人的发展,积极地反映出厦门在信息产业链的中低端有着强劲的竞争优势,产业结构正处于不断优化中,正在向高技术、高品质的方向发展。

2. 网络基础设施建设水平较高

厦门在推进"三网融合"、建设宽带城市工作方面步伐领先,城市信息网络基础设施发展水平居全国前列。2011 年,厦门在国内第一个出台市级光纤宽带建设规范,完成第三代移动通信(3G)网络全覆盖。

厦门已经成为国内首批建成以光纤入户、数字电视、4G 网络大范围覆盖的城市,至 2012 年全市光纤入户率达 80％,启动 TD－LTE(4G)规模试商用,实现了厦门岛内 90％以上的网络覆盖,无线传输速度提高了近 20 倍,无线城市平台月访问量超过 680 万人次,厦门步入无线城市发展新阶段。

同时,建立互联网数据中心(IDC)、海峡两岸健康医疗云工程中心和中国统计信息云平台暨大数据研究服务基地等云计算基础设施,以便未来数年内能够提高信息服务的质量。

自 2013 年 6 月 26 日起,厦门电信对具备条件的家庭宽带进行免费提速,部分家庭光纤宽带和 adsl(拨号上网)宽带的下行速率免费提速到 12M 和 6M。提速后,2013 年实现 60％以上的家庭宽带用户网速都达到 6M 以上。加快推进互联网、电信网和广播电视网的共建共享,加快下一代广播电视网规模建设,大力发展数字电视、交互式网络电视(IPTV)、手机电视等。

3. 信息服务与信息消费扎实推进

以智慧交通、智能图书馆、智慧政府、智慧教育、智慧医疗等为内容的"智慧厦门"建设,有力推动了厦门信息服务与信息消费,智慧医疗、智慧交通等信息化成果正成为厦门百姓日常生活的重要组成部分。

在民生信息服务上，厦门逐渐建成智能交通信息服务网、数字图书馆、电子政务和便民利民公共服务平台、教育云平台、市民健康信息系统、市社会保障卡信息网、E通卡系统、市民缴费信息查询平台等便民信息服务平台。

智慧市民健康信息系统是国内首个投入实际运行的区域医疗信息化案例，荣获第五届"中国地方政府创新奖"，被称为"厦门模式"。目前，市民健康信息系统已覆盖了占全市90%以上医疗资源的医疗机构（共79家），为厦门市80%的常住人口（约320万）建立了个人健康档案，每月在医疗卫生机构间共享1.3万人次以上。

智慧交通方便市民出行，建成"城市公共交通信息平台"，率先在国内推出覆盖全市所有公交线路的手机电子站牌服务。厦门在全国第一个开通交通微信平台，利用微信的庞大用户数量及便捷的图文声传播方式，实现了交通路况信息的实时互动。目前，该微信用户数为19万，被称为"中国政务微信第一大号"，厦门每4.3个驾车人便有1个订阅。

智慧图书馆大幅提高图书利用率，成为全国首个实现全城"通借通还"的城市，区域图书馆群互联互通，市民使用社保卡账号登录网上图书馆，免费享受图书馆40个T的数字资源。

智慧政府迈向4G高速无线城市。2008年，厦门市政府与福建移动合作，开通了全国第一个TD－SCDMA（3G）无线城市，在国内开创了以政府公共服务为主要应用内容的无线城市建设新模式。厦门也因此成为全国第一个手机数据流量超过短信收入的城市，无线城市带动了中移动、中国电信手机动漫基地落户厦门，拉动终端、软件、动漫等相关产业年均增长超8亿元，在国内率先实现了信息消费的突破性增长。目前，国家工信部在厦门市开展的TD－LTE（4G）规模试商用工作推进顺利，厦门无线城市迈上了

4G 新台阶。

厦门在部分信息产品的生产领域已居于全国领先地位。如，联想移动销售收入突破百亿元，手机总销量全国第一；冠捷是全球智能电视领先生产商；瑞芯微的数字移动多媒体高端芯片市场占有率全球第二、全国第一，平板电脑芯片解决方案全国第一；美图秀秀软件用户数达 1.2 亿，在各大软件网站高居图片类软件榜首。

4. 电子商务呈现快速发展趋势

据厦门市网络零售协会统计，2013 年上半年，厦门市网络零售企业 B2C 销售额超过 35 亿元，比上年同期增长 75％。另据厦门市统计局数据显示，2013 年上半年全市 19 家限上电商零售额达 13.18 亿元，比上年同期增长 1.7 倍，占全市限额以上企业零售总额的 4.9％，拉动全市限额以上企业零售额增长 3.3 个百分点。

(二)文化产业渐入佳境，步入提速增长通道

为进一步促进厦门文化产业发展，厦门市逐步确立了动漫网游业、影视业、创意设计业、古玩与艺术品业、演艺娱乐业、印刷复制业、文化旅游业、网络内容服务与新媒体业等八大领域作为文化产业发展的重点门类。通过多年的培育与扶持，厦门文化产业发展已粗具规模，一些具有良好发展前景的行业渐入佳境，全市文化产业步入逐年提速增长通道，并呈现以下主要特点：

1. 骨干龙头企业引领产业优化升级与发展

厦门市以新闻出版发行、广告、报业、影视、演艺、印刷、古玩艺术、会展等为主的传统文化产业门类呈现平稳发展态势。仅就新闻出版而言，市统计局发布的数据表明，截至 2012 年底，全市出版物发行单位 298 家(不含互联网出版)，营业收入 13.37 亿元，实现增加值 8.99 亿元，增长 9.84％；印刷业营业收入 125.8 亿元，比增 8.7％，增加值 40.77 亿元，增长 18.04％。

新型业态方面，动漫网游、数字内容与新媒体等领域文化企业

已形成聚集发展态势,规模不断扩大。例如 4399、趣游科技、翔通动漫、中娱文化、中移动手机动漫基地、吉比特、水晶石科技、青鸟、蓝火焰、大峡谷、好旺角、读客网等为代表的一批新兴业态文化企业发展势头良好。

2.文化休闲业和文化会展业快速崛起

文化休闲业和会展业一直是厦门文化产业的龙头。近年来,经济环境与政策环境的不断改善,使之快速崛起。市统计局发布的数据表明,2013 年 1—6 月,会展企业的主营收入增长 23.21%,营业利润增长 259.47%。仅厦门会展金泓信展览有限公司和厦门契合展览服务有限公司两家会展企业上半年利润总额就分别增长 49.27%和 157.38%。上半年厦门市 24 家文化休闲服务业的文化企业的主营业务收入同比增长 44.72%;互联网与增值电信服务业和电影与影视录音服务业,主营收入分别增长 34.55%和 30.87%。文化休闲产业的高增长率进一步夯实了厦门市文化产业发展的基础。

3.文化产业展示与交易平台建设取得显著成效

在厦门,以海峡两岸文博会、海峡两岸图书交易会等为代表的文化产业展示与交易平台,层次不断提升,效益日渐显著。目前,海峡两岸文博会已经成为海峡两岸和港澳地区文化产业合作交流和投资交易的重要平台。海峡两岸图书交易会已成为两岸出版业界最重要的交流平台。这些文化产业的综合性或专业性交易平台在发挥产业对接和投资交易功能的同时,对厦门市文化产业,特别是文化会展业和文化休闲产业的带动作用是十分显著的。

2012 年第五届海峡两岸文博会正式升格为国家级文博会,参展企业达 1320 余家。共签订合同项目 70 个,金额 102.3 亿元,比上届增加了近 4 倍;签订协议、意向类项目 103 个,金额 303.3 亿元;文化商品与文化服务总交易额 8.05 亿元,比增 70.1%。

再比如,厦门将动漫产业与会展旅游业相结合,成功举办了五届国际动漫节,行业影响力逐步提升。2012年第五届国际动漫节,共有来自30个国家(地区)的3158部作品参赛,比上年增长25.3%。中国动漫集团厦门基地正式开业,国际动画协会厦门分会挂牌成立,这为厦门动漫产业融入国际市场打下了基础。

(三)创新举措推进信息消费与文化产业融合发展

厦门充分发挥科技对文化领域的支撑作用,积极发展新兴文化业态,营造信息产业创新发展的良好环境。通过努力创建全国文化和科技融合产业示范基地,实施重大项目带动战略,集聚优势资源,推进文化科技创新,优化信息产业布局。以打造具有厦门特色的网络视听、数字媒体、动漫游戏、数字出版等各具业态特色的产业园区为基础,推动信息产业成为厦门经济发展的支柱性产业,实现信息消费与文化产业的融合发展。

1.新兴业态拓展态势下凸显集群效应

随着文化与科技的深度融合,信息产业与文化产业业态得以不断拓新。如,云报纸开启了平面媒体的革命,将传统的纸质媒体与新兴的网络媒体联系在一起,在传承传统报纸思想、内容结构的基础上,融合了应用性、超链接和电商化等互联网功能,使"打开报纸看视频"成为可能。在厦门,《海峡导报》率先试水,其"云报纸"开通1个月读者突破11万。

在文化产业业态不断拓新、文化与科技深度融合的态势下,厦门信息产业的集群效应也日渐凸显。仅厦门火炬高新区就聚集了110多家文化创意企业,产品包括影视剧、休闲游戏平台、卡通动漫、儿童教育软件、虚拟物品交易平台等。2012年度园区文化创意产业主营收入约400亿元。

2.重点骨干企业的引领作用开始呈现

在厦门,以中娱文化、青鸟动画、趣游、吉比特、4399、厦门光环等为龙头的动漫、游戏、动画类企业在业界的影响力迅速提升。中娱文化是中国动漫集团旗下承担动漫内容制作、生产、运营及衍生品设计、开发、推广的公司,是全国动漫春晚和全国动漫音乐会唯一制作基地。4399是中国最早的和最有影响力的在线休闲小游戏平台,拥有国内规模最庞大的游戏用户群体,目前用户规模超3.5亿人,单日页面浏览量达到4亿,访问量名列国内网站前10,达到3亿,单日游戏访客达到3000万,单日页面浏览量达到3.5亿,并保持着高速发展趋势。2011年销售额5亿元,2012年销售额10.9亿元,2013年收入将超过15亿元。厦门光环信息科技有限公司2009年成立于厦门,是一家致力于发展中国原创动漫、网页游戏制作及周边产品设计研发、生产、销售的动漫企业,其网页游戏品牌仙侠类的RPG《神仙道》一经推出即获得了来自大陆、香港、欧洲等众多关系企业及部分电视台的强烈关注并取得了大量合作意向,发展潜力巨大,仅2011年销售额2699.75万元,2012年销售额10746.8万元。

3. 文化科技融合平台建设迈上新台阶

厦门"十二五"文化产业发展规划明确强调,要重点发展"以创新创意为核心、以数字技术为支撑、以现代知识产权制度为保障、具有生产性服务功能、满足人民群众精神文化需求的产业集群"。近年来,动漫网游、数字内容与新媒体、创意设计等产业已形成聚集发展的态势,以联想手机、美图科技等龙头企业为核心构建的多媒体显示终端产业链在全国居领先地位。厦门先后获得首批国家创新型试点城市、中国十大创新型城市、首个国家科技成果转化服务示范基地、国家知识产权工作示范城市等一系列荣誉和称号;建立起一整套科技成果转化及创新创业服务体系;建成了国际一流的动作捕捉摄影棚、动漫作品体验室、集成电路及IC设计中心、厦门云计算中心、国家LED检测中心等公共技术服务平台。

厦门文化和科技融合的产业承载平台是厦门火炬高技术产业开发区。"厦门火炬高新区"依托厦门高新技术创业中心建设"文化＋科技"孵化器,推进文化资源的数字化开发和应用,重点支持游戏、动漫、出版、音视频等数字化内容的创作以及在电脑、手机及多样化接收终端的推广和应用,在数字出版、网络游戏、移动多媒体、品牌电子商务、网络信息服务、社交网络应用等领域着力拓展,现已聚集文化科技企业 110 多家,呈现集群化发展趋势,出现了以吉比特、大拇哥、翔通动漫、新华频媒、万仟堂等为代表的本土文化品牌企业,以法兰瓷、西基动漫、华榜等为代表的台湾文化品牌企业,以及中国移动手机动漫基地、中国电信动漫运营中心、中国联通动漫中心等平台型企业和落地厦门的华强文化科技产业集团、趣游网络游戏有限公司等我国知名文化企业。

(四)厦门信息产业亟待文化产业深度介入

厦门积极举措推进文化与科技的深度融合,拓展新文化产业业态。但在厦门居民信息消费需求增长强劲的形势下,无论从信息消费的文化品质、信息产业的营销渠道、信息产业的服务质量,还是从信息产业的核心竞争力、信息产业的产业链延伸、信息产业的人才储备等方面,都有亟待提升的空间。

1. 信息消费亟待文化创意提升品质

文化产业是信息产业的内在促动力。高速发展的文化产业不仅要求信息技术的支撑,满足文化产业数字化发展的需求,同时也推动信息产业进一步完善产业链和价值链,创新业态,形成庞大的产业集群。

厦门信息产业具有良好的技术、市场和政策环境,但在内容创意上存在短板。原因有两点:其一,文化产业自身发展不足,缺乏原创作品培育机制,导致原创作品少、创意水平低、市场认可度不高等常见问题;其二,文化产业和信息产业缺乏深入融合,不利于数字出版等数字内容产业的发展。而内容创意的滞后导致信息技术发展动力不足和信息资源利用不充分,不能满足信息消费市场快速增长的实际需求。

据中国移动动漫基地介绍,与欧美、日韩相比,中国动漫企业普遍缺乏受市场认可的优秀作品,制作多产出少,甚至存在成本倒挂现象,厦门本土的原创优秀作品更是少之又少,而热门网络小说改编漫画因原创度和网络热度均较高,将成为动漫产业的重点培育对象和主要增长点。

2.信息产业亟须文化营销打开消费渠道

营销创意是文化创意的重要组成部分,也是企业实现盈利的重要环节。但是,厦门信息技术企业普遍存在市场定位不明、营销方式单一、先制作后营销的问题。首先,产品开发、制作前缺乏全面、翔实、可靠的目标受众分析,应对受众类型、年龄、性别、职业等进行详尽分析,以明确产品的核心价值和市场定位。其次,先制作后投放和营销,缺乏营销先行或者边生产边营销的观念,导致产品在生产阶段缺乏市场检验,容易导致资源浪费、成本过高、市场认可度低等问题。再次,营销方式单一,未能将线上和线下营销相结合,达到全媒体营销的效果。

3.信息产业亟须配套服务提升文化附加值

厦门信息产业存在服务低层次和单向化的问题。如,电子产品制造业仅仅生产产品,缺乏软件下载、信息平台、内容体验等配套服务,服务观念滞后,营利模式单一。信息网络公司负责信息平台的搭建和维护工作,较少提供信息内容,更谈不上对信息内容的深度加工,缺少产业咨询、企业策划、合作伙伴建议等方面的人性化服务。网游动漫企业对娱乐休闲产业的定位也相对单一,服务范围较窄,往往集中于网游和动漫上,缺乏原创音乐、文学等体验区,因此无法从根本上摸清受众的审美喜好,也就难以建立动漫网游作品原创库,达到优制的目的。

电子商务缺乏市场细分,未能提供企业电子商务、行业电子商务、网络零售、移动电子商务、跨境电子商务与全球供应链等多侧向、多层次的服务体系。

4.信息产业亟须形式创新提升核心竞争力

核心竞争力是创造公司产品或服务最终顾客价值的关键所在,是难以被竞争对手复制或模仿的核心技术、服务理念或商业模式,是企业的营利根本和制胜法宝。

而信息产业具有知识密集和更替速度快的特点,其核心竞争力是推动产业和企业持续发展的核心动力,而核心竞争力的缺失或不足会直接影响产业发展前景,微软、Intel 均因核心竞争力停留在桌面时代,对移动网络市场缺乏前瞻性,核心技术和服务理念不及谷歌和高通,从而失去了移动市场的绝大多数份额和最佳发展时期。

就厦门目前的信息产业而言,中小型企业构成产业主力军,产值 10 亿元以上的大型企业屈指可数,且多数企业尚未具备核心竞争力。从电子产品制造来看,固定电话、液晶显示屏等生产仍以劳动密集型为主,缺乏产品创意研发及配套服务,无法在同类企业中脱颖而出。

5.信息产业亟须调整结构延伸产业链

产业链长短优劣是衡量产业发展状况的重要标准。好的产业链一般包括核心产业、授权产业、衍生产业以及边缘产业等,其中,核心产业越强势,它的产业辐射能力就越强,产业链也就越长、越完备。美国版权产业和日本动漫产业均有很强的产业拉动能力,其产业影响力可波及服装、食品、汽车等众多产业。

信息产业的产业链一般包括三个层面:一是企业内产业链,如形成产品研发、平台运营、软件配套等一条龙服务,二是信息产业内产业链,如动漫、软件、网络服务、电子商务等产业联动,三是信息产业和其他产业间的交叉产业链,如信息和建筑、制造、物流等融合,尤其是与广告、设计、影视等文化产业的融合。但是,目前厦门信息产业在产业链上存在四大问题:一是产业结构不合理,电子产业产值反高于信息产业产值;二是核心产业不突出,未形成以其为中心向周边辐射的完备产业链,产业拉动效应受局限;三是缺乏自身具备产业链的超大型企业;四是与其他产业联动少,尤其是文化产业对信息产业的介入不够,对增强和延伸信息产业链作用不足。

6.信息产业亟须储备文化创意人才增强发展后劲

随着厦门信息产业的高速发展,专业人才瓶颈问题日益凸现。尤其是有创意意识、会文化营销且懂数字技术的复合型应用人才紧缺,产业高地和人才洼地形成鲜明对比。

以海峡国家数字出版产业基地为例,该基地预计到"十二五"期末,实现入驻数字出版相关企业超过300家,从业人员超过15000人,到2020年,实现入驻数字出版相关企业500家,从业人员达到30000人。而截至2012年11月,全省互联网出版单位仅有13家,专业从业人员2300多人,人才供求严重失衡,人才紧缺成为扼制产业发展的关键问题。

另据《2009-2012年福建省动漫产业前景预测及投资咨询报告》显示,2010年福建省动漫游戏产业人才新增需求17000人,到2015年新增需求将达43000人。此外,手机出版、数字媒体广告、电子图书、数字印刷等行业均有人才紧缺的问题。从中也可窥见厦门动漫产业领域人才需求端倪。

目前厦门该行业最紧缺的是具有较高文化素质和创意能力的复合型人才,具体如下:

(1)版权交易人才,主要从事版权谈判、信息发布、登记、质押、交易、托管等工作,应具备相关法学知识、市场营销知识、互联网知识、应变能力、人际交往能力以及较为深厚的文化素养等。

(2)游戏策划人才,主要从事游戏人物选择、情节设置、场景安排、玩法设计等统筹工作,应具备深厚的国学基础、游戏创意思维以及组织策划能力等。

（3）数字编辑人才，主要从事数字出版内容的定位、设计、组织和深度加工等工作，应熟悉互联网媒介，掌握计算机操作能力、网络市场营销能力和策划能力以及数字出版物编审能力等。

（4）互联网营销人才，主要从事互联网广告策划、制作、发布等工作，应具备网络营销能力、网页制作和计算机操作能力、交流与危机公关能力等。另外，数字媒体经营和管理人才、数字报纸记者、网络营销人才、音乐工程人才也有较大需求量。

三、快速推进文化产业发展，力促
厦门信息消费升级

厦门信息产业发展空间巨大，文化产业和信息产业融合亟待加强。在战略上，应着重强调文化产业对信息消费的推进和提升作用，将文化产业融入厦门信息产业发展规划中；在策略上，应深化文化产业和信息产业的融合，着重发展以创意为内核、以数字为技术平台的数字内容产业。

（一）促进信息消费，拉动有效需求，推动经济转型升级

信息消费、信息产业正是厦门的"长项"。厦门有年产值1700亿元的电子产业，有比全国平均水平高很多的信息消费水平和人群，有高水平的信息化、电子化的功用设施。电子信息产业是目前厦门最大的产业。尤其是厦门正在创建国家信息消费示范城市，这对厦门促进信息消费、拉动有效需求、推动经济转型升级来说，既有政策利好，也有环境利好。厦门要以创建国家信息消费示范城市为契机，以普及数字家庭为切入点，打造"家庭－社区－社会"三级结构的信息消费平台，从市场、需求做起，聚集资源和力量加快产业发展，推动产业转型升级，实现转方式、调结构的经济发展

目标,以利于更好更快地建设美丽厦门。

(二)推进技术创新,进一步促进文化与科技融合

文化与科技融合发展不仅是当前社会文化发展的一种必然趋势,而且是整个人类文明发展的一个永恒命题。2012 年,中共中央、国务院《关于深化科技体制改革 加快国家创新体系建设的意见》将文化科技作为关系民生的科学技术的重要内容,纳入国家创新体系建设总体部署之中。中央财政 2013 年投入 2.97 亿元,支持 97 项国家文化科技创新工程,这些项目主要分布在网络文化、文化旅游、文化艺术、广播影视、新闻出版、文化科技服务等相关领域。

厦门要抓住机遇,大力促进文化科技融合,组织文化领域技术攻关,推动科技成果在文化创意产业中的转化应用。企业是文化创新与科技创新的主体,扶持一批品牌文化科技企业是发展文化创意产业的最好方式。另外,要参照高新技术企业认定办法,加强文化产业支撑技术认定内容,搭建文化科技融合研发交易平台,营造良好环境,为推动文化产业发展提供基本保障。

在技术上,要打破数字内容产业和信息技术产业的产业壁垒,强调融合发展。要丰富业务功能,改造提升传统电信运营模式,提供综合化、多元化的信息化实现手段,实现从"通信专家"到"信息专家"的转型,为消费者提供多样化的信息服务。

(三)推进内容创新,促进文化产业与信息产业融合

文化产业可以通过产业外融合和产业内融合这两条途径,为信息产业提供内容扶持,促进信息消费的高速发展。产业外融合是指文化产业在自身发展的同时,为信息产业提供文化附加值;而产业内融合是指发展文化产业和信息产业的交叉产业——数字内容产业。

蓝皮书

在文化产业与信息产业的融合上,厦门已经迈出较大步伐。未来几年,厦门要实施"创意厦门"战略,一是必须实现文化产业与信息产业的深度融合,加快信息服务网络建设,拓展二者在金融、物流、研发、工业设计、商务等新型服务领域的空间,促进服务业与现代制造业的有机融合。

二是应将数字内容产业纳入厦门文化发展体系内,作为文化发展的强劲动力,建立和健全促进文化发展的数字内容产业的激励机制,大力发展数字产品创意、数字营销创意和数字服务创意产业。

三是要以先进文化引导信息消费,提高居民的信息消费能力。普及数字家庭是推动信息消费的重要途径,要逐步实现家庭信息消费的互联互动和智能控制,最终普及以内容创新为特色的多业务综合应用。

(四)推进业态创新,促进数字内容和新媒体产业发展

厦门文化产业要实现稳发展、快发展、必须促进数字内容和新媒体产业的融合发展。要加快实施"数字厦门"战略,优化数字内容产业结构,发挥传媒"大数据"应用的优势,促进以数字内容创新为基础的新媒体产业发展。

厦门要推进文化产业、信息产业业态创新,必须构建完善的应用服务体系。建议尽快成立"数字内容产业联盟",形成内部合作与协调机制。优化数字内容产业园区,搭建数字内容产业发展平台。建立重大项目带动机制,重点挖掘并培育数字内容产业重大项目。

(五)加快人才培育,建立产学研合作体系

创新是文化产业发展的核心动力。但从厦门文化产业发展的现状来看,创新人才缺乏已成为制约文化产业成为支柱产业的瓶

颈。未来几年,厦门应建立产学研合作体系,加快文化产业人才培育。

一是要以协同创新为路径,探索新型人才培养机制。从文化产业对人才知识和能力的要求来看,学校的单一培养难以达到产业企业的要求,需要文化管理部门、文化产业企业、高校、文化机构以及文化传承单位等多方机构围绕文化产业发展需求开展人才培养的协同创新。通过以产业企业需求为导向设定人才培养目标,以校地协作为指向聚集人才培养资源,以行业实战为实践培养方式,以产业贡献为人才培养评价标准的协同创新模式的建立,为厦门文化产业发展提供完善而持久的人才培养保障。

二是"产学研"结合,共建实验实训基地。复合型、应用性是文化产业人才的突出特点。为了更好地实现人才培养目标,厦门未来的文化产业人才培养要帮助高校加强校内实习基地和实验室建设;扩大学校的开放度和社会化,开展横向联系,与企业事业单位联合办学,建立教学、科研、生产三结合的基地或联合体。尤其是积极探索在文化产业企业特别是跨国文化产业企业建立教学、实习基地,与企业联合培养学生的途径。

在这方面,社会力量也要逐步融入。厦门市政府可以积极吸纳民营企业的资金、人才方面的优势,使其逐步进入文化产业人才教育领域,逐步形成文化产业短期培训、学历教育、高级人才培训、产学研一体化基地的立体化培训体系。政府也可建立文化产业人才培训基地,实现政府同社会力量优势互补,共同搭建集人才培养、实践培训、创新研究三位一体人才培训平台。

(六)制定相关法规政策,完善知识产权保护机制

近年来,厦门市政府和知识产权局、信息化局、文化局等相关部门十分重视知识产权保护,先后出台了《厦门市著名商标认定和保护管理办法》《厦门经济特区专利促进与保护条例》《关于加强

专利行政执法与维权援助工作的若干意见》、《厦门市专利奖评奖办法》、《厦门市专利权质押贷款工作指导意见》等。但是,厦门还没有针对厦门信息产业和文化产业制定专门的知识产权、版权、专利保护及促进办法。今后,厦门市应完善知识产权推进、保护、交易和运营机制,提高全民知识产权保护意识,加大知识产权、版权、专利扶持力度,保障正规信息企业合法利益,并进一步推进文化体制改革,促进有条件的文化事业单位介入市场,提供高附加值的文化产品。

执笔人: 罗昌智、宋雨顺、林朝霞等

2013 年 10 月 15 日

Gong Gong
Wen Hua

公共文化

公共文化

编者按

　　厦门市自 2013 年 11 月被授予第一批"国家公共文化服务体系示范区"称号以来,不断巩固创建成果,努力探索创新,公共文化服务体系建设不断完善和提升。

　　为发挥厦门市作为首批示范区创建城市的示范带头作用,积极总结示范区创建经验,为全国创建国家公共文化服务体系示范区提供可复制的经验借鉴。在被授示范区荣誉称号之后,厦门市于 2013 年 12 月召开全市深化公共文化服务体系建设工作会议,认真总结了 2011—2013 年来的创建工作,探索厦门市创建工作的"坚持一个理念、建立两大支撑、抓好四个到位、实现三个更加"的建设模式。本书选编了《稳定增长,长效管理,建立完善的公共文化支撑体系》《厦门市群众文化事业保障体系建设概况》《厦门美术馆事业成果丰硕》《跨越发展中的厦门公共图书馆事业》等文章,让读者更为全面地了解厦门公共文化服务体系的建设模式和支持体系建设、队伍建设、群众文化事业建设、美术馆事业建设、公共图书馆事业建设等情况,对推广创建经验和提升后续建设有一定的借鉴作用。

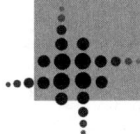

稳定增长　长效管理
建立完善的公共文化支撑体系

——2011—2013 年厦门市公共文化服务支撑体系建设综述

◎ 厦门市文化广电新闻出版局

公共文化服务体系,是保障公民基本文化权利、满足公民公共文化需求的文化产品生产与服务体系,是一个内容丰富、涵盖面广的人工系统。其构成要素包括公共文化的基础设施、服务供给、人才队伍、资金保障和组织支撑。厦门市在公共文化服务体系建设中,始终坚持政府在基本公共文化服务保障上的主导性作用,一方面不断加大公共财政对文化建设的投入力度,形成了稳定的经费保障机制;另一方面不断加强公共文化建设的规划和制度建设,形成了规范高效的公共文化的组织支持体系,确保文化惠民项目办到心上、落到实处,也为公共文化服务的良性、可持续发展奠定了制度性基础。

一、加大投入,形成稳定增长的资金保障

公共文化服务体系建设是保障和改善文化民生、维护群众基本文化权益的主要手段,也是经济社会发展到一定阶段的必然要

求。近年来,厦门地区生产总值(GDP)不断攀升,按照厦门常住人口计算,2007年,人均GDP突破0.8万美元,到2011年,人均GDP达1.1万美元,增长了10%,反映了近年来厦门经济保持着一种持续增长的态势。而随着厦门经济的发展,人民群众的文化需求也日益高涨。以厦门市民对公共文献信息需求的增长程度为例:2007年,市图书馆的文献流通量为77.9万多册,至2011年达到了287.8万多册,增长了3.7倍。两组数据对比,说明群众文化需求与经济增长成正比,甚至还大幅度高于经济增长的速度。

面对广大群众日愈高涨的文化需求,厦门市委、市政府充分认识到建设公共文化服务体系的重要意义,制定了《关于贯彻落实党的十七届六中全会精神推动文化强市建设的实施意见》(以下简称《实施意见》),提出了到2020年,"把厦门建设成为文化事业繁荣、文化产业发达、文化特色鲜明、文化实力雄厚的文化强市"。

在市委、市政府的正确决策下,厦门市加大公共文化建设的投入力度,推动了公共文化服务体系建设的迅猛发展。

首先,加大公共文化基础设施建设的投入力度,形成覆盖市、区、镇(街)和村(居)的四级公共文化设施网络

近年来,厦门市将公共文化设施建设与"跨岛发展"同步规划、同步推进,编制了《厦门市创建国家公共文化服务体系部分设施指标经费预计投入情况估算》,新建扩建了一批重点文化设施。继前几年厦门文化艺术中心、小白鹭剧场、集美区文体中心、海沧区文体中心、同安区文体中心、闽南大剧院等文化设施的相继投入使用之后,2011年以来,厦门市又新建了以闽南大戏院、集美新城文化公建群、五缘湾艺术中心为代表的标志性公共文化服务设施。几年来,新建扩建公共文化基础设施总建筑面积达114.47万平方米,投入资金达31.9亿,突出了提档升级,既满足群众需求,又彰显城市文化品位。

在建设大型的标志性公共文化设施的同时,厦门市还大力推

进公共文化重心下移、资源下移，狠抓基层、农村公共文化设施建设。2012 年 3 月，市文广新局和市财政局联合发出《关于下达国家公共文化服务体系示范区创建补助经费的通知》，明确下达各区创建补助经费 3200 万元，主要用于乡镇（街道）综合文化站、村（居）文化活动室、电子阅览室等改扩建项目和设备的补充配套。其中岛内两区合计补助 1000 万元，岛外四区合计补助 2200 万元。各区级财政先后也相应下拨配套经费合计 10293.28 万元。两年内，市、区两级财政合计投入 13493.28 万元（不含镇、街的投入），配套经费比例达达 1：3.77。区级财政也投入大量基建资金，新建起一批镇（街）、村（居）等基层公共文化设施。如湖里区分别投资 685 万、380 万元，建设殿前街道、金山街道综合文化服务中心；海沧区投资 3400 万元，建设东孚镇和新阳街道文化活动中心；集美区投资 500 多万元，改造灌口镇文化服务中心；同安区分别投资 850 万元、500 万元和 300 万元，建设西柯镇、莲花镇和凤南农场综合文化活动中心，从而使镇（街）级综合文化站的建设规模得到全面提升。此外，湖里区和思明区分别投入 1090 万元和 1287 万元，建造 35 个和 20 个"街区 24 小时自助图书馆"；湖里区投资 347 万元，建设电子阅览室桌面云服务系统，这两项智能化管理系统把服务点遍布岛内，使图书馆的服务延伸到社区。

有规划的资金投入，确保了公共文化基础设施的全面提升。至 2013 年，厦门市的市、区、镇（街）和村（居）四级公共文化服务网络全面建成，市、区两级均设置文化馆、图书馆，共计 17 家（含 3 家少儿图书馆），其中，88.2％为国家一级馆，11.8％为国家二级馆，从而达到 100％国家二级馆以上标准；镇（街）、村（居）文化站（室）设置率达到 100％。其中，镇（街）文化站达标率从三年前的 46.2％提升到 100％，村（居）文化室从 25.5％提升到 95.4％。

其次，加大公共文化重点工程建设的投入力度，实现重点工程的全面覆盖一是实现信息共享工程的全面覆盖。全市 6 个区均建立共享工程支中心，市、区两级 17 家文化馆和图书馆以及 39 家镇（街）文化站和 482 家村（居）文化室均建立电子阅览室，从而保证共享工程基层服务点覆盖全市面上。二是农村有线广播"村村响"工程全面覆盖。2011 年至 2013 年，厦门市财政先后投入近 800 万元用于农村有线广播"村村响"工程，在 1266 个自然村及 93 个村改居社区安装了 2638 个户外广播音箱、336 只号角喇叭、93 个广播室，实现了自然村有线广播全覆盖，该项工程建设走在全国前列。三是实现"农家书屋"工程全面覆盖。市财政每年从文化事业建设费中安排 500 万元以上，用于岛外四个区的农家书屋建设。至 2011 年，已完成全部 156 个行政村"农家书屋"的建设工程，并将农家书屋纳入厦门市公共图书馆服务体系之中，确保其可持续发展。四是实现农村电影放映工程全面覆盖。自 2008 年至 2012 年，厦门市政府和辖有行政村的岛外同安、翔安、海沧、集美四个区政府共同出资 843.941 万元，通过招标组建了 21 支农村数字电影流动放映队，每年在 4 个区的 196 个行政村、142 个社区居委会，按照每个行政村每月放映 2 场、每个社区居委会每月放映 1 场的指标，年提供 6408 场免费电影放映，满足了广大农民日益增长的精神文化需求。五是实现农民健身工程全面覆盖。市财政安排 1116 万元，对全市所有村（居）健身活动中心增补室内健身器材等。

最后，提高日常性文化事业费的增长幅度，确保公共文化服务的可持续发展

遵照十七届六中全会"两个高于"的要求，厦门市不断加大公共财政对文化发展的投入力度，形成了稳定的经费保障机制。从下列三组数据可以看到事业费的增长：一是每年文化建设投入（不含基建、文化产业投入）的增长幅度均高于当年财政经常性收入的增长幅度。2010—2012 年财政经常性收入的增长幅度分别为 16.60%、21.23%、13.72%，而文化建设投入的增长幅度分别为

23.12％、43.25％、22.83％,连续三年均高于当年财政经常性收入的增长幅度。二是公共文化建设支出(不含基建、文化产业投入)占市级公共财政支出的比例(简称"占比")逐年增高,并居于全省最高水平。2010年,公共文化建设支出"占比"为1.50％;2011年,公共文化建设支出"占比"为1.65％,比2010年提高0.15个百分点,比当年福建省支出"占比"的1.53％高出0.12个百分点;2012年公共文化建设支出"占比"为1.72％,比2011年提高0.07个百分点,比当年福建省支出"占比"1.56％高出0.16个百分点,公共文化建设支出"占比"居于本省先进水平。三是人均文化支出逐年增高,并居于本省最高水平。2010年,全市人均文化支出130.18元;2011年,全市人均文化支出182.35元,比2010年提高40.1％,为全省平均文化支出90.41元的2.02倍;2012年,人均文化支出220.32元,比2011年提高20.8％,为全省平均文化支出108.53元的2.03倍。

此外,厦门市还制定了《厦门市公共文化服务机构运营的公众参与办法》,鼓励社会力量赞助公共文化活动,形成多元化投入的经费保障机制。如厦门烟草工业有限公司从2008年至2010年提供合计1685万元资金,赞助举办第十一届中国戏剧节、厦门群众文化艺术节、海峡两岸歌仔戏艺术节、全国漆画展、厦门青年民族乐团和厦门歌舞剧院演出等12个公共文化活动项目,推动大型文化活动实现公益性服务。

二、建章立制,建立长效管理的组织支撑

为了确保厦门市公共文化服务体系能够长久地发挥应有的效益,厦门市努力强化长效管理,建立责任明确、行为规范、富有效

率、服务优良的公共文化服务组织支撑和运行机制。

首先,制定相关规划和政策,引领公共文化服务体系的建设与可持续发展

2011年,厦门市制定了《关于贯彻落实党的十七届六中全会精神推动文化强市建设的实施意见》(厦委发〔2012〕1号)、《厦门市"十二五"文化发展规划》(厦府〔2011〕419号)、《厦门市国家公共文化服务体系示范区建设规划(2011—2012年)》(厦府〔2011〕342号)等规划文件,制订了厦门市公共文化服务体系建设的发展规划,提出了三年内"各项工作均达到文化部、财政部规定的国家公共文化服务体系示范区建设标准"的近期工作目标和到2020年"覆盖全社会的公共文化服务体系全面建立"、"公共文化服务总体水平居全国领先地位"的远期发展目标。在完成2011—2012年的近期目标之后,2013年又制定了《厦门市公共文化服务体系建设三年实施计划(2013—2015年)》(厦文广新〔2013〕557号)文件,提出了今后三年的提升目标。这一系列文件有效地引领公共文化服务体系的建设与可持续发展。

配合规划,厦门市政府办公厅和文化部门、财政部门也陆续发布了《关于推进我市美术馆、公共图书馆、文化馆(站)免费开放的通知》、《关于印发乡镇(街道)综合文化站和村(社区)文体活动室设备配置标准的通知》、《关于发挥城市资源优势支持农村文化建设的意见》、《关于构建厦门市公共图书馆服务联合体的通知》、《关于厦门市"农家书屋"工程建设实施方案的通知》、《关于做好农村电影放映工作实施意见的通知》、《关于建立农村村级文化体育协管员制度的通知》等一系列政策性文件,从机制、资金、人员等要素上,为公共文化服务的各个领域和建设项目的发展保驾护航。

其次,建立政府统一领导、相关部门分工负责、社会团体积极参与的管理体制和工作机制

为加强公共文化服务体系建设的组织领导和统筹协调,2011

年 11 月,厦门市成立了以副市长任组长,市政府办公厅、市委宣传部、市文广新局领导为副组长,市委文明办、市发改委、市民政局、市财政局等部门领导和各区分管副区长为成员的创建公共文化服务体系示范区工作领导小组,并在厦门市文广新局设立负责日常事务的办公室,分设综合组、指导员组、宣传组和课题组四个工作小组。2012 年年初,6 个区、39 个镇(街)及下辖村(居)也随即成立创建工作领导小组及办公室,从而搭建起市、区、镇(街)、村(居)四级创建工作组织,形成了完善的管理体制。同时,建立起公共文化服务体系建设文化专家咨询论证制度,吸收社会有关专家参与政策的制定。在整个创建过程中,市主要领导亲自过问、听取汇报和作出指示,市分管领导多次深入基层调研考察,解决问题,各区、相关部门各司其职,密切配合,形成了既有统筹协调、整体推进,又有上下联动、齐抓共管的工作机制和工作格局,确保创建任务贯通落实到每个创建单元、每个工作阶段。

最后,建立一系列有关公共文化服务体系建设的规章制度,以制度引领公共文化服务的规范化和可持续发展

2011 年以来,厦门市制定了《厦门市城乡群众基本文化服务内容及量化指标的规定》、《厦门市创建公共文化服务体系示范区工作督导制度》、《厦门市群众基本文化需求反馈办法》、《厦门市公共文化服务公众评价办法》、《厦门市公共文化服务机构运营的公众参与办法》、《厦门市重大文化项目工作目标考核办法》、《厦门市公共文化服务体系建设专项资金使用管理办法》、《厦门市创建国家公共文化服务体系示范区文化专家咨询论证制度》、《厦门市公共文化服务志愿者管理制度》等 12 项有关公共文化服务体系建设的规章制度。

规章制度的建立,确保公共文化服务建设与持续发展的规范化、标准化,也为实施公共文化服务长效管理提供依据。一是规范了公共文化服务的内容与形式,确保市民享受均等服务。各级公

共文化服务机构依据《厦门市城乡群众基本文化服务内容及量化指标的规定》的要求,从服务场所、开放时间、服务内容、服务形式等方面保证基本服务到位,在此基础上进一步开拓创新。二是形成了公共文化体系建设的督导问责制,确保创建工作的落实到位。3年来,厦门市依据《厦门市创建公共文化服务体系示范区工作督导制度》,对本市6个区、39个镇(街)政府实施了3次创建工作督导检查,通过查问题、找差距,落实解决办法,开展工作整改。各区也统一步调组织督促检查、指导创建,从而确保创建工作的落实到位。三是把公共文化服务体系建设纳入政府绩效考核范围,形成长效的管理机制。近两年来,由市效能办和市创建办联合制定量化考核指标,组成考评组,采取材料检查、实地考察、问卷调查等形式,对6个区和39个镇(街)两级政府创建责任落实情况进行了全面考核。考评结果与各级领导班子年度政绩考核直接挂钩,充分调动了文化建设的积极性和自觉性,各区主动对照标准补短板,形成你追我赶争先进的浓厚创建氛围。四是建立公共文化建设资金监督管理机制,形成稳定的经费保障。在加大投入的同时,厦门市深入贯彻落实中央的文化经济政策,由市财政局和市文广新局颁布的《厦门市公共文化服务体系建设专项资金使用管理办法》等制度,规定了公共文化建设专项资金下达主体、使用范围、条件及标准、申请与审批、绩效挂钩指标、奖励标准和资金使用方法以及资金的监督管理等,从而加强专项资金的管理,提高资金的使用效益,形成稳定的经费保障机制。3年来,尤其在示范区创建过程中,加强专项资金的使用管理监督与评估。2011年,编制了《厦门市国家公共文化服务体系示范区创建事前绩效考评情况报告》,对创建经费使用作出预期评估;2013年,编制了《创建国家公共文化服务示范区资金支出绩效评价报告》,对整个创建过程的经费使用所产生的绩效进行评价,从而形成公共文化建设资金监督管理机制。

　　几年来,厦门市加大投入,形成了稳定增长的资金保障;建章立制,建立了长效管理的组织支撑,从而促进公共文化服务事业突飞猛进的发展,并荣获首批全国公共文化服务体系示范城市的称号。在创建国家公共文化服务体系示范区工作进京汇报会上,厦门市领导表示:厦门市将深化服务体系的制度建设,强化制度支撑;完善文化投入的长效机制,提升保障能力,从而建成一个更广覆盖、更高效能、更可持续发展的公共文化服务体系,为广大市民提供均等、普惠、长效的服务。

执笔人:陈　峰
2013 年 12 月

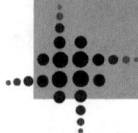

厦门市群众文化事业
保障体系建设概况

◎ 厦门市文化广电新闻出版局

厦门市群众文化事业以"坚持公益,文化惠民"的理念为指导,以统筹城乡发展,促进基本公共文化服务的标准化、均等化为目标,在构建服务网络、健全人才队伍、完善基础设施、打造活动品牌、创新服务内容等方面,整体推进,卓有成效。在提升公共文化服务能力、实施文化惠民活动,保障和满足人民群众基本文化权益和基本文化需求方面发挥了重要的作用。

一、群众文化服务和人才队伍网络日益健全

厦门市按照工作重心下移、服务水准上升的思路,使公共文化服务网络向农村和基层延伸,基本建立起结构合理、功能健全、实用高效的公共文化服务机构和人才网络。

(一)四级公共文化服务网络

初步建成全市、区文化馆、镇(街)综合文化站(文化活动中心)和村(居)文化活动室四级公共文化服务网络。目前,全市 1 个市级文化馆、6 个区级文化馆均为独立建制的达标文化馆,除新建的翔安区文化馆为二级文化馆外,其余为国家一级文化馆。39 个镇

（街）设有综合文化站，482 个村（居）设有文化活动室（文化广场）。

全市还有市工人文化宫、市区两级 7 个青少年宫、市妇女儿童活动中心、市老年活动中心等群众文化服务网络，为全市不同年龄段、不同群体的广大群众提供公共文化服务。

（二）四级文化机构人才队伍

市区两级文化馆、各镇（街）文化站工作人员，各村（居）文化协管员作为四级公共文化服务机构的人才队伍，是提供公共文化服务的主要力量。

厦门市文化馆现有工作人员 55 人（在编 28 人，非在编 27 人），平均年龄 39 岁；大专以上 41 人，占总人数 75％；拥有专业技术职称的有 47 人，占总人数 85％，其中高级职称 9 人、中级职称 22 人；全市 6 个区文化馆工作人员 68 人，各区文化馆均在 10 人以上，群众文化专业技术人员达 60 ％；全市 39 个镇（街）的工作人员 150 人，其中编内 104 人、编外 49 人。

文化协管员队伍采取"严格选聘、加强培训、重视考核"的管理机制，实行聘用制，全市 482 个村（居）配置文化协管员 493 名。其中思明区 98 名、湖里区 59 名、海沧区 36 名、集美区 58 名、同安区 130 名、翔安区 112 名。

二、群众文化基础设施不断完善

均衡合理的公共文化设施布局是公共文化服务均等化的前提和保障。厦门市坚持以大型公共文化设施为骨干，以区、街（镇）和居（村）基层文化设施为基础，以文化设施互联互通、共建共享为目标，初步构建起覆盖城乡、较为完备先进的公共文化设施网络，为完善和深化公共文化服务提供了坚实的"硬支撑"。

　　文化馆是开展公共文化服务,繁荣群众文化生活,满足基层群众文化需求的主要阵地。市文化馆建筑面积 28000 平方米,有各类排练厅、展示厅、培训教室、琴房等。6 个区新建的文化馆规模为 5000 平方米到 23000 平方米,两级文化馆总面积达到 76782 平方米。

　　各镇(街)综合站面积均在 500 平方米以上,场馆室内总面积 37601.9 平方米,平均面积 964.15 平方米。文化站功能完备,均按《厦门市乡镇(街道)综合文化站和村(社区)文体活动室设备配置标准》中的要求,设置了书报阅览室、电子阅览室、多功能活动厅、综合展示厅、教育培训室、棋牌室、体育健身室等,均配置书报阅览设备、电子阅览室及信息共享工程设备、健身娱乐设备。此外,各镇(街)均辟有室外活动场地,有民俗表演、民间戏曲示范点、基层文化活动基地(示范点)55 个。

　　全市 6 个区 482 个村(居)委会均设置村(居)文化活动室。各文化室面积均在 200 平方米以上,文化活动室设置率达 100%,达标率 95.4%。

　　近年来,厦门市陆续新建改扩建了一批重大文化基础设施项目,在满足群众需求的同时,提升城市文化品位。文化艺术中心、小白鹭金荣剧场、闽南大戏院、经济特区纪念馆、五缘音乐厅等相继建成或投入使用,其中 2013 年落成的闽南大戏院是福建省演出功能最齐全、档次最高的公共文化演艺设施。在岛外新城建设中,优先规划建设公共文化设施,新建的集美新城岛外公共文化设施群已近完工,该设施群包含图书馆、文化馆、科技馆、大剧院等,总面积 32 万平方米,总投资 7.6 亿元;岛外各区也建成了含图书馆、文化馆等在内的文体中心,为市民创造更加优质舒适的文化活动空间。

三、群众文化活动阵地实行免费开放服务

自 2011 年起,根据文化部和财政部的有关精神,厦门市文广新局和厦门市财政局下发《关于推进我市美术馆、公共图书馆、文化馆(站)免费开放工作的通知》,进一步推进公共文化服务单位的免费开放。市区两级文化馆、市美术馆、市博物馆、华侨博物院、陈嘉庚纪念馆等公共文化服务设施全部实行免费开放。各馆的多功能厅、展览厅(陈列厅)、宣传廊、培训教室、计算机与网络教室、排练室、娱乐活动室等空间免费提供普及性的文化艺术辅导培训、时政法制科普教育、公益性群众文化活动、公益性展览展示、基层队伍和业余文艺骨干培训、群众文艺作品创作指导等基本文化服务以及数字化信息服务、公共文化资源配送和流动服务、青少年校外活动等。最高开放时间为 70 小时/周,最低为 42 小时/周,平均开放时间为 45.7 小时/周。39 个镇(街)综合文化站免费开放公共文化服务空间,开放时间均为 42 小时/周。基本服务项目全部免费,基本实现了无障碍、零门槛进入,每年接受文化服务和参与培训的群众达 200 多万人次。

四、群众文艺创作呈现繁荣之势

近年来,厦门市充分激发广大人民群众参与文化创造的热情,基层群众鲜活生动的社会实践为文艺创作提供了新的素材,创作出了一批获得全国各类奖项的优秀作品,仅 2013 年获第十届中国

艺术节群星奖的就有：

第一，厦门市文化馆艺术扶贫基地和翔安区内厝中心小学选送的儿童木偶剧《小圣斗巨蟒》、思明区文化馆选送的当代舞《鼓神》和小品《等》3件作品荣获第十届中国艺术节"群星奖"，市南乐团选送的南音《相约在厦门》获"优秀表演奖"。为厦门市历年参加全国"群星奖"比赛获奖门类最广、获奖数量最多的一年。

第二，海沧区文化馆创作的小品《夜深人不静》参加"第五届中国戏剧奖·小戏小品奖"全国总决赛，获剧目奖，这也是福建省唯一获奖的小品类节目。

第三，五缘湾合唱团参加"百年合唱中华梦想"第十二届中国合唱节合唱比赛，演唱的《七月的阳光》、《去一个美丽的地方》、《我爱我恨》3首经典作品获得银奖。

五、群众文化活动品牌异彩纷呈

厦门市群众文化以闽南文化为根基，以文化活动为载体，市级主导、培植项目、扎根基层、创建品牌，形成遍地开花的地域特色。主要文化活动有：

"厦门市群众文化艺术节"自1999年启动，每3年举办一届，是全市性的综合文化艺术活动。该活动以推进社区文化、农村文化、企业文化、校园文化等基层文化为重点，以各区、各系统、各级各类群众文化艺术活动为主体，涵盖音乐、舞蹈、戏剧、曲艺、美术、书法、摄影、外来务工人员才艺比赛、农民歌手赛等多个项目，成为厦门市公共文化服务集中展示、群众文化成果全民共享的平台。该项活动荣获全国首届"群文品牌"称号。

"温馨厦门"广场文化活动是每年5月到11月的周末在全市

近百个社区广场同时推出的公益演出活动。该活动以戏曲、音乐、舞蹈、合唱、卡拉 OK、服饰展演等形式多样的表演为主,满足了广大群众多样化的艺术需求。

同时,"企业文化艺术节"、"老年文化艺术节"、"社区文化艺术节"、"农民文化艺术节"、"农民歌手赛"、"农民腰鼓大赛"、"进城务工人员才艺比赛"、" 民间职业剧团展演"、"书香鹭岛"读书活动等针对不同群体的文化需求举办的多种形式的文化品牌数不胜数。

创建"镇镇有品牌"、"村村有特色"的文化活动,涌现出莲花褒歌、金炳拍胸舞、新圩女合唱团、洪塘腰鼓、内厝南音演唱等特色项目,成为特色文化创建工程的典型。

还有深入乡村、社区开展演出、展览、培训等公共文化服务活动,"送"出了"流动文化大篷车"、"基层文化辅导中心"等服务项目。推动城乡文化活动互动互补,变城市"送文化下乡"的单向流动模式,为城市"送文化下乡"和农村"迎文化进城"的双向交流模式,以城区的优势资源带动农村文化活动开展,从而形成各具特色的城乡文化活动互动互补、相得益彰、共同繁荣的生动局面。

六、群众文艺团队各领风骚

基层文艺队伍是活跃群众文化生活的重要力量。近年来,厦门市以创建公共文化服务示范区为契机,积极推动基层文艺队伍的发展。目前,厦门市共有基层文艺队伍 1225 支,民间职业艺术表演团体 20 个。全市基层每个社区(村)至少有 1 支业余文艺团队,不但有歌仔戏、高甲戏、木偶戏、皮影戏、越剧、芗剧等地方戏曲剧种,还有交响乐、民乐、舞蹈、民俗表演等团体。每年演出 3000 多场,演出剧(节)目 1000 余个。主要团队有:

蓝皮书

1.厦门青年民族乐团

厦门青年民族乐团创建于 2001 年,是厦门市文化馆的一支优秀的群众文化团队。历经 13 年,由最初的 14 名团员发展至现在的 70 名团员。乐团主要由厦门各艺术院校的教师、学生及社会各界的民乐爱好者组成,致力于推广、普及民族音乐。该乐团不仅承担了厦门市重大的演出活动,还活跃在社区、学校、乡村、厂矿、军营的文艺舞台上,得到了社会各界的一致好评。特别是 2004 年起乐团开展的"民族音乐进校园"等主题教育系列活动,通过乐团文化志愿者们用音乐与学生交流互动,增强了青少年对中华文化的认同和热爱。乐团还积极开展对外对台文化交流活动,曾赴保加利亚、马来西亚、韩国等国家和台湾地区进行文化交流演出。成为传播、弘扬民族优秀文化,推动两岸文化交流的重要力量。

2.厦门市职工艺术团民乐团

厦门市职工艺术团民乐团成立于 2004 年,民乐团成员来自五湖四海,由厦门市各阶层的民乐演奏家、爱乐者组成,其中有多位非物质文化遗产南音传承人,不乏 80 后、90 后的优秀青年职工。民乐团继承、发扬了中国民族音乐的优秀传统,努力挖掘历史文化资源里的魅力元素,积极开展与港澳台及海内外的文化交流活动,10 年来,先后参加了"情系兄弟姐妹音乐会"、福建省"海峡西岸民乐精英音乐会"、"国际海洋城市论坛民乐专场音乐会"、台湾的"两岸同根·两岸情深"音乐会、香港的"两岸三地情深音乐会"、新加坡的"花好月圆"狮城中秋晚会等重要活动。

3.翔安的"汉子拍胸舞队"、"嫂子合唱团"和"孩子竖笛演出队"的"三子"文化

汉子拍胸舞队是由新圩镇金柄村 30 位农民组建起来的,他们白天劳动,夜晚和农闲时节训练。这支农民拍胸舞队将拍胸舞演绎得古朴粗犷、幽默诙谐、热情奔放。他们从新圩镇的乡间走出,一直走到中央电视台的舞台,走到了第三届国际(成都)非物质文

化遗产节的舞台上,向世界各地的外宾展示了闽南拍胸舞的艺术魅力。

嫂子合唱团由清一色的农家大嫂组成,平均年龄 35 岁。这些质朴的嫂子绝大多数不会识谱,更不懂现代歌唱技巧,但她们有一颗热爱音乐的心,她们以闽南语原生态的独特韵味和特殊风情,征服了广大观众,荣获福建省第三届社区文化艺术节比赛的最高奖——优秀演出奖和创作奖、第六届世界合唱节比赛民谣组银奖。还参加第五届海峡两岸合唱节"和谐之声"合唱比赛获得铜茉莉奖,是此次参赛队伍中唯一的一支农民业余合唱团。

孩子竖笛演奏队。新圩镇古宅村古宅小学竖笛演奏队全部由农家孩子组成,2012 年春节,参加"全国第七届文艺演出暨第十二届校园春晚",在强手如林的激烈竞争中夺得金奖。

4.厦门五缘湾合唱团

厦门五缘湾合唱团是湖里区组建的一支业余合唱团队,几年来,凭借"业余团队,专业道路"的发展思路,五缘湾合唱团屡创佳绩,先后获得第八届中国(深圳)合唱节混声合唱组银奖、福建省第十届音乐舞蹈节合唱比赛演唱金奖、优秀指挥奖、厦门市"颂歌献给党"合唱比赛一等奖等。

5.湖里区外来青年艺术团

湖里区外来青年艺术团成立于 2004 年 12 月,是福建省第一支以进城务工青年为主体的业余文艺团队。先后创作排练了 100 多个声乐、舞蹈节目,获得国家、省、市级各级比赛奖项 30 多个,其中女声表演唱的《咱的故乡》获得第十四届"群星创作奖"。

七、文化志愿者队伍蓬勃发展

近年来,市、区文化志愿者队伍建设全面启动,文化志愿者队伍不断壮大,全市文化志愿者队伍已有一万余人,成为厦门公共文化服务的有生力量。市、区两级文化馆均建立了文化志愿者组织机构和"文化志愿者之家"。镇(街)、村(居)设有文化志愿者工作负责人。2013 年厦门市政府表彰了 16 个文化志愿者工作先进单位和 45 个优秀文化志愿者。

八、社会力量与公共文化服务有机结合

厦门市在加大政府投入的同时,积极吸纳社会力量参与公共文化产品的生产和供给。由厦门烟草工业有限责任公司资金赞助的"金桥·厦门市假日文艺舞台"定点、定期公益性系列演出活动已连续开展 5 年,成为厦门市的一项品牌公益文化活动。仅 2011 年,厦门烟草公司赞助的"金桥·厦门市假日文艺舞台"、"国际剧协第 33 届世界代表大会"、"第三届中国诗歌节"等重大艺术活动经费累计达 1035 万元。

社会力量参与公共文化服务成果丰硕。文化类社会团体组织蓬勃发展,成立了厦门中华文化联谊会、厦门市群众文化学会、鼓浪屿钢琴艺术研究会等 13 家文化类社会团体,厦门市爱乐乐团、中华儿女美术馆、天福兴高甲戏传习中心、福金春歌仔戏传习中心、承云南音传习中心等 21 家文化类民办非企业单位,全市涌现出各类民间文艺团体 50 个,这些群众性团体积极参与公共文化活动,使全市文化活动呈现多元化发展,在丰富和繁荣公共文化服务、引导文化消费方面发挥了重要作用。厦门爱乐乐团长期举办公益性"周末交响"演出,达 500 多场。厦门奥林匹克博物馆、宏泰艺术中心、篔筜书院、中华儿女美术馆等具有一定规模并颇具知名度的民办文化机构,常年活跃在文化服务的舞台,成为厦门公共文化服务的重要补充。厦门市工人文化宫、青少年宫、妇女儿童活动中心、老年活动中心举办一系列公益文化活动,不断满足全市不同年龄段、各个层次广大群众的文化需求。

九、数字化文化服务模式逐步形成

市区两级文化馆及全市 482 个村(居)文化室,均设置公共电子阅览室和共享工程服务点。各服务点均按文化部、财政部《公共电子阅览室建设计划实施方案》和《厦门市乡镇(街道)综合文化站和村(社区)文体活动室设备配置标准》要求配置电子阅览室设备。其中,管理用机和终端计算机总数为 5473 台,平均每个电子阅览室有 11.4 台,高于《公共电子阅览室建设计划实施方案》的要求。

市区两级文化馆均建有独立网站。厦门市文化馆建有并开放"厦门市文化馆"、"厦门市美术馆"、"厦门市非物质文化遗产保护中心"三个网站和三个资源数据库,如今已有 137 万余人次登录网站浏览过,并通过对资源数字化的整合,开放"远程辅导"平台,市民能随时随地点播,享受文化大餐。还可以利用网站、微博、微信等新媒体平台,开通官方微博"厦门文化馆_厦门美术馆"和微信公众平台等,启动免费培训网上报名系统、手机客户端、APP 等数字化建设工程,形成了现代化、均等化、全天候的服务和供给方式。

数字平台的建立,使得文化真正走进农村、走进社区、走进校园、走进军营、走进企业、走进机关、走进家中。

十、非物质文化遗产与闽南文化生态保护成果显著

2005年起,厦门市着手非物质文化遗产普查申报工作,2007年6月,文化部批准设立我国首个文化生态保护区——闽南文化生态保护实验区。2008年1月,成立"厦门市非物质文化遗产保护中心"。逐步建立起一套科学化、规范化、法制化、网络化的非物质文化遗产和文化生态保护体制及运行机制。

1. 开展厦门市非遗保护工作

再次对全市16个门类、7903个项目线索进行调查,共记录文字286万字、录音录像109小时、汇编文字资料51册。建立了"厦门市非物质文化遗产数据库",采用文字、录音、录像、数字化媒体等多种手段进行了全面、真实、系统的记录、保存和再现。

建立非物质文化遗产体表性项目名录和代表性传承人体系。目前,我市共有64项非物质文化遗产项目名录,其中世界级名录1项、国家级名录10项、省级名录17项、市级名录36项。市级以上传承人121人,其中国家级传承人10人、省级传承人45人、市级传承人66人。

开展非物质文化遗产传承与保护活动。从1997年起,每年举办一届"南音唱腔比赛",对普及、推广厦门南音起到了极大的促进作用;从2006年起,一年一度的"莲花褒歌(山歌)比赛"已成为闽南地区盛大的节日,吸引了台北、澎湖、金门民间音乐人士前来观摩、对歌、交流;从2007年开始举办的"海峡两岸闽南语歌曲、歌手大赛",发掘和推出了一批闽南语歌曲原创作品和新人,成为闽南

语歌坛的权威平台。同时,厦门还对漆线雕、漆艺、惠和影雕、珠绣、青草药等项目开展生产性保护。

2. 加快重点区域建设

厦门依照闽南文化生态保护实验区建设规划,既对无形的非遗进行有效保护,也重视对有形的民居、古建筑等重要文物的保护,兼顾自然环境和文化生态环境保护。依托或建立历史文化街区、名镇、名村及重点保护区域等,在"文化空间"上实施整体与活态保护。《闽南文化生态保护区总体规划》认定的区域:(1)历史文化街区有思明区中山路;(2)历史文化村、古村落有翔安区吕塘村;(3)民间信俗保护区域有海沧区青礁村、集美区灌口镇、翔安区马巷镇、同安区北辰山周边社区;(4)民俗保护区域有同安区吕厝村、湖里区殿前街道;(5)传统体育、舞蹈、游艺保护区域有海沧区新垵村、同安区造水村;(6)传统音乐、曲艺保护区域有同安区小坪村、思明区梧村街道、翔安区金柄村;(7)闽南文化遗产展示区域有鼓浪屿建筑展示区、集美学村嘉庚建筑展示区等。

3. 加强文化生态环境保护

利用"文化遗产日"、"海峡两岸文博会"等活动和报纸、广播、电视、网络及新媒体对闽南文化进行广泛宣传。组建"厦门市非物质文化遗产展演团",开展进社区、进农村和对台演出活动,并建立各类民俗博物馆、非遗展示馆。编印出版《厦门市公民文化手册》、《闽南非物质文化遗产丛书》、《闽南文化丛书》、《厦门市非物质文化遗产名录图典》等典册书籍,全面提高市民的文化自觉性。

厦门积极推进"闽南方言与文化进校园工程"。在市教师进修学院开展师资培训,组织编写了幼儿园、小学低年级、中年级三本《闽南方言与文化》乡土教材及教师参考用书,参加活动的学校扩展到100所。

举办"海峡两岸民间艺术节"。艺术节创办于2004年,从最早的以歌仔戏、南音为主的单项主题展示,逐步发展成为集戏剧、舞蹈、音乐和美术等多种艺术门类为一体的大型综合性文化交流项目,成为两岸共同珍惜和呵护的重要艺术品牌。

着力营造"一区一节"民俗环境。海沧区的"保生慈济文化节",由厦门、漳州和台湾三方轮流承办,每届都有近十万人参加;集美区主打"端午龙舟文化节","嘉庚杯"、"敬贤杯"海峡两岸龙舟邀请赛成为参赛人数最多、配套活动最丰富、最具活力的两岸龙舟文化活动;湖里区"福德文化节",已历六届,形成厦门、台湾、东南亚轮流举办的模式;思明区"郑成功文化节"则由厦门、台南联手举办;同安区"孔子文化节"、翔安区"池王爷文化节"也已成为两岸颇具影响力的民俗节日。

执笔人:陈　娟、庄敏莹、曾纪鑫等

2013 年 12 月

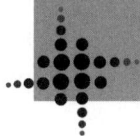

厦门美术馆事业成果丰硕

◎ 厦门市文化广电新闻出版局

　　厦门市围绕构建和谐社会、建设海峡西岸重要中心城市的目标,美术工作获得了跨越式发展,具有场馆规模大、机构发展快、重要展事多、品牌影响形成、美术产业集聚效应明显等特点,成为厦门市文化工作的一大亮点,成为满足人民文化生活需求的重要支撑。现有公立美术馆 1 个、画院 1 个,商业画院 1 个;美术院校(系)4 所;美术家协会 1 个;民办非企业美术机构 11 个;商业美术协会 3 个;画廊 100 余家;国家级美协会员 102 人,省级会员 214 人,市级会员近 400 人;国家级、省级工艺美术大师 14 人,美术从业人员 16000 多人。

一、场馆规模大

　　2007 年 3 月,在市委、市政府的关心推动下,位于城市中心文化群落的厦门美术馆新馆开馆,该馆采用旧厂房改建,以办展、收藏、推广公众美术教育为主要职能,以漆画艺术、台湾美术和当代艺术的收藏、研究、展示为重点,以建设先进文化、繁荣美术事业、满足人民群众文化生活需求为目的,集美术作品收藏、展览、研究、教育功能于一体。共有 7 个展厅、2 个展示走廊,展示面积共

蓝皮书

10000平方米。除展厅外,还具备典藏库房、周转库房、会议室、接待室功能。展厅采光、照明和安防等设施均按照高标准进行配备,具备举办各种展览的能力,可以满足了不同门类造型艺术的展示需求。还有,6个区文化馆展厅面积由300平方米到4000平方米的规模不等,使厦门美术事业跃上了新台阶。

此外,由政府支持、全国青联中华儿女荣誉董事会筹建,以民营方式吸纳社会力量,将渔商码头改建为中华儿女美术馆,建筑面积5000平方米,6个展厅面积约3000平方米;厦门大学欧洲艺术中心200平方米、集美大学美术展览馆500平方米、厦门市图书馆展览厅350平方米、传世艺宫美术馆展厅1200平方米、复文美术馆展厅400平方米、张雄美术馆展厅350平方米。这些展览场所的组成,满足了不同展览的需求。

二、机构发展快

除了政府主办的厦门市美术馆、书画院以及4所美术院校外,国家出台相关文件推动社会力量投入举办了许多非营利和商业美术机构。中国美术家协会福建创作中心,是由中国美协主管、厦门企业参与筹建和管理的国家级美协会员创作、交流的机构,推动成立了武夷山、崇武、永定土楼写生基地,接待了许多重要画家来福建写生,参与举办了2006年全国中国画作品、2010年两岸画家画两岸、2012年两岸画家画福建、2013漆画家赴越南考察交流写生等活动。

目前,厦门市主管的美术类非公有馆院包括:厦门市中华儿女美术馆、厦门市东方鱼骨艺术馆、厦门市新萌艺术中心、厦门两岸文缘促进中心、厦门市你好网际当代艺术馆、厦门万山书画院、厦门张雄书画院、厦门复文美术馆、厦门传世艺宫美术馆、厦门学小青少儿美术文化院、厦门皇达书画院等。中华儿女美术馆是团中央《中华儿女》杂志在厦门举办的美术机构,与中国油画学会合作,以海峡两岸油画创作交流为宗旨,举办了小幅油画学术展览等系列活动;厦门复文美术馆秉承弘扬中华传统文化,提升厦门城市文化含金量为宗旨,一直致力于参与和推动中国传统文化的继承和发展,近年来举办了两岸画家画两岸的创作展览活动;传世艺宫美术馆以书画精品展示、流通为重点,通过举办名家作品进行展览和交流。

三、重要展事多

近年来,厦门举办了国内外和海峡两岸各类美术大展,仅厦门美术馆开馆以来平均每年举办展览就有 60 多个,吸引观众达几十万人次。其中,重要的展会有第十届全国美展雕塑展、"时代·乡土·农民"中国美术馆馆藏精品展、第十一届全国美展漆画陶艺展、国家重大历史题材美术创作工程作品厦门巡展、厦门漆画双年展、中国美术馆馆藏精品厦门展、全国首届农民画展等参与筹备设立的"中国画学会"和海峡两岸文化博览交易会等活动,以其层次高、艺术性强、规模影响大,极大提升了厦门城市的形象。

四、品牌影响广

艺术品牌是城市文化的核心要素,政府主导、社会融入、市场推动是厦门艺术品牌发展的重要力量。

1.发挥资源优势,主打漆画牌

市政府为漆画艺术发展在文化政策与财政上予以长期支持,将打造漆画品牌、发展漆画艺术作为厦门市的一项长远文化战略,携手中国美协成功举办了"首届全国漆画展"、第四届厦门漆画双年展与第十一届全国美展漆画、陶艺展。已收藏全国历届漆画展获奖优秀作品200余件,打造具有全国水准与国际影响的当代漆画艺术馆,并组织赴法展、上海世博展、宁波展以及赴藏展,获得文化部扶持和表彰。

2.联合台湾美术资源,共同打造海峡美术品牌

厦门美术馆与台南新象画会、金门美术协会共同推动举办了4届"风起东方——厦门、金门、台南两岸三地美术交流展",举办了台湾著名画家李奇茂、李云儒、黄磊生、黄云溪等的个人画展,中华儿女美术馆、复文美术馆等民营美术馆先后举办了两岸画家画两岸的写生展览活动。

3.凸显区域优势,推动对外交流

厦门美术馆充分发挥美术主阵地的作用,举办了闽南风厦漳泉美术作品展、龙岩土楼中国画作品展等区域交流和法国皮埃尔油画作品展、美国加利水彩画作品展等国际交流展;厦门大学欧洲艺术中心、集美大学美术学院与旧雨今来轩举办瑞典、挪威等北欧艺术家的展览交流活动,对于加强艺术交流、提升学术水平、扩大城市影响,起到了积极的推动作用。

五、服务创新多

厦门美术馆自2006年新馆开馆以来,率先在全国实行免费开

放。不仅在馆内组织展览、研讨、讲座等活动,还组织开展了面向公众的公共教育。在此基础上,厦门美术馆还设计并精心制作了可以到农村、厂矿、街道、社区、部队、军营巡展的"美术大篷车"。美术大篷车工程是便民服务的创新尝试,也是一个长期的文化服务工程,自 2010 年启动以来,采取以点带面、逐步推进、动静结合、更新循环的形式,下到全市 6 个区、20 个主要社区、10 个镇(村)、10 个中小学校和共建部队,实现了全市城乡区域、不同阶层的基本覆盖,受到广大人民群众的广泛好评,被称为"家门口的美术馆"、"无墙的美术馆",光明网、厦门市政府网站、厦门日报等媒体都给予了高度肯定,获得文化部 2012 年扶持项目。

执笔人:陈　娟、黄念旭、陈　鑫等

2013 年 12 月

蓝皮书

跨越发展中的
厦门公共图书馆事业

◎ 厦门市文化广电新闻出版局

一、概　　况

厦门市下辖思明、湖里、集美、海沧、同安和翔安 6 个行政区，现有 37 个镇（街）、469 个村（居）组织，2013 年末常住人口 373 万人。进入 21 世纪以来，作为公共文化服务体系的重要组成部分之一，厦门市公共图书馆无论在设施建设、资源储备、科技支撑、服务创新等方面都实现了跨越式发展。实现了覆盖全市范围的图书馆服务联盟，为市民提供规范、便利的文献资源和文化活动服务。

二、设施建设及分布情况

厦门市图书馆事业发展至今，形成了包括市区两级公共图书馆、分馆、流通点、农家书屋、24 小时街区自助图书馆、汽车图书馆等在内的图书馆服务体系。目前全市共有 1 个市级公共图书馆、1

个市级少儿图书馆、8 个区级图书馆,以及 80 个分馆、278 个流通点、156 个农家书屋、55 个 24 小时街区自助图书馆和 9 个汽车图书馆。

(一)市区两级公共图书馆基本情况

1. 厦门市图书馆。厦门市图书馆创办于 1919 年,原馆舍位于公园南路 2 号,2007 年 3 月 1 日迁入厦门文化艺术中心新馆,馆舍面积 25732 平方米,拥有上、下两层各 6000 平方米的"藏、借、阅、检、咨一体化"的开放式阅览空间。阅览座席 3564 个,计算机 459 台。创办了 19 个直管型、托管型、联办型分馆,15 个流通点(含鼓浪屿家庭客栈图书角)和 1 个汽车图书馆。

2. 厦门市少年儿童图书馆。厦门市少年儿童图书馆创办于 1986 年元旦,是福建省首家独立建制的市级公共儿童图书馆。现有馆舍总面积 10106 平方米,拥有阅览座席 1525 个、计算机 138 台。建有 34 个联网分馆、43 个流通站、近 40 家集体用户、1 个汽车图书馆。

3. 思明区图书馆。思明区图书馆建于 1998 年,为区级综合性公共图书馆。2010 年 9 月 27 日迁入新馆,馆舍面积近 4800 平方米,拥有阅览座席 327 个、计算机 100 台。建有 9 个分馆、99 个流通点、20 个 24 小时街区自助图书馆、1 个汽车图书馆。

4. 湖里区图书馆。湖里区图书馆是湖里区政府主办的公共图书馆,1997 年对公众开放,2004 年独立建制。馆舍面积 3000 平方米,拥有阅览座席 530 个、计算机 61 台。建有 1 个联网分馆、61 个流通点、35 个 24 小时街区自助图书馆、1 个汽车图书馆。

5. 海沧区图书馆。海沧区图书馆是由海沧区政府主办的综合性、公益性的公共图书馆,于 2004 年 6 月批准设立,2005 年 7 月对公众开放,2007 年 5 月独立建制。馆舍面积 6400 多平方米,拥有阅览座席 393 个、计算机 50 台,建有 7 个分馆、21 个流通点、1

个汽车图书馆,并负责对海沧区 23 个农家书屋进行业务指导和管理。

6.集美图书馆。集美图书馆创办于 1918 年,是厦门地区最早建立的图书馆,现由集美校委会管理。馆舍面积 6322 平方米,拥有阅览座席 344 个、计算机 60 台,建有 3 个分馆、9 个流通点。

7.集美区少年儿童图书馆。集美区少年儿童图书馆成立于 2002 年 12 月,为区级公共少儿图书馆。2008 年 7 月新馆投入使用,馆舍面积 4200 平方米,拥有阅览座席 365 个、计算机 105 台,建有 7 个分馆、5 个流通点、1 个汽车图书馆,并负责对集美区 22 个农家书屋进行业务指导和管理。

8.同安区图书馆。同安区图书馆创建于 1978 年。2011 年元旦新馆建成并对外开放,馆舍面积 5128 平方米,拥有阅览座席 450 个、计算机 85 台,建有 2 个分馆、10 个流通点、1 个汽车图书馆,并负责对同安区 81 个农家书屋进行业务指导和管理。

9.同安区少年儿童图书馆。厦门市同安区少儿图书馆 1981 年创办,是福建省第一家独立建制的区级少儿图书馆。2009 年 10 月,迁入原同安区图书馆馆舍,建筑面积 3135 平方米,设有阅览座席 80 个、计算机 32 台,建有 6 个流通点、1 个汽车图书馆。

10.翔安区图书馆。翔安区图书馆是翔安区政府于 2011 年投资兴建的区级公共图书馆,建筑面积 2500 平方米,拥有阅览座位 316 个、计算机 52 台,建有 17 个流通点、1 个汽车图书馆,并负责对翔安区 30 个农家书屋进行业务指导和管理。

(二)农家书屋和 24 小时街区自助图书馆

一是 2009 年厦门市全面完成全市 156 个行政村农家书屋建设任务,实现"村村有农家书屋"的目标。目前,海沧区、集美区、同安区和翔安区农家书屋的数量分别为 23、22、81 和 30 家,全市农家书屋面积达 7286.41 平方米。

二是自 2009 年厦门市首台 24 小时街区自助图书馆建成以来,24 小时自助图书馆服务在厦门市得到了大力推广。截至 2013 年底,全市已有 55 台街区自助图书馆投入使用。目前 24 小时街区自助图书馆主要分布在思明区和湖里区的街道和社区,为市民提供 24 小时不间断的身边服务。

三、资源建设及利用情况

2011—2013 年,厦门市、区两级公共图书馆在各级财政经费的保障下,文献资源建设得到了长足的发展。随着藏书总量、电子文献和数据库资源的逐年增加,全市人均拥有藏书量也逐年递增,位居全国公共图书馆前列。在发展馆藏的同时,各馆还根据自身服务特点,注重加强特色文献资源建设,形成了鲜明的馆藏特色。

(一)纸本文献建设

1.藏书总量。2011 年全市图书总藏量达 3527211 册,2012 年达 3991039 册,2012 年图书总藏量比 2011 年增加 13.15%。2013 年全市总藏量达 4521494 册,与 2012 年同比增长 13.29%。

2.人均拥有公共图书馆藏书量。根据当年厦门市常住人口总数计算,2011 年厦门市人均拥有公共图书馆藏书 0.977 册,2012 年为 1.087 册,2013 年该数字为 1.212 册,呈逐年递增趋势。

(二)数字资源建设

1.数字资源总量不断增加,提升了数字化服务能力

近年来,为适应现代图书馆开展的服务内容,各图书馆大力发展数字资源,通过自建、共建和外购数据库等不断加强数字资源

建设。

电子文献。全市公共图书馆除同安区少年儿童图书馆因馆舍改造原因外,其余各馆都配置了电子文献。电子文献总量从2011年的1203723册上升到2013年的2967849册,3年内增长了147%。

数据库。全市各公共图书馆逐年加大数据库建设,以外购形式购入清华同方、维普、万方等大型数据库,2013年外购数据库总量达48.75TB;同时,各馆根据本馆馆藏资源和服务特点,开发自建数据库,如厦门市图书馆的"厦门记忆"、集美图书馆的"集美文献数据库"、"嘉庚文献数据库"和"会展资料数据库",湖里区图书馆的"湖里区文化演出视频库"等,至2013年底全市公共图书馆自建数据库总量达12.705TB。

2.数字资源共建共享,扩大了数字化服务范围

为更好地利用数据库资源,厦门市公共图书馆建立了数字资源共建共享机制。2013年厦门市区两级公共图书馆用于共享的数字资源总量达54.98TB,与2012年同比增长47.91%。2010年11月,厦门市图书馆与国家图书馆达成数字图书馆建设合作协议,共同建设"中国国家数字图书馆厦门分馆",实现了国家数字图书馆资源在厦门地区的共建共享与全覆盖服务,促进了厦门地区图书馆数字资源建设的发展。

(三)特色文献建设

1.特色馆藏。厦门市公共图书馆在发展馆藏资源的同时,注重特色文献的收集工作,着力打造特色馆藏。在资源建设上各馆既尽力丰富馆藏数量,满足读者普通阅览的需求,又各有侧重地发展特色馆藏,起到资源共享,优势互补的作用。其中厦门市图书馆以闽南地方文献为重点,形成闽南地方专题、华人华侨专题等特色专题文献收藏;厦门市少年儿童图书馆以少儿文献为主,2004年

与美国明德图书馆基金会创办了中国大陆首间原版英文图书阅览室;思明区图书馆以"写厦门的书"与"厦门人写的书"作为收藏重点设立专柜,并逐步将重点收藏扩大到闽台文化、闽南文化;湖里区图书馆以台版漫画类图书为馆藏特色;集美图书馆以嘉庚文献、会展文献、集美地方文献、古籍文献为特色馆藏;同安区图书馆以同安地方文献和古籍文献为馆藏特色。

2.古籍文献。古籍文献是厦门市公共图书馆特色馆藏的重要组成部分,截至 2013 年底,全市公共图书馆共藏有古籍文献古籍47852 册,其中善本 2426 册。拥有古籍的厦门市图书馆、同安区图书馆、集美图书馆都积极开展古籍普查和保护、宣传工作。至2013 年止,全市公共图书馆共有 12 部古籍入选《国家珍贵古籍名录》。

四、服务拓展及绩效情况

(一)读者服务情况

2011—2013 年,厦门市公共图书馆的服务工作从单一、被动的借借还还向多元、主动的多样化服务转变,服务效益显著提高。有效读者证数、年流通人次、年外借册次、活动人次等逐年提高。

1.免费开放。厦门市公共图书馆是国内较早实行免费服务的公共图书馆,至 2013 年各馆的公共空间设施场地均免费开放,基本服务项目较为健全并全部免费开放。目前厦门市图书馆的免费服务项目达 28 项,含数字资源利用、学生假期课业辅导、WIFI 使用、短信提醒、各类文化活动、文献扫描等,对残障人士和孤寡老人不仅免收借书证押金,还提供免费送书上门等服务。厦门市少年儿童图书馆的心理咨询、外教讲故事、国画培训、陶泥培训等特色项目也都免费向读者开放。在厦门,无论是本地市民还是进城务工人员、低收入人群、少年儿童甚至外地游客,均可以不受限制平等地利用公共图书馆。

2.开放时间。2013年厦门市公共图书馆平均开馆时间为68.2小时/周,比2011年增加10%,且全年节假日无休,方便读者借阅。2013年11月,厦门市图书馆总馆和殿前街道分馆延长开馆时间,达每周82小时,全区域开放时长位居全国图书馆前列。厦门市图书馆、市少年儿童图书馆和海沧区图书馆还分别在馆内开设24小时自助图书馆,为读者提供24小时不间断的图书借还服务。

3.基础服务。2009年,厦门市公共图书馆服务联合体成立,在全省率先实现城市区域内公共图书馆借书证一证通用、书刊通借通还服务,使全市公共图书馆年外借册次和流通人次得到历史性突破。2013年外借总册次比2011年增加46.52%,年流通总人次增加14.47%。有效借书证2013年达到295286个,比2011年增加48.59%。据厦门市统计局和国家统计局厦门调查队联合发布的《厦门市2013年国民经济和社会发展统计公报》,厦门市2013年常住人口373万人,有效持证读者占全市常住人口的7.92%,居全国先进行列。

4.读者活动。在提供文献信息基础服务的同时,厦门市公共图书馆充分发挥社会教育职能,组织各类读者活动。除常年开展阵地读者活动外,各馆积极拓展活动形式、丰富活动内涵。厦门市图书馆和市少年儿童图书馆每年组织开展大型系列主题活动以及图书馆服务宣讲活动;湖里区图书馆举办"湖里阅读季·读书公园"主题活动、集美区少儿图书馆举办集美区少儿读书月等活动。2013年活动场次、人次分别比2011年增加了42.41%和42.60%。

在开展读者活动的同时,市区两级公共图书馆间还实现活动互联互动,如联合开展巡回展览、讲座、"故事妈妈"志愿者活动等。

5.参考咨询。2013年,由厦门市图书馆牵头组织市区两级公共图书馆开展网上参考咨询,集合各馆资源优势,共同做好读者咨询服务工作。厦门市图书馆还根据领导机关与社会发展、科研与经济建设、社会公众三个服务层面的不同要求,设置政府信息公开专题阅览区,提供政府信息公开服务;为领导机关决策提供舆情服务,并在厦门市"两会"召开期间,为委员、代表提供"两会"信息服务;与厦门大学图书馆合作设立科技查新点,免费为读者提供查新服务;为企事业单位提供定题服务;为社会大众提供及时咨询服务;结合社会热点和读者需求编制文献;与地方史专家学者合作,成立"洪卜仁工作室"、"华人华侨工作室",为读者提供闽南地方文史和华人华侨等信息服务和培训服务。

(二)读者服务拓展

1.服务理念

厦门市图书馆以创建国内一流的复合型图书馆为目标,坚持"全方位开放、全公益服务、全社会共享"的服务方针,2008年牵头市区两级公共图书馆构建厦门市公共图书馆服务联合体,服务联合体的构建促进了各馆服务理念的更新,如厦门市少年儿童图书馆坚持"以便利、健康、公益为宗旨,以现代科技为引领,打造全覆盖、全方位、多层次的多元化立体型少儿图书馆";思明区图书馆以"努力服务,方便大众,照顾特殊"为服务理念;同安区图书馆秉承"传承·开放·服务"的办馆理念;翔安区图书馆以"精心做事、精细管理、精致服务"为理念。服务理念的更新提升了全市公共图书馆的总体服务能力,提高了图书馆的办馆效益。

2.服务宣传

厦门市公共图书馆利用图书馆网站、大屏幕液晶电视和LED

终端等多媒体广播系统,实时发布活动预告、新书推荐、服务项目、读者管理规定和服务规则等,方便读者了解图书馆的服务信息。

除了通过广播、电视、报纸等传统媒介宣传图书馆外,还出版了《厦门市图书馆声》、《图书馆探索》、《儿童图书馆论坛》等刊物,提升厦门市公共图书馆的社会影响力。厦门市图书馆还拓宽服务宣传推广途径,如上街发放传单,在厦门市政府网站、厦门文化信息网和民间网站、QQ群、微博、微信、楼宇电视、街头主干道人行电子显示屏、BRT公交候车厅信息发布屏、公交车车身以及中小学家教网上发布公益讲座、活动预告、阅读推荐等信息,在超市、社区以及高校公告栏张贴宣传海报等方式,多途径地开展图书馆形象宣传。同时,还通过组建"图书馆服务宣讲团",走进社区、学校、机关企事业单位,利用巾帼文明岗、青年文明号、敬老文明号等平台,与社会各界开展联创共建,在妇女、青年和老年群体中宣传图书馆,推送图书馆服务。

3. 服务品牌

在多年的创建读者活动中,厦门市公共图书馆形成了为社会大众所认可的品牌活动项目,如:厦门市图书馆的青少年假期热读活动、"我与书缘"读书月活动、大型名人公益讲座、"书虫"青少年阅读会、英文原版精读会、何娟姐姐故事角、读书沙龙、假期课业辅导、"两会"现场服务等,深受厦门市民喜爱,其中,"青少年寒假期热读活动"还荣获"首届全国图书馆未成年人服务论坛"优秀案例三等奖;市少年儿童图书馆的"红领巾读书"活动、明德英文图书馆、少儿心理咨询、"故事妈妈"俱乐部、DIY亲子阅览、闽南文化专题阅览室等品牌活动受到广泛欢迎,其中《厦门少图"故事妈妈"俱乐部》活动案例荣获"2013全国少年儿童阅读年——全国家庭亲子阅读推广月活动"优秀案例一等奖,并且走进翔安区图书馆、同安区图书馆,带动更多的志愿者妈妈走进图书馆给孩子们讲绘本故事。持久不衰的"红读"活动至今已有25年的历史,并不断创新形式、丰富内容,每年约有 5 万人次的学生参加"红读"活动,活动区域覆盖率达 100%,已成为厦门市的一个文化品牌。

4. 特殊服务

厦门市公共图书馆在实现服务均等化方面一直投入了较大的关注度,针对弱势群体,各馆纷纷开展形式多样的服务。

未成年人服务。除厦门市少年儿童图书馆、同安区少年儿童图书馆和集美区少年儿童图书馆三家专业少儿图书馆外,厦门市图书馆及其社区分馆以及各区图书馆均开设少儿阅览室(区),汇聚少儿文献资源,打造少儿品牌活动,为青少年就近借阅图书和参与各种少儿主题活动提供便利。

敬老服务。为方便更多的老年人利用图书馆,各馆加强对老年人的专项服务。如厦门市图书馆设立敬老专座和敬老专题书架,为 70 岁以上老年人提供免费复印服务,举办敬老专场电影和专题讲座,组织开展老年书画笔会和培训活动等,丰富老年人的退休生活;湖里区图书馆利用共享工程设备和资源开办"公益计算机基础培训班",为老年人学习计算机基础知识提供专业辅导,吸引了众多老年读者参与。

进城务工人员服务。针对厦门进城务工人员较多的现状,厦门市公共图书馆面向进城务工人员开展各类活动。厦门市图书馆在务工人员集中的工业园区开设分馆,方便务工人员借阅图书,并为其子女提供免费课业辅导、举办心理健康讲座等活动;常年坚持送书到各企业,丰富产业工人的业余文化生活。

残障读者服务。残障读者一直是厦门市公共图书馆重点服务对象。各馆在馆内均开辟了专门的视障阅览区,残障通道、轮椅、专用阅览桌椅等设施一应俱全,同时配备相应的盲文资料、视听文献、点读设备,为视障人士提供专业服务。厦门市图书馆还利用统一的物流服务,为残障人士、特殊教育学校及孤寡老人提供文献免费送书上门及上门取件服务;厦门市少年儿童图书馆在厦门市特殊教育学校设立联网分馆,为特殊儿童提供图书借阅服务。

社区矫正人员服务。厦门市公共图书馆以服务全体市民为己任,为各类人群提供平等的服务。厦门市图书馆在厦门监狱、厦门第二教育收容所等设立流通点;与思明区司法局合作成立"思明区公益劳动基地",对社区矫正人员开展系列帮教活动。

低收入人群服务。针对低保户,厦门市公共图书馆也推出了多项服务措施。如厦门市图书馆每年开展"温暖阅读行动"活动,为低收入家庭办理免押金借书证;厦门市少年儿童图书馆在低保户较多的东荣社区设立社区联网分馆,与总馆及各分馆实现通借通还。

五、智能化建设及服务情况

厦门市公共图书馆积极依托现代技术,在服务联合体内实现管理智能化、服务自动化和阅读便捷化,提高图书馆工作效能,推动业务发展,提高服务品质。

(一)管理智能化

厦门市公共图书馆一贯注重对先进技术和设施的引进和应用。在服务联合体成立之后,市区两级公共图书馆成员馆统一使用 Interlib 图书馆集群管理系统,规范各馆的图书馆业务管理;厦门市图书馆自主开发业务报表系统、读者活动网上报名系统、读者活动电子签到系统以及文献交换平台等多个业务管理系统,用现代化技术提升图书馆服务;引进全国最大的图书分拣系统,实现读者还回图书自助分拣,节约读者还书时间和图书馆的劳动成本;建设智能书架,使图书得到准确定位,方便读者进行检索;采用 OA

办公自动化管理系统,规范行政管理,提高工作效率。

(二)服务自助化

1. RFID 技术实现文献自助借还

厦门市区两级公共图书馆积极引进先进的 RFID 无线射频技术,实现读者文献借阅全自助。目前,除尚在装修改造的同安区少年儿童图书馆外,其他各馆全部实现读者自助借书和 24 小时自助还书。实现读者自助借还书的图书馆比例达 90%,居全国首位。厦门市图书馆、市少年儿童图书馆、思明区图书馆还创新无线射频技术,开设了 24 小时自助图书馆;由思明、湖里两区共投入 3250 万元建设的 55 台 24 小时街区自助图书馆已纳入厦门市公共图书馆服务体系,为读者提供"全天候通城借阅"的自助服务。

2. 统一认证平台实现网上自助服务

2010 年厦门市图书馆在网站上推出"统一认证平台",向全市公共图书馆服务联合体内所有成员馆读者全面提供此项服务。读者只需在图书馆网页单点登录该平台即可使用厦门市公共图书馆所有数字资源及国家数字图书馆的资源,同时也可以享受网上图书续借、查询、预约等自助服务。

3. 馆内其他人性化自助服务

厦门市图书馆以人性化服务为指导,在馆内除提供文献借还自助服务外,还提供免费自助扫描、自助复印、图书自助消毒等服务项目,利用现代技术的发展不断推出人性化、多元化、便捷高效的自助服务措施。

(三)阅读便捷化

1. 掌上图书馆。厦门市图书馆及市少年儿童图书馆分别于 2007 年、2012 年推出"掌上厦图"和"移动少图",实现了电子资源的一站式检索与全文移动阅读。目前,厦门市公共图书馆服务联合体各成员馆的读者均可通过移动手持设备免费阅读两馆200多万册图书,近万种期刊,多种音频、视频资源和全国各地主流报纸,检索书目、预约图书、续借图书,了解个人借阅信息和图书馆的周末讲座、读书沙龙、免费电影等服务及活动信息。掌上数字阅读为厦门市民随时随地阅读提供了便利,倡导了掌握现在、阅读未来的时代风尚,缩短了图书馆与读者之间的地理及心理距离。

2.电子阅读。2011年起,厦门市图书馆、海沧区图书馆、同安区图书馆等相继引进大屏幕电子报刊阅读系统,供读者免费阅读报刊,为读者开辟了新的阅读形式。2013年,厦门市图书馆推出电子书借阅机,向读者提供正版电子图书下载阅读服务,这也是福建省图书馆界的第一台电子书借阅机。数字化阅读打破了传统图书复本的限制,为市民提供一个全新、便捷、高效的信息资源服务平台。

3.网络服务。2012年8月,厦门市图书馆总馆推出无线热点WIFI服务,实现读者服务区无线网100%全覆盖。读者通过图书馆的免费WIFI,可随意获取网络信息资源,为读者提供了一个全方位、智能化的阅读空间。除同安区少年儿童图书馆外,其他厦门市区两级公共图书馆还纷纷建设自己的网站,通过网站及时宣传图书馆文献资源、活动信息和服务项目,拓宽了与广大读者的交流沟通和互动渠道。

六、服务体系建设情况

为实现厦门市岛内外公共图书馆一体化服务,厦门市公共图书馆常年坚持服务基层,以实现本地区公共文献信息资源共享为目标,致力于构建一个以现代化网络通信技术为依托,以厦门市图书馆总馆为中心,各区图书馆为骨干,镇(街)、村(居)图书室为节点的公共图书馆联合服务网络。同时,通过加盟型的市区合作和托管型的社区分馆、"四方合办"的联网分馆等,突破系统、单位的体制限制,形成公共图书馆服务体系的合力。厦门市区图书馆流动服务车、昼夜自助图书馆及"街区24小时自助图书馆"突破时间与空间制约,提高了图书馆服务的便利性和可及性。2013年全市公共图书馆图书年流通率1.53次以上,人均外借图书1.85册以上,创造了公共图书馆服务效能的全国领先水平。

(一)创新开放型节约型的多种分馆办馆模式

为实现厦门市公共图书馆岛内外一体化服务,各图书馆不断在街道、社区、农村、部队创办分馆和流通点,形成便捷服务的图书馆网络。厦门市图书馆除强化直管型分馆的服务外,依靠社会资源开办联办型、托管型分馆,形成多种形式并存、共同发展、惠及基层民众的图书馆总分馆模式。其中独创的托管型分馆办馆模式,通过"委托管理、联网运行"的方式,实现了总馆和分馆人财物的集中管理,大大地提高了服务水平,是全国首创的分馆建设模式,得到业内同行的广泛认可;厦门市少年儿童图书馆的联网分馆建设则形成由市文明办出资、街道出人员经费、社区出场地并负责维护、市少年儿童图书馆提供藏书及技术支持的四方合办分馆的新模式,并实行所有总分馆通借通还,网点覆盖岛内外,该分馆建设模式获中央文明委第三届未成年人思想道德建设工作创新案例一等奖。截至2013年,厦门市区两级公共图书馆创办的分馆和流通点总量达359个,比2011年增加了85.05%。其中电脑联网的分馆、流通点84个,分馆和流通点的创办有效地拓展了图书馆的服务范围,使市民利用图书馆更加便捷。

(二)24小时街区自助图书馆解决基层图书馆服务盲区

2009年,厦门市图书馆在康乐社区设立了厦门市首台24小时街区自助图书馆。至2013年,厦门市在思明、湖里两区共投入3250万元建设55台24小时街区自助图书馆,并选择在医院、学校、工业园区、繁华街区与周边无较大图书馆的社区设点,用以解决公共图书馆服务盲区,这种"百姓家门口的图书馆"与全市公共图书馆实现联网,提供"全天通城借阅"的自助服务。街区自助图书馆具有服务时间长、资源共享、自助服务、自动信息化处理等优势,成为公共图书馆服务的有效补充。2014年始厦门市政府已将其纳入厦门市公共图书馆联合服务体系,交由厦门市图书馆统一运营管理,以提高运营成效,发挥更大作用。

(三)构建厦门市公共图书馆服务联合体

为提升市区两级公共图书馆服务效益,2008年,由厦门市图书馆牵头,全市10家市区两级公共图书馆共同成立了"厦门市公共图书馆服务联合体",并投入运行。服务联合体以社会保障卡为通用借书证,利用图创集群管理系统,建立厦门市公共图书馆服务联合体内市区两级10个公共馆,以及55个24小时街区图书馆、60个联网分馆及24个联网流通点等共139个联网服务点的区域性图书馆联合服务网络。

作为区域性的图书馆服务联盟,经过数年的磨合,其在公共文化服务中所发挥的良好效能也日益凸显。

1.统一管理平台。厦门市公共图书馆服务联合体成员馆统一使用Interlib图书馆集群管理系统,将全市公共图书馆书目数据整合,为读者提供统一书目检索平台。

2.文献联合编目。依托厦门市图书馆信息资源部,厦门市公共图书馆服务联合体成立编目中心,各成员馆使用相同的文献编目规则,由市图书馆负责文献书目数据的审校,规范书目数据质量,同时编目中心也承担为成员馆代分编加工图书业务。2012年、2013年编目中心分别为各区馆分编加工图书56595册和189790册。

3.文献通借通还。全市公共图书馆实现一卡通用、图书通借通还,在任一馆办理的借书证可以在其他图书馆及其分馆和街区自助图书馆进行借还书,实行统一的借阅规则,实现岛内外服务一体化。2013年,通过联合体通借通还平台外借文献691万册次,总外借册次比2011年增长了46.52%,人均年外借图书1.853册,超过全国平均水平。

4.统一物流管理。由厦门市图书馆负责对文献物流管理的统一招标,并负责全市公共图书馆服务网络的文献借阅物流管理。

5.资源共建共享。服务联合体成员馆在资源建设上秉承共建共享原则。在文献采购上相互各有侧重,根据服务对象的不同在文献品种、复本控制上均相互协调。尤其在数据库采购上,市图书馆数据库均向服务联合体内所有读者开放,市少年儿童图书馆、湖里区图书馆将其数字资源在联合体内开放共享,极大地提高了数字资源的利用率,同时大大地节约了采访成本。厦门市图书馆还牵头组织各馆签订"闽南地区图书馆文献交换协议",包含全市10家公共图书馆在内的闽南地区公共图书馆通过网上文献交换平台实现文献资源的共建。

6.活动互联互动。服务联合体的成立还促进了各馆在读者活动上的互联互动。厦门市图书馆每年联络各馆,将其举办各类文化展览送到其他成员馆进行巡展,既充分利用了资源,又为更多读者提供了文化食粮。

蓝皮书

七、协作协调情况

(一)厦门市图书馆学会

厦门市图书馆学会是厦门市图书情报事业的群众性学术团体,前身为福建省图书馆学会厦门分会,成立于1984年8月,1990年3月更名为厦门市图书馆学会。学会下设秘书处、学术委员会和《图书馆探索》编委会,有厦图学组、少图学组、厦大学组、集大学组、理工学院学组、中小学学组、区公共馆学组、专业馆学组等8个学组,16个团体会员,364名个人会员。

2011—2013年,厦门市图书馆学会组织学术年会、论坛、沙龙以及各种学术报告、专题培训班及观摩交流活动26场次3032人次;学会会员共有15篇论文在中图学会年会上获奖,其中一等奖4篇。有2个课题被立项为厦门市社科学会重点调研课题,其中《同城化背景下厦漳泉区域图书馆合作研究》荣获2012年度厦门市社科学会优秀重点调研课题;学会刊物《图书馆探索》两次被评为厦门市社科学会优秀期刊。为集中展示厦门地区公共图书馆事业的发展及其服务成效,学会每年组织编制《厦门市公共图书馆服务联合体工作年报》;组织各学组开展全民科普阅读月、图书馆服务宣传周、厦门市社会科学普及宣传周等活动。在2013年文化部、中国图书馆学会组织的全国第五次公共图书馆评估定级工作中,学会发挥协作协调和行业管理职能,积极参与评估工作。厦门市、区两级参评的公共图书馆全部荣获"一级图书馆"称号。

厦门市图书馆学会在2013年"中国社会组织评估"中被评为

"3A 级社会组织";先后被福建省图书馆学会授予"2005－2010 年先进集体"、被厦门市社科联授予"厦门市社科标准化学会",并多次荣获"厦门市社科先进学会"等荣誉称号。

(二)全国文化信息资源共享工程厦门市支中心

2002 年厦门市启动文化资源共享工程建设,2008 年将共享工程基层服务点建设进一步推进到全市街道、乡镇、社区及农村。全国文化信息资源共享工程厦门市支中心设立于厦门市图书馆,依托市图书馆丰富的数字资源及互联网等信息技术,充分发挥市级支中心职能,为群众直接提供文化共享服务。

厦门市充分利用区级图书馆和我市各种文化场所在文化共享工程建设中的基础作用,实现了市图书馆、区级图书馆和图书流通服务点、街道文化站、社区乡村文化室与绿色网吧的有机结合。至2013 年底,厦门市已建成 1 个市级支中心、7 个区级支中心、37 个镇街基层服务点、235 个村居基层服务点,各支中心与基层服务点共同服务大众的网络格局。

文化共享工程厦门市支中心按 A 级标准建设中心机房,配备40 台服务器、2 套总容量 144TB 的存储系统和 2 台光盘库、2 套非线性编辑系统,用于资源加工、网络应用、业务管理;建成数据资源总量达 47.8TB,包括镜像数据库、网络资源数据库、地方特色自建数据库及网上视频共享资源等。支中心的所有数字资源均免费向办证读者开放,为全市市民提供丰富的文化信息资源。

厦门市支中心资源传输模式以互联网为主,以光盘下发、硬盘拷贝为辅,主要手段为 FTP 下载,IPTV 模式、视频点播系统共用等。2011—2013 年,市级支中心为区级支中心及基层服务点配送资源 12.2TB;在厦门市科教文卫"四下乡"、社科普及周等活动中将共享工程下发资源刻录成光盘 200 余件送给市民;利用设在市区公共图书馆的共享工程播放点,向市民免费播放周末电影等共享工程资源共计 2513 场,服务 200612 人次。

厦门市共享工程的各项工作受到文化部领导、共享工程督导组的多次肯定,也荣获了多项荣誉:2011 年,由厦门市级支中心组成的厦门市代表队获"第二届文化共享杯——全国文化信息资源共享工程知识与技能竞赛"福建选拔赛团体冠军,其中两人获个人优秀选手奖;同年,由市级支中心报送的漫画作品《党旗更鲜艳》、《90 大寿齐欢庆》、《升国旗》等,在"全国文化信息资源共享工程'阳光少年热爱党'少年动漫设计制作竞赛活动"比赛中,获初中漫画组一等奖 1 个、小学生漫画组三等奖 2 个;市少年儿童图书馆支中心也在福建省文化共享工程少年网页设计竞赛中荣获团体第二名。2012 年,厦门市级支中心、湖里区级支中心、同安区级支中心获"福建省文化信息资源共享工程建设先进单位"荣誉称号;同年,集美区灌口镇田头村基层服务点与同安区新民镇基层服务点被文化部命名为"全国文化信息资源共享工程公共电子阅览室示范点"。

(三)厦门市古籍保护中心

2009 年 9 月,厦门市古籍保护中心成立,挂靠厦门市图书馆,由厦门市文化局(即现厦门市文化广电新闻出版局)领导。厦门市古籍保护中心在福建省古籍保护中心和"厦门市古籍保护工作局际联席会议"指导下,负责全市古籍普查登记,指导珍贵古籍名录申报,汇总古籍普查成果;建立厦门市古籍综合信息数据库,形成厦门市古籍联合目录;承担全市古籍保护业务指导、培训的具体工作;开展古籍的保护、修复、整理、出版、研究和利用工作;开展国际与地区间古籍保护的交流与合作;宣传古籍保护知识,促进古籍利用和文化传播。

2012 年,厦门市图书馆投入 100 万元按《图书馆古籍特藏书库基本要求》(WH\T24-2006)对古籍书库进行改造装修,古籍保存保护条件得到更大改善。现古籍书库配备恒温恒湿空调系统、烟感气体消防、摄像监控和温湿度监控等专业设备,以及樟木书橱、自控式杀虫防霉机、灵香草等多种综合防火防虫防尘等措施,有效保护古籍文献。在有效保存经典的同时,厦门市图书馆积极开展地方古籍点校,开发《厦门文献丛刊》,现有《晃岩集》、《厦门古籍序跋汇编》、《爱吾庐汇刻》、《夕阳寮诗稿》、《清白堂稿》、《啸云诗文抄》校注出版。

目前,厦门市古籍保护中心通过"全国古籍普查平台"完成馆藏古籍数据登记 4531 条,其中厦门市图书馆 2223 条、同安区图书馆 1762 条、集美图书馆 546 条。同时,还组织人员对同安区图书馆、集美图书馆、紫竹林寺图书馆的古籍保存现状及地方文献等情况进行调研,并指导开展古籍普查申报、版本判定等工作。

开展工作的同时,厦门古籍保护中心注重自身人员的培养,厦门市图书馆、集美图书馆、同安区图书馆先后选派古籍工作人员到国家古籍保护中心、国家图书馆和福建省古籍保护中心培训,学习古籍编目及普查、鉴定、修复等知识技能。2012 年 6 月,还承办了第六期全国古籍普查管理人员培训班,来自福建、广东、广西和海南四省 53 家古籍收藏单位的古籍普查管理人员 90 余人参加了该培训。

2012 年 4 月,厦门市图书馆、同安区图书馆获福建省文化厅表彰,荣获福建省古籍保护先进单位。

(四)数字图书馆推广工程

厦门市图书馆数字图书馆推广工程构建以厦门市图书馆为中心,各区馆为节点,覆盖全市的数字图书馆虚拟网,建设分级分布式数字图书馆资源库群,以电信网、互联网为通道,以手机等新媒体为终端,向公众提供多层次、多样性、专业化的数字图书馆服务。

1. 虚拟专网与硬件平台搭建

厦门市按照文化部下发的《文化部办公厅关于印发"数字图书馆推广工程"省级、市级数字图书馆硬件配置标准的通知》要求,市图书馆配备服务器 40 台、存储容量 144 TB、网络带宽 800 M,配备 8 端口天融信 VPN6000 防火墙,硬件配备达到推广工程标准。2010 年 11 月,国家图书馆与厦门市文化局(即现厦门市文化广电新闻出版局)签订数字图书馆建设战略合作协议,共同建设"中国国家数字图书馆厦门分馆",实现了国家与市级图书馆网络的直联直通。至此,厦门市构建了以市馆为核心、各级区馆为主要节点,覆盖全市公共图书馆的数字图书馆虚拟网,支持国家图书馆与厦门市区两级数字图书馆间的互联互通、共建共享,厦门市数字图书馆虚拟专网建设完成。在虚拟专用网内,国家图书馆与厦门市图书馆、厦门市公共图书馆服务联合体成员馆之间均实现了与用户的双向认证,只要是厦门市公共图书馆服务联合体成员馆的用户,就可以同时获得授权访问国家数字图书馆与厦门市区两级公共图书馆的所有数字资源。

2. 数字资源库群建设

厦门市数字图书馆推广工程注重建设分级分布式数字资源库群,实现数字资源建设、保存、服务的统一规划、分布式建设和保存,避免重复建设,改变了数字资源建设发展不均衡的状况。至2013 年底,厦门市数字资源库群资源总量达到 54.98 TB,其中厦门市图书馆自建、外购数据库容量达到 45.49 TB、国家图书馆镜像资源 2.3 TB、市少年儿童馆共享数字资源 7089.5 G、湖里区图书馆共享资源 267 G、同安区图书馆共享资源 3.82 G,远超国家"十二五"末市级数字图书馆数字资源量达 30 TB,县级数字图书馆数字资源量达到 4 TB 的建设目标。

3. 多样化服务平台

厦门市数字图书馆推广工程在构建海量分布式资源库群的基础上,对数字资源进行有效的组织、整合及知识挖掘,实现元数据集中与统一检索,并依托互联网、移动通信网,建立了满足不同需求的数字图书馆服务平台,通过新技术应用,提供基于移动通信网的移动数字图书馆服务。海量资源库群的建设成果广泛应用于全国文化信息资源共享工程、公共电子阅览室建设等国家重点文化建设项目,为各项文化工程提供优质数字资源服务。仅 2013 年,数字资源访问量就达到 5377453 次,下载 529307 MB。

4.公共电子阅览室建设

公共电子阅览室的建设以未成年人、老年人、进城务工人员等特殊群体为重点服务对象,依托文化共享工程的服务网络和设施,以及文化共享工程、国家数字图书馆丰富的数字资源,与文化共享工程建设、乡镇文化站建设、街道(社区)文化中心(文化活动室)建设相结合,在城乡基层大力推进公共电子阅览室建设,努力构建内容安全、服务规范、环境良好、覆盖广泛的公益性互联网服务体系。

2011 年,厦门市被列为全国首批公共文化服务体系示范区,公共电子阅览室建设是其必备建设项目。在原有共享工程电子阅览室的基础上,厦门市区两级公共图书馆、39 个街镇及所有社区按照文化部制定的《公共电子阅览室设备配置标准(试行)》配备公共电子阅览室,所有电子阅览室免费向市民开放。全市公共电子阅览室根据自身实际情况采用了"美萍"管理卫士、"云计算"技术等信息安全管理平台,安装内容监控系统,通过技术手段保障公共电子阅览室内容服务的健康、文明,杜绝反动、淫秽、暴力等不良信息的侵入和传播,确保公共电子阅览室网络信息安全;建立"三网融合"的资源传输调配体系,充分利用互联网、国家电子政务专网、卫星网、有线数字电视网等传输通道快速向基层电子阅览室传输资源;厦门市图书馆还通过信息采集与整合,建立了统一的资源导航系统。

厦门市充分利用电子阅览室的硬件条件与丰富资源,开展多项便民惠民服务。常年为市民提供免费上网服务,市区两级公共电子阅览室每周服务时间不少于 56 小时;厦门市图书馆在 IT 体验区为市民提供音乐鉴赏服务,开展"远程大拜年,祝福送亲人"免费远程视频拜年活动,缓解春节未能回家过年的进城务工人员的思乡之情,同时免费指导进城务工人员浏览网页及点播影视、音乐、讲座等视频资源;市图书馆、同安区图书馆免费为外来员工提供春运汽车、火车、飞机票查询及订票服务;湖里区图书馆每年为外来员工举办"公益计算机基础培训班"。

5. 农家书屋建设

厦门市农家书屋工程建设于 2007 年 10 月正式启动,2009 年全面完成全市 156 个行政村农家书屋建设任务,提前 3 年在全省率先实现"村村有农家书屋"的目标,并在建立为农民"供书、读书、管书、用书"的长效运行机制、最大限度地发挥农家书屋的作用等探索和实践方面,取得了一定的成效。

2011—2013 年,厦门市农家书屋入藏新书共计 56239 册。同时,制定并完善了《厦门市农家书屋建设和管理办法》,使全市农家书屋建设和发展有章可循;每年对农家书屋管理员进行图书分类、图书编目、图书管理、管理员职责、农家书屋管理制度等培训,提升农家书屋管理员的专业素养;精心策划、积极推动、组织开展形式多样的农村阅读活动,在一年一度的"书香鹭岛活动月"全民阅读活动开展期间,开展农家书屋读书征文活动,阅读讲演比赛及科技、普法等专题讲座,2012 年,同安区郭山村农家书屋管理员郭花叶荣获"全国农家书屋先进个人";2013 年,海沧区图书馆荣获"福建省农家书屋工程建设先进单位"荣誉称号,在全省农家书屋建设巩固提升检查工作中取得总分第一的好成绩。

八、少儿图书馆事业

(一)概况

近年来,在厦门市委、市政府的领导和社会各界的支持下,厦门市少儿图书馆事业蓬勃发展。以厦门市少年儿童图书馆为中心,同安区少儿图书馆、集美区少儿图书馆、厦门市图书馆少儿室、思明区图书馆少儿室、湖里区图书馆少儿室、集美区图书馆少儿室、同安区图书馆少儿室、海沧区少儿图书馆、翔安区图书馆少儿室等纷纷挂牌或独立开馆。目前,全市公共少儿图书馆(室)共有10家,总面积近2万平方米,拥有藏书200万册,年举办读者活动1200余场,参加读者近14万人次,建立分馆及流通站200多个,年接待读者180万人次,流通图书270万册次,一个覆盖面广、层次多样、就近便捷的少儿图书馆公共服务网络渐已形成。

(二)设施建设情况

现有的厦门10家公共图书馆中,少儿图书馆共3个,市级1个、区级2个。其他市区两级7个公共图书馆中,海沧区图书馆也称海沧区少儿图书馆,内设有少儿阅览室和中小学生阅览室;其余公共图书馆均设有少儿阅读场馆。

(三)资源建设情况

1. 日益丰富的多元化馆藏资源

经过多年的发展,厦门地区少儿图书馆(室)收藏的文献信息资源,不但数量庞大,而且形式多样,从单一纸质文献逐步转变成了纸质、电子文献并重的多元化馆藏结构模式。

各项文献信息资源内容和形式的适用阅读对象贯穿 0 至 18 岁的读者,文献内容广泛、形式多样,不仅有静态的纸质图书、立体图书,还有有声读物和符合儿童兴趣的益智类玩具。

除纸本文献外,厦门市少年儿童图书馆还积极发展馆藏数字资源,截至 2013 年底,市少年儿童图书馆共有馆藏文献 60.19 万册、电子文献 87 万多册、视频资料近 1 万条、电子报纸 200 多种、电子期刊 7 万多册、图片数据 12 万张,并配有超星电子图书、书生电子图书、快乐阅读、乐儿科普动漫、天方有声数字图书馆、电子期刊、少儿多媒体、点击电子动漫、共享工程、公元图片库、数字资源试用等特色电子资源供读者利用。丰富的馆藏资源为少儿文献信息服务提供了物质保证。

2.独具特色的少儿文献收藏

在发展少儿文献数量的同时,厦门市少年儿童图书馆一直注重少儿特色资源的建设。

设立儿童地方文献库。主要用于收藏闽南地区的儿童地方文献、台湾地区的儿童地方文献以及台湾地区出版的有关儿童教育文献。目前,该馆收藏的儿童地方文献共有 2000 多册。

设立港台两地相关信息资讯特色专题书库。收藏各类港台原版图书 8700 多册,内容涉及儿童心理学、家庭教育、中小学教育及低幼类绘本等各方面。

与美国明德基金会联合打造明德英文图书馆。主要收藏各类适合少儿的原版英文图书,共计 8700 多种、20000 多册。2012 年厦门市少年儿童图书馆进一步丰富了原版图书馆藏,并对明德英语图书馆实行分级及定位管理,筹建英文有声图书馆。

开辟了全省第一家以普及传承闽南文化为宗旨的闽南文化专题阅览室。收录和展示有关闽南童谣、木偶、高甲戏、歌仔戏、南音、答嘴鼓、漆线雕、博饼等相应文献资料及展品,并让小朋友自己动手制作漆线雕、体验木偶戏表演等。

(四)服务拓展及绩效情况

厦门地区公共少儿图书馆(室)不仅注重资源建设,还长期坚持"读者至上,服务第一"的宗旨,不断强化服务意识,拓展服务范围。近年来,厦门市区两级馆少儿阅读环境均有较大的改善,少儿借阅服务不仅在量上有提高,服务质量和深度也有所提升。

1.图书流通量不断攀升

随着资源建设的加强,厦门地区少年儿童图书馆的社会效益、对外知名度日益提升,读者到馆人次和图书流通量不断攀升。

此外,来自 2012 年的全市调研数据也显示,2012 年厦门地区公共少儿图书馆(室)年流通册次为 273 万册次,年流通总人次为 177 万人次。按厦门常住少儿人口 90 万计算,2012 年厦门地区少儿人均阅读各类文献达 3 册(不包括电子文献),高于全国平均水平。

2.品牌活动不断创新

厦门地区少年儿童图书馆不仅注重服务内容的丰富、服务形式的多样化,更注重服务手段的创新,打造出了许多影响面深广的品牌活动。

一是红读活动主题不断创新,社会反响热烈。厦门市少年儿童图书馆主办的"厦门市红领巾读书读报奖章活动"始于 1989 年,至今已有 20 多年的历史,每年约有 5 万人次的学生参加,并多次受到各级表彰,取得了广泛的社会影响,成为青少年喜爱的品牌读书活动。仅 2011－2013 年,参加的学生就超过 15 万人次。在社会各界的关心与支持下,"红读"活动连续多年被评为全国"红读"活动先进集体,被命名为首批"中国小公民道德建设活动实践基地"、"省小公民道德建设示范点"、"省级科普教育基地",并被授予

"省小公民道德建设先进集体"称号。

二是依托"明德英文图书馆",打造少年儿童英语"悦读"乐园。作为大陆首家原版英文儿童图书馆的"明德英文图书馆",现已成为少年儿童快乐学习英语的阵地。该馆有原版少儿图书2万多册均免费外借,并定期举办丰富多彩的免费外教英语活动,通过唱儿歌、讲故事、佳片欣赏、制作英文卡片、玩英文智力游戏等形式,开展英语沙龙、英语读书、英语故事等活动。它的创办改写了厦门市没有少儿英文图书馆的历史,开启了中国大陆少儿图书馆界开设原版英文图书阅览室的先河,也成为厦门市少年儿童悦读英文的乐园。

三是创办全国首家少儿心理健康教育与咨询的公益性服务机构——少儿心语室。由少图打造的全国第一家少儿图书馆心理咨询室——厦门市少年儿童图书馆心语室自2004年创办以来,全天候接受读者预约,及时解答青少年遇到的各类心理问题,关注未成年人心理健康。在心理咨询活动中,专业心理咨询专家针对孩子的性格、学习问题、父母的教育问题、人际交往问题等给予一对一的解答,并针对在心理咨询过程中集中出现的问题,举办了性格心理、早期教育、儿童智力开发等各种讲座,深受读者欢迎。自心理咨询室开办以来,已累计进行咨询活动一千多场,产生了良好的社会反响。如今,该馆的少儿心理健康教育与咨询服务已成为该馆乃至全国少图界的一个特色阵地活动。

四是培育福建省图书馆界第一支"故事妈妈"队伍,掀起亲子阅读热潮。2011年厦门市少年儿童图书馆成立的"故事妈妈"俱乐部,是福建省第一支面对社会公开招聘的服务于小读者的公共文化领域文化志愿者服务队,也是福建省图书馆界第一支"故事妈妈"队伍。每个周末,"故事妈妈"亲子阅读实践活动成了家长与孩子们亲密阅读的好时光,深受欢迎并形成了品牌活动。该品牌活动案例推出的第二年,就荣获了"2013全国少年儿童阅读年——

全国家庭亲子阅读推广月活动"优秀案例一等奖,并获国家文化部2013年"文化志愿者服务年"示范项目。

五是拓展阅读和实践于一体的特色多元化读书活动。2012年起,依托"巧手乐乐屋"、"开心农场"、"科学工作室"、"闽南文化专题阅览室"等特色专题阅览室,厦门市少年儿童图书馆更是推出了创意陶艺、布袋戏表演、闽南语童谣童玩、国画及书画展、古琴赏析、开心农场、机床制作、鱼骨画制作、闽南文化之旅夏令营等一系列集阅读观察动手于一体的特色活动,期期火爆,对培养小读者的阅读兴趣、提高动手能力起到了良好的促进作用。

六是全市各图书馆少儿服务项目异彩纷呈。厦门市图书馆推出了青少年假期热读活动、"书虫"青少年英语读书会、何娟姐姐故事角、假期课业辅导、青少年"兴趣课堂"等活动;思明区图书馆推出了中小学生"图书馆教育实践"等活动;湖里区图书馆推出了青少年课外活动基地周末亲子系列活动、亲子国学经典读书会等活动;集美区图书馆推出了少儿读书月等活动;同安区少儿图书馆推出了同安区少儿故事大王比赛暨市级选拔赛等活动;翔安区图书馆推出了"沐浴书香,快乐成长"少先队大队主题观摩活动、"妙手童心·彩绘梦想"儿童手工沙画等活动;集美区少年儿童图书馆举办了《儿童趣味英语》夏令营等活动。各馆丰富多彩的少儿活动,进一步拓展了厦门市少儿图书馆的服务范围,丰富了全市青少年儿童的文化生活。

3.活动绩效成果明显

来自全市的调研数据也显示,仅2012年,厦门地区公共少儿图书馆(室)就举办读者活动1316场,有14万人次参加。同时,厦门地区公共少儿图书馆(室)还充分利用节假日、世界读书日、图书馆服务宣传周等开展形式多样、内容丰富多彩的读者活动,通过活动既宣传了少儿图书馆,又拉近了图书馆与读者的距离。

(五)智能化建设及服务情况

近年来,厦门地区公共少儿图书馆(室)在拓展服务的同时,也不断加大图书馆方面的智能化建设。

1. 智能化建设,为读者带来便利服务

2008年,厦门市少年儿童图书馆利用RFID无线射频识别技术进行全方位的业务管理升级,提升了管理运行效率,实现了图书自助借还功能。

目前,厦门市少年儿童图书馆馆内配置有触摸屏导读系统、电子读报系统、自助借还机等供读者使用;开设昼夜自助服务图书馆,并建有少儿图书馆视障阅览室,便于盲人与弱视的少年儿童借阅。在馆外,读者可通过手机、平板电脑、电子阅读器等移动终端设备,登录"移动厦门少图",享受图书借阅、查询、浏览数十万册的电子资源等服务。

2. 数字资源建设不断加强,成效明显

近年来,厦门市少年儿童图书馆不断加强数字资源建设。截至2013年,厦门市少年儿童图书馆已拥有计算机110台、信息节点近120个、数字资源存储能力33TB。数字资源总量14.85TB,其中,电子图书864697册、电子期刊71389种/册;视频9000集,图片123096张,乐儿科普动漫1250集,爱迪科森动漫4763集,音频109956条,点击动漫5902册,自建数据库8522条。

与此同时,两家区级少儿图书馆和各成人馆的少儿阅览室近年来也均加强了智能方面的建设,纷纷加入厦门市公共图书馆服务联合体,实现了全市公共图书馆通借通还。其中,2011年5月集美区少年儿童图书馆成功安装"图书馆RFID智能管理系统",实现了自助借还书。2013年,集美区少年儿童图书馆新增超星电子图书2万册。

(六)服务体系建设情况

1.加入公共图书馆服务联合体,促进资源共享

2009 年,厦门地区公共少儿图书馆(室)纷纷加入了厦门市公共图书馆服务联合体,实现了与市区两级公共图书馆借书证通用、图书通借通还,提升了市区两级少年儿童图书馆的整体服务水平和综合服务能力,建立了较为完善的少儿图书馆事业服务体系,进一步实现文献资源共享。这为厦门地区公共少儿图书馆(室)读者借阅图书提供了极大的便利。2011 年,全市公共少儿图书馆流通量高达 215 万人次和 185 万册次。

到 2012 年,厦门地区公共少儿图书馆(室)的分馆、流通站已有 201 个,比 2009 年多了 129 个,增长了 64%。

2.以市少儿图书馆为中心,打造多级少儿服务网络

厦门地区少年儿童图书馆还长期致力于建设一个以市少儿图书馆为中心,以社区及偏远学校的分馆、流通点为载体,以集体用户为成员、汽车图书馆为纽带和延伸点的三级网络服务体系。

2005 年,厦门市少年儿童图书馆就制定了《厦门市少年儿童图书馆社区分馆建设方案》,以"总馆——分馆制"理论为指导,以分布合理、小型分散、统一领导、就近服务为原则,建立以市少儿图书馆为中心,以各分馆或区、街(镇)、社区(村)儿童图书馆(室)为网点组建儿童图书馆四级网络体系。并根据实际情况,采取直属、联办、送书到校、到馆借阅等多种形式,把厦门市少年儿童图书馆的服务辐射到最大的范围。

经过多年的努力,厦门市少年儿童图书馆共有联网分馆 36 家,分馆流通站 11 家,集体用户 37 家。年接待读者 30 多万人,送书下点下校 200 多次,配送图书 5 万多册。

与此同时,两家区级少儿图书馆及各成人馆的少儿室也纷纷发展分馆、流通点模式。如厦门市图书馆于 2012 年 4 月 19 日在

新圩学校设立分馆,由市图书馆、新圩镇、新圩中学三方共同建设。市图书馆提供不少于 2 万册的图书、100 种的期刊和数字资源,图书定期进行交流轮换;新圩镇政府提供资金支持和宣传教育;新圩中学负责日常管理。该图书馆全天开放,周一至周五上班时间为校内师生服务,下午放学及周末时间对外开放。村民及外来人员均可凭社会保障卡到分馆办理图书借阅,同时可在全市各分馆进行通借通还。这些分馆、流通点等,不仅方便了偏远学校的学生借阅图书,也满足了岛外村民的阅读需求。

(七)协作协调情况

作为市级少儿图书馆,厦门市少年儿童图书馆一直以来还致力于推进厦门市少儿图书馆事业的发展。

1. 抓好儿童图书馆(室)间的协作工作,推动全市儿童图书馆事业的发展

2008 年,厦门市少年儿童图书馆就草拟了《厦门市儿童图书馆事业发展方案》。在进一步强化少儿中心馆地位的基础上,加强与各区少儿馆(室)的联系,初步建立统计机制,积极改变全市各级各类儿童图书馆(室)长期处于分散、孤立、各自为政的情况,促进厦门市少儿图书馆事业的协调发展。在厦门市少年儿童图书馆的大力呼吁下,市政府将"在各区建立少年儿童图书馆"作为了为儿童办实事的项目之一,各区相继扩建或新建了少儿图书馆(室),全市少图事业有了进一步的发展。

为推动整个厦门地区公共少儿图书馆(室)事业的发展,掌握厦门市未成年人图书馆服务的现状,2012 年厦门市少年儿童图书馆还采用调查表、实地考察、随机访谈、座谈等形式,对厦门地区公共少儿图书馆(室)进行综合调研,通过实地考察和调查表统计分析,以真实的数字反映厦门地区公共少儿图书馆(室)事业 2012 年的现状,分析所取得的成绩和存在的问题,并提出参考性建议。

2.开展业务辅导和协作协调工作,促进地区少儿图书馆事业发展

2005 年以来,厦门市少年儿童图书馆除进行正常的巡回业务辅导外,还与市教育局配合,先后举办小学图书馆管理员和社区图书馆管理员培训班;协助思明区教育局图书馆工作委员会开展工作,举办翔安区中小学图书馆管理员培训班,扶持杏滨小学、厦门实验小学、西郭小学、人民小学、高浦小学等学校图书馆进行自动化管理,并协助厦门岛内的小学图书馆全部通过省级达标验收。指导扶持同安区少儿图书馆、集美区少儿图书馆等公共少儿图书馆实现业务工作自动化、标准化管理。这些业务辅导工作的开展,为儿童图书馆四级服务网络的顺利建设和开展服务奠定了基础。仅 2013 年,厦门市少年儿童图书馆在开展全市小学图书馆和社区图书馆的业务辅导工作方面,进行有针对性的个别辅导共计 19 次;开展"图书馆利用教育进校园"讲座活动 12 场,共有 3337 人次参加,提高了同学们的图书馆利用意识。

分馆业务辅导方面,2011—2013 年间,厦门市少年儿童图书馆除了新建联网分馆、集体用户、流通站点等 31 家外,还积极做好后续业务培训和指导工作。常年为分馆提供活动物品及指导,大力扶持分馆开展活动。每年召开 2 次分馆管理员座谈会及业务培训,并在年终召开年度表彰座谈会,敦促分馆提升服务水平。

厦门市少年儿童图书馆还加强业务指导与流通点的网点布局,扶持基层公共儿童图书馆(室)开展业务。2013 年 7 月 6 日,2013 年第一期"厦门地区少儿图书馆(室)管理员培训班"在厦门市少年儿童图书馆文灶馆七楼多功能会议室举行,取得了良好效果。

此外,厦门市少年儿童图书馆积极参与本地区及其他地区少儿教育活动。由厦门市关工委、厦门市教育局等 10 家单位组成的厦门市"红读"活动组委会的办公室设在厦门市少年儿童图书馆,

蓝皮书

每年少图都配合组委会策划、组织开展各项全市性中小学生读书竞赛系列活动。厦门市少年儿童图书馆还积极参加文化下乡和巾帼志愿者活动,通过图书流通车为偏远地区的少年儿童送知识送文化。

3. 参与协会、学会工作,推动儿童图书馆学的业务研究

厦门市少年儿童图书馆还长期致力于加强少图界协作协调工作,与其他馆共同推进儿童图书馆学的业务研究,推动少图事业的发展。

作为副省级少年儿童图书馆,2004年厦门市少年儿童图书馆就将原来的《厦门儿童图书馆》改为《儿童图书馆论坛》,并将其定位为内部学术性刊物,申请了内部资料准印证,每年投入两万多元办刊经费,为本馆及全国少图界的同仁提供了一个发表学术观点的平台。2011年至2013年,厦门市少年儿童图书馆职工在各类学术刊物发表专业论文28篇。仅2013年,厦门市少年儿童图书馆就编辑、出版《儿童图书馆论坛》4期、《厦门少图简报》6期,并做好业务资料(期刊)的登记、整理和外借工作等。

厦门市少年儿童图书馆还积极协作协调做好与各级(中图、省图、市图)学会团体的联系和个人会费的收缴及转交工作,及时向本省的兄弟单位、厦门市少图学组的各成员单位及本馆的各部门转发各级学会的有关文件精神。配合中图学会、省图学会、市图学会,认真做好征文宣传、发动、征集工作,保证了各项信息的及时传递。如作为华东地区少儿图书馆协会的副主任馆,厦门市少年儿童图书馆积极做好福建地区少儿图书馆的协作协调工作,每届都组织本省少图工作者撰写论文并参加会议。作为厦门市图书馆学会的副理事长单位,厦门市少年儿童图书馆积极推进全市图书馆学会发展。2012年3月15日,厦门市图书馆学会2012年第一次常务理事会在厦门市少年儿童图书馆成功召开。

此外,厦门市少年儿童图书馆还积极与国际图联取得联系,坚

持定期发送翻译本馆信息。

4. 成立儿童文献联编中心,开展广泛合作

2007 年初,厦门市少年儿童图书馆联合编目中心重新启动,2008 年通过国家联编中心审核。

近年来,厦门市少年儿童图书馆的联编中心成功为厦门的多个小学图书室及集美少儿图书馆等社区少儿图书馆提供编目服务,为厦门地区儿童图书馆和中小学图书馆馆藏的自动化、数字化,以及在编目数据的规范化、标准化、统一化方面做出了自己的贡献。

儿童文献联编中心不仅与集美区少儿图书馆等开展联合编目,向国家联编中心上传数据,还与厦门市图书馆等八家公共图书馆签订地方文献交换协议,担任厦门市图书馆学会少图学组协作协调工作。

2011—2013 年,厦门市少年儿童图书馆的联编中心,还不定期对其他少儿馆、分馆工作人员开展辅导培训等工作。

5. 参与各项文化工程重大项目建设

厦门市少年儿童图书馆还利用自身服务,积极促进共享工程建设。在电子阅览室设立共享工程导航页面,使读者方便快捷浏览少图的信息资源和市、省、国家级中心的资源;在少图网站开辟共享资源的专栏;开办夏令营,指导读者利用共享工程资源;加大电子文献资源建设并提供共享服务;通过阵地活动、文化下乡、分馆建设等形式开展共享服务。

同时,积极参与厦门本市公共文化服务体系建设,确保中期督导验收通过。投入专门人员参与全国公共文化服务示范区各项制度设计、协调指导、调研考核等各方面工作,创建文化志愿者服务队伍,积极开展各项创建活动。

九、获得荣誉

多年来,厦门市公共图书馆全体同仁不懈努力,构建了一个资源丰富、服务优质的公共图书馆服务网络。在此过程中,也得到了社会各界的诸多肯定,各馆荣获了文化部、中国图书馆学会、中国图书馆学会阅读推广委员会、福建省文化厅、福建省新闻出版局、福建省精神文明建设指导委员会、厦门市委、厦门市人民政府、厦门市委宣传部、厦门市社会科学界联合会等颁发的一级图书馆、馆员书评活动优秀组织奖、全民阅读示范基地、福建省古籍保护先进单位等多项荣誉。

执笔人:林志军、薛寒秋、吴　蓉等

2013 年 12 月

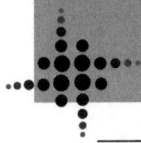

城市推崇阅读　阅读改变城市

——2013 年厦门市专题读书月活动总结报告

◎ 厦门外图集团有限公司

　　自 2008 年至今,厦门市专题读书月活动成功举办了 6 年,已逐渐成为广大市民群众日常休闲生活的重要内容。2013 年,厦门市专题读书月活动以深入学习贯彻党的十八大精神为指导,紧紧围绕加快建设文化强市这一战略目标,继续高举"弘扬文明新风,倡导阅读风气"活动旗帜,共策划实施 12 期专题读书月,举办了165 项阅读活动,直接、间接参与读者约 10 万人次,媒体报道 500多次,取得了良好的社会效益和经济效益。现将 2013 年读书月活动的主要成果总结如下:

一、精心准备、群策群力

　　2013 年是贯彻落实党的十八大提出"开展全民阅读活动"要求的重要一年,认真举办专题读书月活动就是外图集团公司落实十八大精神的一项具体措施。为此,外图集团公司始终把专题读书月工作列入每月重要议事日程。外图厦门书城经营管理班子每月召开多次专题会议,讨论活动组织形式,针对不同的活动制定出以提升服务质量、创新服务模式为目的的活动方案 150 多项,每项活动都有专人负责,周密部署;各部门密切配合,群策群力,分解任务,责任到人;通过坚持面向基层、面向群众、用群众喜闻乐见的方式,搭建群众便于参与的平台;开辟群众乐于接受的渠道,使读书月活动渗透贯穿到人们工作、学习、生活的各个方面,成为人们自觉参与、自我教育、自我提高的过程。

二、主题鲜明,贴近读者

2013 年,每一期读书月都有一个明确的主题,主要延续了往年的选题风格和策划思路,对主题的延伸和活动的内涵进行了深入的挖掘,进一步加强了主题受众的张力,使阅读理念更及时反映当前的时代热点,更符合市民大众的生活和工作习惯,更适应普通读者们的思考方式。"新春读书月"、"外来员工读书月"、"青年读书月"、"女性读书月"、"少儿读书月"、"暑期读书月"等传统的阅读主题仍然被保留,并加以延伸发展。同时,书城针对厦门市每年开展的"书香鹭岛活动月"、"读者节"、"诵读节"、"世界读书日"、"著作权保护宣传月"等活动,进行了阅读主题配合,争取以最大的社会合力为市民奉献文化大餐。2013 年,书城通过开展多场重点活动,积极营造、渲染了阅读气氛。其中,邀请来自海峡两岸和香港的 43 位作家、文化名人加入到专题读书月的活动中,有著名媒体人吴小莉、陈伟鸿,百家讲坛主讲人商传、袁腾飞,台湾作家九把刀,儿童文学家香橼姐姐,青春偶像作家饶雪漫,漫画家伟大的安妮、丁一晨、韩露、阿桂,营养学家于康、孙红丽等先后登鹭,举办了读者见面会或签售活动,为 2013 年专题读书月掀起了一阵又一阵的文化热潮,引起了强烈的反响,读者参与热情高涨。

三、面向基层,创新服务

关注基层阅读,广泛服务群众,是专题读书月活动的根本宗旨。2013 年,书城以书展进农村、进社区、进学校、进军营为主要活动形式,继续将每年固定的"四下乡"、"部队共建"、"阅读基地"等活动纳入专题读书月活动中,进行统筹安排、专门策划,采用越来越丰富的阅读内容和活动形式,将多种多样的文化活动置身于阅读过程中,帮助解决基层群众"看书难、买书难"问题,让广大的基层读者共享文化发展成果,将浓浓的书香飘散至城市的各个角落。

1. 铺设阅读之路,为广大读者推荐阅读书目

在书店里,设立畅销书排行榜、新书排行榜、亲子阅读专柜、家庭书架、企业书架等多种阅读推荐平台;在媒体上,通过厦门日报、厦门商报、《书香两岸》杂志、外图厦门书城官方微博、微信发布推荐书目;在阅读基地学校里,设置了青少年学生阅读宣传栏,定期更新阅读推荐书目;在社区里,制作张贴了 34 块宣传牌,发布每个月的阅读活动。共对外发布的推荐图书目录超过了 10000 条,通过短信发出的阅读活动信息超过 80000 条。这样的阅读引导取得了很好的效果,不少读者正是通过这种方式,获得了更多的阅读资讯。

2. 重视亲子阅读,阅读从娃娃抓起

如为青少年读者举办了"国际儿童读书日"亲子阅读精品书展、"宝宝阅读时间"——儿童阅读推荐秀、"在阅读,在成长"优秀

儿童图书展、"我们这样爱孩子"亲子阅读主题书展、"辛巴达历险记"英文绘本趣味课堂、《波普先生的企鹅》读书观影会以及儿童教育专家孙瑞雪讲座等,让孩子领略到阅读世界的无穷魅力以及广泛阅读带来的快乐与收获,引导阅读习惯的养成。

3. 创新阅读形式,重视活动的互动性

3 月份的"越拼越精彩"手工制作、6 月份的英文绘本趣味课堂、7 月份的"小书虫"夏令营、8 月份的"爱惜书本"儿童互动舞台剧、9 月份的中秋诗会,每月的跳绳大赛、机器人科普活动、3D 手工拼图比赛等文化活动的开展,读者们积极参与,不再是简单的书本阅读,更多的是通过参与、表演、欣赏等方式获得交流,帮助孩子们打开想象空间,增强他们的创作思维能力。

4. 建立长效机制,阅读向学校、部队延伸

组织莲前小学、湖明小学、实验小学、育才小学等多所学校上千名小小图书管理员参观书城,为他们进行版权知识培训,讲解如何区分图书和音像制品的正版、盗版。暑假期间组织湖明小学、梧村小学、槟榔小学参加小书虫夏令营活动,通过慈善爱心教育、小杜叔叔绘本故事课堂、香橼姐姐写作分享会、爱眼护眼眼保公益讲座等活动,让小读者们获取更多课本以外的实用知识,养成从小阅读热爱学习的好习惯。

2013 年,书城进一步加大了"阅读基地"的建设工作,到目前为止,书城共创建了 46 所阅读基地,为共建学校提供学生阅读实践场所。2013 年,外图厦门书城还与云顶学校等 19 所学校开展了 26 场校园图书文化节活动,邀请了香橼姐姐、商晓娜、辫子姐姐、周锐等知名儿童作家进校园开展讲座、签售活动,参与学生人数超过 10 万人。书城已成为学生的开放式阅读基地、文化实践基地、老师实验教学基地和家长的亲子阅读基地,得到了广大师生和家长的欢迎,受到了社会各界的好评。

2013 年,"书香进军营"活动继续深入部队,书城组织到中国

人民武警部队厦门市支队第五大队翔安隧道中队、中国人民武警部队厦门市支队集美大桥中队、中国人民武警部队厦门市支队杏林大桥中队、同安武警中队举办了几十场书展，精心为部队官兵挑选了上千种图书，强化了官兵们的政治理论学习，丰富了部队官兵的阅读生活。

5. 提供分享知识的平台，营造良好文化氛围

阅读并没有特定的形式，视觉所见、听觉所听，皆为一种阅读。每周五、周六晚七点半，孩子们都安安静静地坐在书城五楼多功能厅里，等待着属于他们的节目——"小杜叔叔讲故事"。"小杜叔叔讲故事"是厦门市专题读书月长期开展的一项传统阅读节目，活动开展5年多以来，已经培养了许许多多忠实小读者，它让很多小读者明白，阅读不仅仅是用眼睛看书，还可以是用听的、用说的、用心感受的。如今，相约周末，相约书城听小杜叔叔讲故事已经成为很多家长培养孩子养成阅读习惯的重要课堂。外图厦门书城还在2013年厦门市专题读书月活动中组织了40多场国学、育儿、健康、历史、心理、读书会等公益讲座活动，平均每周有一场公益讲座。值得一提的是由厦门市委宣传部、市社科主办的"鹭江讲坛"，已发展成厦门宣传普及哲学社会科学的大舞台，如今读者们把到书城参加讲坛听课当作一种"享受"、一种"时尚"，他们甚至会通过电话、邮件等形式要求有关部门举办他们需要或喜爱的专题讲座，从学社科，到爱社科，再到讲社科，厦门人正体验着知识带给他们的快乐。这些公益讲座吸引市民走进书城、感受书香，不仅丰富了市民群众的业余文化生活，而且营造了积极向上、团结和谐的文化氛围。

四、做好宣传，营造氛围

2013年专题读书月活动继续加强宣传报道，邀请各主要媒介深入活动现场，挖掘亮点，深度报道，制作出了大量富有感染力和号召力的专题读书月活动新闻报道。全年共有来自电视台（如厦门电视台、海峡卫视）、广播（如厦门新闻广播、厦门人民广播、厦门旅游广播）、报纸（如厦门日报、厦门晚报、海西晨报、海峡导报、东南快报、广播电视报）、网络（如凤凰网、新浪网、腾讯网、厦门网、小鱼网、豆瓣网）等媒体超过500篇/次关于专题读书月各种文化活动的报道，达到了立体式的宣传效果。《厦门商报》每周在固定版面做"外图厦门书城新书推荐"，《厦门日报》每个月在学习之窗版面做"公务员阅读书目推荐"；《书香两岸》杂志每期为读者提供"新书阅读资讯"，媒体的报道将读书月活动的宣传范围辐射得更广、更深。此外，书城不定期为46所阅读基地学校提供好书推荐目录；在外图学府书店、图书馆、学校、城市T频道等场所发布2013年专题读书月活动信息和宣传海报。并利用新媒体，推动新阅读，将微博、微信"加入"阅读活动中，利用网络公众平台为读者提供新书推荐、书城活动信息，让读者及时了解读书月相关信息，大大提高了读书月在市民中的知晓度和影响力。

城市推崇阅读，阅读改变城市，阅读为厦门这座美丽的城市注入了沁人心脾的诗书之气。厦门市专题读书月已持续举办了6年，成效斐然。这离不开市委宣传部的高度重视与指导，离不开厦门市各区、各部门、各系统和各单位的鼎力支持，离不开广大市民的热情积极参与。凭借读书月活动的大力推广，阅读活动不断被渗透到社会的各个角落，越来越多的市民切身体验到了阅读的乐趣、领悟到了文化的魅力、感受到了知识的力量。在取得成绩的同时，我们也看到，随着现代化互联网的广泛应用和电子商务的深入发展，人们的阅读习惯也悄然发生变化，专题读书月主办方也在积极寻找发展方向来适应网络时代造成的困境。在即将到来的2014年里，外图集团公司拟将继续秉承优质服务理念，积极发挥书城平台作用；吸取经验教训，延伸精品活动，不断创新、开展更多更贴近市民、更有效的读书活动和文化活动；充分利用新闻媒体扩大活动的宣传影响，扩大厦门市专题读书月活动对厦门市民的影响；进一步营造读书氛围，推进全民阅读特色新潮，努力将厦门市专题读书月活动打造成海西知名的文化品牌。

执笔人：林元添

2013 年 12 月

蓝皮书

Liang An
Jiao Liu

两岸交流

蓝皮书

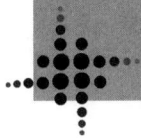

厦门与台湾文艺合作路径探索

◎ 厦门与台湾文艺合作路径探索课题组

厦门市紧抓两岸和平发展的历史机遇,主动作为、先行先试,注重实效,不断推进和扩大两岸文化交流与合作向纵深发展。特别是2011年底,国务院批准《厦门市深化两岸交流合作综合配套改革试验方案》后,厦门市更是加大了对台文化交流与合作的力度,不断丰富交流内容、拓展交流领域、搭建交流平台,总结交流经验、检验交流成果。

近几年来,在两岸文化界的共同努力下,两岸文化交流规模不断扩大,层次不断提升,遍及文学艺术、非物质文化遗产、文化遗产、文化产业等各个领域,催生了海峡两岸文博会、两岸民间艺术节、两岸汉字艺术节、两岸非物质文化遗产月等一系列交流品牌,两岸文化交流合作取得大丰收。与此同时,随着厦台两岸文化交流合作的不断深入与发展,一些问题和障碍也逐渐暴露出来,例如缺少统一的组织和规划、交流经费紧张、交流机制不畅,等等。本文拟通过对厦台两岸文化交流合作概况的梳理、对两岸合作经典范例的研究和对当前两岸文化合作存在问题的分析,审慎提出厦台文化交流合作的新路径、新方法。

一、两岸文艺合作概述

上世纪80年代开始,一些大陆东南沿海民众通过收听、收看台湾广播和电视节目,约略获悉彼岸消息,到 80 年代中期厦台艺人开始零星接触,再到 80 年代末 90 年代初,涌动的潜流喷薄而出,特别是"小三通"实现之后,厦台两岸的文艺交流与合作,在几十年的分隔与翘盼后,绽放出越来越璀璨的花朵。

(一)学术先行,搭起两岸文艺合作新桥梁

20 世纪 80 年代末 90 年代初,学术交流率先破冰起航,成为两岸文化艺术交流的先锋,开创了 1949 年以来两岸民间艺术直接交流的新局面。

1986 年 12 月,厦门市台湾艺术研究室成立,后改为"厦门市台湾艺术研究所",2012 年更名为"厦门市台湾艺术研究院",其工作的重要内容就是扩大两岸文化艺术交流。20 多年来,厦门市台湾艺术研究院不仅出色地完成了文化部下达的各项任务,而且在推动两岸文化艺术交流与发展方面,更是发挥了不可替代的作用。尤其是近几年,该院先行先试推动多项两岸艺术合作,为海峡两岸的文化合作起到了示范性的作用。1989 年 3 月,厦门市台湾艺术研究室与福建省艺术研究所共同举办了"首届台湾艺术研讨会",这是两岸文化学者第一次学术上的接触,被媒体誉为"两岸艺术界零的突破"。1990 年 2 月,厦门市台湾艺术研究室举办"闽台地方戏曲研讨会",在两岸引起强烈的反响。此后,不断有台湾学者到厦门访问交流、寻根谒祖。

20 世纪 90 年代以后,两岸寻根互访、探索交流更加频繁、深入。1995 年 10 月,在台北举办"海峡两岸歌仔戏艺术研讨会",大陆学者陈世雄、陈耕、曾学文等 8 人首次赴台交流。至此,两岸民间艺术交流开始由单向交流走向双向交流,参与的团队和交流的内容也逐年扩大。从歌仔戏、高甲戏、南音到民族民间舞、戏曲舞台美术、非物质文化遗产保护等等,每一届的海峡两岸民间艺术节期间,都有不同学派的学者聚集到一起进行合作探讨,研讨领域越

来越多,内涵也越来越丰富。

(二)经典创造,唱响两岸文艺合作大舞台

经过多年的开拓发展,在两岸文化界的共同努力下,两岸文化交流领域佳音频传,文艺交流与合作已形成了全方位、多领域和多层次的文化交流态势,逐步向制度化、常态化和深层次发展,遍及文学艺术、非物质文化遗产、文化遗产、文化产业等各个领域,催生了海峡两岸文博会、两岸民间艺术节、两岸汉字艺术节、两岸非物质文化遗产月等一系列的交流品牌。

1. 戏曲经典代表:歌仔戏《蝴蝶之恋》

被海峡两岸誉为"歌仔戏发展里程碑"的两岸首度合作大戏——《蝴蝶之恋》,自 2009 年首演以来,连续荣获了第十一届中国戏剧节"优秀剧目奖"和第九届中国艺术节"文华大奖特别奖",写下了两岸合作剧目首次参与中国戏剧节和中国艺术节新的一页。《蝴蝶之恋》立足平民视角,以"梁祝"爱情故事为主轴,讲述了两岸一对歌仔戏生旦的半世纪相思、一世情爱,开创了 60 年来两岸歌仔戏剧团同演一台戏的先例,这出有着"两岸戏曲合作破冰之旅"之称的大戏,渗透着两岸间浓浓的文化情缘。表现两岸分离的题材并不新鲜,文学影视戏剧都有相关作品,但《蝴蝶之恋》的创新和精彩之处,在于巧妙地将传统的"梁祝"传奇和现代爱情故事结合起来,以戏中戏的方式演绎这段跨越时空的爱恋。传统戏曲表现手法和表现形式再创造,语言简朴自然,唱词清新雅致,音乐如行云流水,舞美简洁素雅,既呈现出了浓郁的戏曲传统美,又有很强的时代感。历史的厚度与戏曲唯美、浪漫的色彩相互交融,赋予了传统歌仔戏现代性的灵魂。

《蝴蝶之恋》是特意为两岸歌仔戏团量身定制的,由厦门歌仔戏研习中心(原厦门歌仔戏剧团)和台湾唐美云歌仔戏剧团共同打造,从剧本、导演、音乐、舞美设计到演员表演,无不凝聚了两岸众

蓝皮书

多优秀艺术家的心血。它的艺术成就已达到相当高的美学境界，成为当代戏曲舞台独具特色的优秀剧作。2006年，在台北"华人歌仔戏创作艺术节"上，两岸戏曲界人士对合作创演一部大型歌仔戏剧目、共同推动两岸歌仔戏的传承与发展，都热情高涨。2011年，《蝴蝶之恋》作为两岸文化艺术交流合作的经典范例，被收录在由中央电视台和厦门市政府联合摄制的专题片《风从大海来》中，随片在央视一套和四套多次播出，赢得《人民日报》、《解放日报》、《文艺报》等众多主流媒体的关注和报道，在海内外产生了极为广泛的影响。2012年2月，唐美云在接受《厦门日报》和《台海》杂志专访时说道，"《蝴蝶之恋》是海峡两岸歌仔戏合作的一次创举，在台湾各界获得了高度的评价，台湾同仁纷纷表示非常期待在总结这次成功经验的基础上，两岸能有更多、更深层次、更广阔领域的交流合作"。

2. 舞蹈经典代表：舞蹈《鼓神》

继《蝴蝶之恋》之后，两岸共同合作又一力作是厦门思明区艺术团与台湾九天民俗技艺团共同创作的舞蹈《鼓神》。舞蹈借鉴海峡两岸闽南传统文化的元素，通过强与弱、快与慢等跌宕起伏的鼓曲交错，表现阳刚与柔美之间的起承转合以及和谐共鸣。舞蹈以鼓作乐、以情释舞传递了天地之间人性的美好。正如台湾九天民俗技艺团董事长徐振荣先生所言，《鼓神》的创作是基于一个扎实的文化融合基础，即便隔着台湾海峡，两岸的文化依然没有距离，因为它们都是基于同根同源的闽南文化。同样，《鼓神》的舞蹈编导黄秀珍也表示，"相同的语言背景、相同的习俗，甚至是相同的宗教信仰的基础，才使得我们能够撞击在一起，来创作这个人神精神交汇的作品……"

舞蹈《鼓神》也获得了两岸官方的大力支持。台中市政府胡志强市长、文化局叶树珊局长、新闻局石敬文局长、台湾龙应台先生、林怀民先生都给予了关注和推荐，称此项合作是两岸民俗、民间文化深层次的合作形态,是新时代的拓展,是新的合作模式的有益探索,在民间文化交流工作的形式和内容上都是有益的尝试,为今后的合作发展开辟了一条创新之路。2013年10月,舞蹈《鼓神》还将再次在第十届中国艺术节"群星奖"舞蹈门类总决赛中角逐国家群众文化政府最高奖"群星大奖"荣誉。

3. 合作模式创新代表:"乡音之旅"

2012年,由厦门市歌仔戏研习中心、厦门市金莲升高甲剧团和厦门市南乐团等几个地方戏专业艺术院团联合组成的大规模厦门市赴台湾南部"乡音之旅"巡演交流团,开始了台湾南部地区的巡演交流活动。台湾南部地区是历史上闽南先民拓荒台湾的登陆点,与厦门之间有着浓浓的乡情。"乡音之旅"选择以台湾南部为中心,在社区、乡镇庙口开展巡回演出,广获台湾民众的好评。

"乡音之旅"突破了"台湾生大陆旦"的传统合作模式,利用台方优势进行线路操作、宣传造势,在社区、庙口进行下乡式、普及性演出;同时,舞台演出也突破了单一的戏曲演出,在演出形式上进行大胆创新,在操作形式上也是厦台乃至两岸合作方式的一个新突破。其公益性和创新性获得文化部、国台办的肯定和推广,受到诸多省市的重视和青睐。

二、存在问题

近年来,厦门与台湾文艺合作路径越来越宽,合作内容越来越丰富,创作出了众多喜闻乐见的文艺经典。与此同时,仍有不少问题和障碍。

1. 两岸的文化艺术交流多以民间交流为主,缺乏统一的组织和规划虽然每年一届的海峡两岸民间艺术节及官方组织的其他艺术交流活动,为海峡两岸的文艺交流合作提供了多种机遇,但更多的文化艺术交流仍然是两岸的文艺团队通过各自的思路、脉络和途径进行的,重复交流、研究,放任自流,缺乏系统性、规模性和科学性。

2. 两岸合作议题广阔,但经费紧张,交流渠道不通畅

厦门市在推行对台先行先试,鼓励加强对台交流与合作中,政策上、经费上一直没有较大突破。文化交流合作项目未能深入地进行挖掘、加工和提升。目前,厦台的文艺交流合作项目中,各界都有合作的成功试水,但类似《蝴蝶之恋》《鼓神》这样在两岸引起轰动效应的范例还不多,各领域的交流仍然缺乏足够的深度、广度和力度。

三、厦台文化合作的几点建议

1. 加强政策与经费支持,提供良好的机制、平台,开通更为广阔的交流渠道。首先,设立专项经费支持。政府应该雪中送炭,而非锦上添花。给予拥有优秀项目的文艺团队应有的资金支持,缓解其经费压力,可以有效地保证文艺项目的品质和交流层次。其次,利用政府广阔的人脉和资源,为交流团队提供有力的支持,既可以保证交流项目的顺利进行,更可能打开市场,增加更多交流合作的可能性。再次,学习台湾对文艺团队的支持模式。台湾官方对支持文艺团队和文艺项目的台湾企业,给予减免税收等优惠政策,鼓励更多有实力的企业为文艺活动提供更多的经费支持,形成一个良性循环。我们也可学习这种模式,不仅减轻相关部门的经济负担,同时,还能吸引企事业团体关注甚至参与文艺活动,其社

会效应将不可低估。

2.厦门与台湾文化交流需要不断探索和创新合作模式。虽说近年来的"乡音之旅"是两岸在文化交流合作模式上的一个创新，在未来几年之内仍可有效运行，也可吸引更多省市的目光。但在未来长期的合作发展道路上，"乡音之旅"巡演的模式也有局限性，需要两岸继续寻求、探索交流合作的可持续性的发展之路。近来，两岸文艺交流合作提出新模式，即"传统艺术进校园"，厦台文艺剧团选派人员进行交流，进驻对方艺术院校，采取表演、教育等方式，普及本土传统艺术。从教育入手，无疑能在更广范围内、更深程度上传承和发扬本土传统艺术，应该是两岸文化交流合作路径最为有益的探索。

3.公益文化交流合作与市场化运作是今后两岸文艺合作道路上要面对的重要问题。大陆注重公益性的文化交流活动，台湾则更看重文化合作中的市场效益。商业化的文艺合作项目不仅能减轻文艺团队的生存压力，收获票房，也可使两岸艺术团队持续合作发展，既讲公益又讲市场的合作项目必须要找到项目的卖点和创意，依靠有名气、有票房号召力的演员，还要有成熟的运作流程。目前，两岸合作的经典歌仔戏《蝴蝶之恋》在台湾的巡回演出中，充分利用唐美玲的个人影响力，在投入与票房收入上打成平手。但要获得更大的成功，可借鉴昆曲《牡丹亭》的成功范例。《牡丹亭》成功抓住政策上的优势，名人和企业的支持，在世界各地巡回演出，票房和口碑双丰收。未来，厦台文艺合作应该在公益与票房上进行综合考量，利用不同文化市场的需求，增加时尚性元素，在经典和卖点之间寻求双赢，才能让厦台文艺合作长久、持续地发展。

4.闽南民俗文化、民间信仰应成为两岸交流合作的强有力推手。绵延五千年而生生不息的中华文化是连接海峡两岸中国人最牢固的精神纽带，是海峡两岸人民共同的血脉；而同根同源的闽南文化、民间信仰更是维系两岸民众凝聚力的最坚实根基，更是两岸民众的精神家园。20 多年来,厦台两岸文化交流从无到有、从间接到直接、从单向到双向、从交流到合作、从一般合作到深层合作,走过了一段不平凡的历程,两岸同根同源的民俗文化、民间信仰在其中发挥了独特的、不可替代的作用。随着两岸文化交流领域的不断拓展、规模的继续扩大、层次更为提高、影响持续增强,闽南民俗文化和民间信仰应该更加获得两岸文化界的重视和尊重,政府更应成为两岸文化交流合作的强有力推手。

课题指导:林朝晖
课题组长:阎纪榕
执笔人:廖晓端、武　杨
2013 年 8 月 9 日

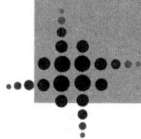

2013 年厦门市
对外及港澳台文化工作
总结和 2014 年工作思路

◎ 厦门市文化广电新闻出版局

随着对外文化交流和两岸经贸、文化交流的日益密切,厦门作为对外交流的窗口,与港澳台沟通联系、交流合作的地位日益突出。厦门市委、市政府紧紧把握海峡两岸和平发展的历史机遇,紧紧把握中央对台工作大局,深入贯彻落实《厦门市深化两岸交流合作综合配套改革实施方案》,按照"美丽厦门,共同缔造"文化提升战略规划,发挥地域优势,主动作为,努力拓展交流领域、丰富交流内涵,形成双向、直接、互惠的文化交流合作格局。

厦门市是文化部"对台文化交流基地"、国家新闻出版广电总局"海峡两岸新闻出版交流与合作基地"、国务院台办"两岸新闻人才交流培训研习基地"。2013 年 4 月,文化部正式授予厦门市中华文化联谊会"海峡两岸文化交流基地"称号和牌匾,授予厦门市台湾艺术研究院为"海峡两岸文化研究基地"。厦门市的对外对台文化交流工作成绩斐然。

一、厦门市 2013 年对外文化交流工作基本情况

2013 年,共办理对外项目 24 批次,280 人次,其中,出访项目 14 批次,出访人员 178 人次;来访项目 10 批次,来访人员 102 人次。

(一)加快"走出去"步伐,扩大厦门文化影响力

应韩国光阳市政府的邀请,厦门歌舞剧院赴韩国参加光阳国际梅花文化节,与光阳市立国乐团联袂举办音乐会,中韩两国艺术家合作默契,浑然一体,精彩的演出得到了俄罗斯、瑞士等 10 国大使及韩国政府官员、嘉宾和观众的高度赞誉。

为庆祝厦门和马来西亚槟城缔结友好城市 20 周年,厦门爱乐乐团赴马举办音乐会,交响乐《土楼回响》浓郁的客家风情与磅礴气势深深震撼了槟城观众,槟州元首敦阿都·拉曼·阿巴斯及夫人杜潘莅临音乐会现场,并给予了高度评价和赞誉。

厦门市南乐团赴法参加"福建文化展示月"开幕式及"闽韵流芳"福建艺术团专场演出,借国际舞台传唱千年古韵,让世界进一步了解中国古老音乐的内涵和魅力,受到当地民众的喜爱和欢迎。

(二)国际文化交流活跃,友城文化交流成效明显

1. 中国国际钢琴比赛影响日益凸显,赛事正逐步与国际著名钢琴比赛接轨

2013 年 11 月,由文化部主办,厦门市人民政府承办的第六届中国国际钢琴比赛在厦门举办。共有 123 名选手报名参赛,59 名选手正式入围比赛。经过激烈竞争,中国台湾选手陈涵荣获第一

名。现场观看比赛和演出的观众达 13306 人次,在线观看网络直播节目的达 275300 余人次。截至比赛结束,回看网络点播节目的达 645200 多人次。本届比赛特点突出:一是评委阵容强大,知名度高;二是选手报名人数及总体水平均高于历届比赛;三是有具有较高知名度的澳门乐团参与演出,更加凸显了赛事的专业性;四是举办赛前音乐会、评委点评会和优秀选手专场音乐会,组织获奖选手进行赛后巡演等活动。

　　2. 对外文化交流交往日益频繁

　　德国莱法州音乐山庄室内乐团与厦门歌舞剧院、中央音乐学院鼓浪屿钢琴学校的艺术家们,联袂举行了"2013 厦门国际友好音乐会",来自 34 个国家的驻华外交官、国际友城嘉宾和在厦国际友人等应邀出席,音乐会获得了各级领导的赞誉和社会各界的好评,其影响力已超出音乐本身,成为一场高端、实效,有深远影响力的文化外交活动。厦门与爱沙尼亚摄影作品交流展在厦门市美术馆举办,通过交流与合作的方式,借助摄影艺术手法,展示两地自然风光、人文景胜和城市风貌,促进了解,起到了积极的作用。由瑞士驻穗总领事馆、厦门市外办与厦门市文广新局联合主办的"瑞士游戏设计展"在厦门市美术馆举办,为数字媒体、游戏设计等创意行业从业人员及爱好者提供了国际交流的机会,受到业内人士的一致好评。

　　此外,法国尼斯嘉年华组委会艺术总监一行、新西兰吉普森集团主席一行、美国驻广州总领事馆对外联络部主任一行,就今后的合作意向和交流项目拜会厦门市文广新局,进一步促进了厦门与其他国家、城市之间友好关系的发展。

二、厦门市 2013 年对台文化交流基本情况

近年来,厦门市充分发挥地域优势,用好用足中央赋予厦门对台政策,不断创新思路办法、拓宽途径渠道,文化交流不断扩大,形成了全方位、多层次、宽领域的文化交流格局。

(一)对台文化交流合作成绩斐然

2013 年,厦门市组织具有一定规模、批次、数量的文化艺术团体赴台湾开展交流合作,共办理对台文化交流项目 33 批次,4518 人次。其中,出访项目 20 批次、出访人员 389 人次;来访项目 13 批次、来访人员 4129 人次。

1. 积极构建文化交流平台,努力扫造文化交流品牌

海峡两岸民间艺术节从 2004 年创办之初的以歌仔戏、南音等为内容的单项主题活动,逐步发展为集戏剧、曲艺、舞蹈、音乐、美术和民俗表演等多种艺术门类融为一体的大型综合性文化交流项目。"金桥·2013 海峡两岸民间艺术节"以"两岸实验剧展"为主题,共举办了 22 场演出、6 场学术交流(座谈)会、一个专题展览,两岸团队人员 800 多人参与了艺术节活动,观摩演出、观看展览及参加学术交流活动的观众(听众)共约 4.6 万人次。本次艺术节亮点突出,体现了两岸艺术交流的广泛性和综合性;拓展了两岸艺术交流的广度和深度,首次邀请华东七省市部分对台文化交流基地文艺表演院团和专家参与多种形式的交流活动;推进了厦漳泉同城化文化建设的步伐,在漳州市设立分会场,组织台湾、厦门和漳州地区艺术院团举办戏剧演出,邀请省梨园戏实验剧团(泉州)来厦参加艺术节演出,提升三地文化交流与合作上一个新台阶;进一

步贯彻落实厦门市委关于实施跨岛发展重要部署,安排在厦门思明区、同安区、海沧区等举办戏剧演出及其他交流活动,丰富广大群众文化生活,推进城乡文化建设;推动两岸青少年文化交流的进一步开展,通过两岸实验戏剧展演和现代戏剧创作理念的学术交流,吸引更多的青少年朋友关注和热爱戏剧艺术,热爱中华优秀传统文化;举办了两岸民间艺术节十周年回顾展;实现了政府与企业资源共享,互惠双赢。

2. 贴近对台文化交流合作实际,打造"乡音之旅"的交流平台

以闽南文化为纽带,以传统艺术为载体,以乡音乡情为媒介,2013 年深入持续打造"乡音之旅"厦门专业艺术团体赴台湾南部巡演这一文化交流品牌,积极推动和加强了传统闽南地方戏曲以及传统民族文化的对台交流与合作,促进了两岸文化的交融,也使"乡音之旅"这一品牌的效应日渐凸显。此举得到了中央领导和国台办、文化部领导的高度评价。

一年来,精心组织两个批次的专业艺术团体深入台湾南部地区巡回演出。4 个团队入岛巡演共有 144 人次,历时 32 天,演出56 场,辐射台南、高雄、云林、屏东、台中 28 个社区、庙口,为台湾中南部乡亲送去了精彩的戏曲演出和歌舞晚会,吸引了观众 5 万多人次,受到了台湾中南部民众的赞誉和追捧,进一步加强了两岸民众的沟通,增进了两岸人民的了解,促进了文化的交流。

2013 年"乡音之旅"巡演特点突出,体现了六个更加。一是交流演出形式更加多样,内涵更加丰富。在以传统戏曲为主线的同时,增加了厦门歌舞剧院民乐团作为巡演交流的团体之一,以中华民族的民乐、民间歌舞,以及台湾民谣、流行金曲等艺术表现方式,进一步拉近了两岸文化认同的距离,同时也进一步展示了中华民族丰富的文化内涵。二是巡演地点选择更加民间,融合更加深入。28 个巡演地点都不与往年的演出地点重复,旨在点多面广,让更多的台湾中南部乡亲能够体会到"乡音之旅"的魅力。三是巡演地

蓝皮书

点选择点多面广,辐射面更大。巡演的辐射面首次延伸到台中,并首次进入客家人居住地内埔天后宫演出。四是巡演交流走进校园,巡演活动更加贴近青少年。厦门歌仔戏研习中心走进台南大学,厦门市金莲升高甲剧团走进成功大学,厦门歌舞剧院演出团走进十鼓文化村,并与十鼓艺术团联袂演出。五是巡演时段设置与传统节庆结合,安排更加合理。上半年与台湾当地的民俗传统节日相结合,下半年与中华民族传统节日中秋佳节相结合,既受到了当地宫庙、社区的欢迎,又达到了与当地民众在中秋佳节之际通过乡音乡情,奉送祝福的目的。六是"乡音之旅"品牌效应更加凸显,民众反响更加热烈。所到之处都能听到民众的赞誉,越来越多的民众从陌生到喜爱、到追戏,并得到社区、宫庙的再度相邀,"乡音之旅"这一品牌愈发显示出它独有的魅力。

3.努力拓展文化交流领域,不断推动两岸民间民俗文化交流

一年来,厦台民间民俗文化交流互动频繁,成效明显。厦门充分发掘闽南文化优势,形成"一区一节一品牌",同安区"元宵民俗美食文化节"、思明区"海峡两岸思明民俗文化节"和"郑成功文化节"、海沧区"保生慈济文化节"、湖里区的"福德文化节"等民俗文化交流活动,规模不断扩大,影响逐年提升。

厦门歌仔戏研习中心、厦门市金莲升高甲剧团、厦门歌舞剧院、厦门老年文化艺术交流团、厦门闽南旅游文化产业艺术团等先后赴金门、台湾等开展各艺术门类的交流活动,为厦台全方位、宽领域、多渠道开展文化交流与合作做出了积极贡献。

2013 年 5 月,厦门老年文艺团一行 115 人前往金门、新竹、南投等地,开展了 3 场海峡两岸老年文化交流活动。此次赴台参演的演职人员,平均年龄 62 岁,其中 70 岁以上 6 人,年龄最大的已 76 岁,是厦门组织的规模最大、人数最多的业余老年文艺团体。老人们以饱满的热情为台湾同胞带去了歌仔戏、南音、答嘴鼓等多个具有闽南文化特色的节目,受到台湾民众的欢迎和喜爱。

4.不断加强两岸艺术教育培训的交流与合作,全面提升两岸文化交流合作的层次和水平

艺术培训从一般性交流走向实质性合作,组织厦门艺术学校舞蹈老师赴金门为棠风舞蹈团进行舞蹈教学和舞蹈肢体训练示范。为进一步传承和弘扬中华优秀传统文化,推动两岸艺术教育,厦门艺术家们通过展演、讲座、示范、教学的形式,以互动交流的方式,将理论与实践相结合,将大陆的表演艺术及闽南传统文化做了全面的展示和传播。2013 年 9 月,邀请以台中市政府副市长黄国荣先生为团长的闪亮台中乐团和 CPE 钢琴重奏团来厦与厦门歌舞剧院厦门乐团合作举办《2013 厦门·台中秋之韵》音乐会,演出获得了一致好评。

5.加强艺术研究基地建设,"厦门市台湾艺术研究院"正式挂牌

为提升两岸文化艺术交流合作的层次和水平,经中共厦门市委机构编制委员会办公室批准,"厦门市台湾艺术研究所"正式更名为"厦门市台湾艺术研究院",并于 2013 年 1 月 18 日挂牌。一年来,研究院不断加强两岸文化交流的"对策研究"。向文化部外联局台湾处提交了《"走基层下南部"拓展对台文化交流的深度和广度》、《深化两岸文化交流的路径与重点》等调研报告。同时,在全国刊物发表了《歌仔戏〈蝴蝶之恋〉给两岸合作带来什么启示》、《新形势下两岸电影产业整合与文化认同》等研究文章。

6.全力建设闽南文化生态保护区

闽南文化是维系海峡两岸亲情的纽带。设立闽南文化生态保护实验区,加强对闽南文化生态的保护和研究,进一步传承和弘扬闽南文化,对于增强中华民族凝聚力、推动两岸交流与合作、促进祖国统一大业,具有现实意义和历史意义。

2013 年,继续全力推进落实《厦门市闽南文化生态保护实验区建设规划》,落实制定出台《闽南文化生态保护实验区第二阶段

蓝皮书

建设方案》,推动出台《厦门市闽南文化生态保护实验区保护和管理暂行办法》、《厦门市非物质文化遗产保护办法》,完善非物质文化遗产项目名录和传承人体系。组织开展2013年"文化遗产日"宣传系列活动。成功举办第七届闽南语原创歌曲歌手大赛、第七届莲花褒歌(山歌)比赛等闽南文化传承品牌活动。公布第四批市级非物质文化遗产代表性项目11项、传承人13人,推荐翔安拍胸舞、闽南民居营造技艺、惠安石雕(惠和影雕)、厦门珠绣手工技艺等项目申报第四批国家级非物质文化遗产代表性名录项目。目前,全市有各级非物质文化遗产项目64个,其中人类口头与非物质文化遗产1个、国家级10个、市级36个;各级非物质文化遗产代表传承人122人,其中国家级10人、省级36人、市级76人。

7. 涉台文物进一步得到有效保护

厦门市是最早提出涉台文物保护的城市之一。市政府在全国最早颁布了"厦门市涉台文物保护管理暂行办法",涉台文物保护受到台湾同胞的好评。经过多年努力,厦门市涉台文物古迹保护与管理工作取得明显成效。截至2013年,已普查登记的涉台文物古迹达250余处,先后公布两批涉台文物保护单位共63处。厦门市政府还为所有的涉台文物保护单位划定了保护范围,抢救维修了一批涉台文物。据不完全统计,两年来台胞到厦门各涉台文物古迹点参观探访、寻根谒祖达近10万人次。

成功举办了第五届海峡论坛的配套活动——《情意丹青·闽台缘》书画展,成为台湾文物界首次在厦门市举办的文物展。郑成功纪念馆完成馆舍维修并重新对外开放。

8. 实施项目带动,全力推动文化产业交流合作

两岸文化同根同源,相互交融,相得益彰。一年来,厦门市积极搭建厦台文化产业合作平台,积极办好"海峡两岸文化产业博览交易会"、"海峡两岸图书交易会"等文化展会活动,以展会和活动带动厦台文化产业及文化旅游产业的发展,取得了良好成效。积

极构建两岸文化产业合作交流和投资交易的重要平台和会展品牌。

2013 年,成功举办第六届海峡两岸文博会,本届文博会与第九届海峡两岸图书交易会、第六届厦门国际动漫节、2013 海峡两岸民间艺术节、2013 中国厦门国际运动健身器材展同期举办,形成了"两会两节一展"的"大文博会"格局,在突出两岸、突出产业、突出投资、突出交易上有了全面提升。本届大文博会主展馆设在厦门国际会展中心,共计 14 个展厅,总展览面积达 9.5 万平方米,吸引了两岸参展企业 2295 家,设置展位近 4800 个,上海、山东、河南、云南等 43 个省市区组团参展,台湾参展企业 973 家(其中文博会台湾参展企业 637 家),基本覆盖了台湾所有县市,设置展位近 1200 个,成为大陆地区吸引台湾企业参展最多的综合性文化展会。经过 4 天的展示、研讨、洽谈,本届文博会产业投资签约项目 126 个,总签约额 375.4 亿元,签约项目整体质量有较大的提升,其中合同项目 68 个,合同金额达到 169.8 亿元,比增达 66%。

4 天的展览现场成交活跃,文博会主会场与各分会场文化商品与文化服务现场交易总成交额为 7.4 亿元,同比增长 22%;第九届海峡两岸图书交易会现场订购销售图书 4230 万码洋,达成 138 项图书版权贸易,协议版权出版总码洋 6600 万元;第六届厦门国际动漫节签约及合作意向金额 11.6 亿元;2013 中国厦门国际运动健身器材展展会达成的合同交易额和现场销售总计 1.86 亿元。观展总人数达到 37 万人次,其中主会场观展人数 25 万人次。

加快文化产业基地和园区建设。重点抓好闽台(厦门)文化产业园建设,全面启动"核心二期"建设,完成整体概念规划,园区管理运营机制逐步完善,准入门槛和招商优惠政策基本制定,联发华美文创园、厦门海峡两岸建筑设计文创园等改造项目顺利推进。

(二)对台广播电视交流与合作形式多样,内容丰富

1.厦门卫视对台工作成效显著

2013年5月,厦门卫视正式推出深度纪实类栏目《两岸秘密档案》,该节目立足于厦门独特的地理位置和视角,携手台湾优质制作团队,两岸记者、主持、后制深度协作,节目全程在台北虚拟演播室录制,创出两岸团队合作新模式。同时,也发挥了厦门卫视驻台记者的优势,深入台湾北、中、南采访,掌握一手资料,深度还原真实的台湾。目前已累计推出《弹丸金门》、《遣返风云》、《黄金密档》等23期节目。6月14日起,厦门卫视在原有3名驻台记者的基础上,先后增派4名出身闽南、熟悉闽南文化的记者驻点高雄,在大陆率先实现常态化深入台湾南部采访,发挥闽台"五缘"优势,凸显厦门卫视"闽南化"驻台报道特色。在2013年度海峡两岸和港澳地区电视节目创意高峰论坛上,厦门卫视的《两岸新新闻》栏目荣获"2013两岸四地最具创新活力电视社教栏目十强"。

2.闽南之声广播对台工作卓有成效

2013年以来,闽南之声共向国际广播电台传送《闽南听戏台》、《大陆风情》等节目300多期,通过国际台强大的全球传播网络,向全世界华人传递闽南乡音。目前,闽南之声广播先后有三档节目与台中广播交换播出,分别是《大陆风情》、《吃喝玩乐 EASY GO》、《明星第一等》,内容包括旅游、美食、闽南语原创音乐等。

3.厦门音乐广播继续加强与台湾亚洲广播网合作,台海网络广播电视台改版升级

厦门音乐广播每周向台湾亚洲广播网提供一档一个小时的音乐节目《轻松咖啡馆》,节目内容主要是向台湾的听众介绍大陆的原创流行音乐,通过网络传输给亚洲广播网。该节目覆盖北部台湾台北、桃园、新竹、苗栗等地区,具有很大的影响力。台海网络广播电视台在首页和首页大头条区域,重点突出"台海"和"闽台"特

色。改版后,仅首页信息量的推送就增加 50% 以上。

4.厦门音像出版有限公司推出以海峡两岸共有文化元素为题材的专题片、纪录片,获得好评

摄制了纪录片《远去的王船》,真实记录了厦门岛内最后一个少数民族——畲族部落钟宅村在村落拆迁改造前,最后一次规模盛大的"送王船"活动。摄制了纪录片《博饼》,对厦门中秋博饼节首次跨海至金门举行开博仪式进行了全程拍摄和记录。影视动漫创作中心以闽台两地红砖古厝建筑为题材,策划、拍摄《红砖大厝》专题片,讲述红砖厝这一闽南特有的古老建筑在海峡两岸的起源、传承历史及 21 世纪人们对红砖厝的守护历程。

(三)对台新闻出版交流与合作更加广泛

厦门积极推进海峡两岸出版交流与合作,在合作中始终坚持以中华文化为纽带,以出版交流活动和文化品牌为载体,以闽南文化为特色,以贴近两岸民众为着力点,形式不拘一格地在各个层面深化两岸出版交流与合作,取得了明显成效。

海峡两岸图书交易会品牌效应凸显。第九届海峡两岸图书交易会(以下简称"图交会")于 2013 年 10 月 25 日至 28 日在厦门成功举办。图交会展场总面积 3.5 万平方米。主会场共设展位 1000 个,两岸共有 610 家出版发行单位参展。本届图交会两岸出版精品荟萃,两岸业界人士齐聚,配套活动内容丰富,业界对接成效显著,充分展示了两岸华文出版的最新成果。体现了以下几个特点:

1.参展图书订销两旺。大陆 343 个出版集团及出版社、台湾 285 家参展机构参展,参展单位数量为历届之最。参展图书 20.4 万种 70 余万册。现场销售、馆配订购图书 124 万册,总额 4230 万码洋,比第七届图交会增长 37%。其中现场销售额约 250 万码洋,比第七届图交会增长 19%,成效显著。

2. 项目对接凸显实效。两岸出版单位共达成版权项目签约138项,比第七届图交会增长14%;大陆图书版权入岛从第七届的48项增长到本届的75项,凸显了图交会在两岸出版业界中的地位和作用。

3. 业界活动务实专业。图交会更加突出活动组织的务实创新,努力为两岸业界交流合作搭建良好的平台,实现了四个创新。一是首次举办海峡两岸文学笔会活动;二是首次举办两岸出版社与作家对接会;三是首次举办"寻求合作,共谋发展"为主题的海峡国家数字出版产业基地推介座谈会;四是首次举办两岸出版机构新书首发式和推介活动。

三、厦门市对外对台文化交流工作主要启示

厦门市在对外对台交流与合作中的重要启示就是,始终围绕把握一个机遇、发挥两个优势、抓好三项工作、坚持四个特色,积极开展工作,取得了良好成效。

(一)把握"一个机遇"

我们紧紧抓住文化事业在国际关系和平发展、两岸共同发展的历史机遇,发挥文化、广电、新闻出版三局合一的有利条件,整合优势,以闽南文化为两岸交流合作的纽带,主动作为。

(二)发挥"两个优势"

一是经济特区独特的对台区位优势,二是闽南文化中心城市优势,着力增强闽南文化对外对台影响力和凝聚力,努力增强海内外华人华侨、港澳台胞对中华文化、闽南文化的认同感与向心力。

(三)抓好"三项工作"

一是与时俱进,努力构建对外对台文化交流两个主导平台;强化精品意识,做大做强"海峡两岸歌仔戏艺术节"、"海峡两岸图书交易会"、"海峡两岸文化产业博览会"、"乡音之旅"巡回演出、"闽南语原创歌曲歌手大奖赛"、"欢喜大围炉—两岸闽南话春晚"、"两岸共同新闻"栏目等一系列对台文化广电新闻出版交流活动。二是不断拓展文艺演出交流与合作的领域。努力推动厦门市的对外对台文化交流,从艺术生产与演出、艺术教育、艺术研究、艺术培训以及图书、文物、美术、人才培养等方面的交流与合作。同时进一步把闽南文化作为中国民族文化的瑰宝之一,积极向世界展现闽南文化的魅力。三是着力加强对外对台文化产业交流合作。一方面不断推动文化产品的内容创新,充分挖掘和展示闽南文化的独特魅力,贴近台湾群众文化需求和消费习惯,形成有一定竞争力的文化品牌,增强厦门文化广电新闻出版产品和服务的表现力和吸引力;另一方面积极推动厦门与台湾文化产业的对接,培植和营销品牌,加大对台文化产业招商力度,打造产业发展与合作平台。

(四)坚持"四个重在"

一是重在特色。着重挖掘闽南特色的文化资源,创立、培育一批具有鲜明闽南特色的文化交流品牌。二是重在项目。推动并组织一批大型的、系列化的、品牌化的对外对台文化交流项目,全方位开展文化推介活动。三是重在成效。从实际工作效果出发,不盲目追求活动排场和人员层级,扎实推动一批精品文化剧目、文物精品、电视剧精品以及具有浓厚地域特色的优秀文化,开展入岛交流和对外交流。四是重在影响。定期策划并组织一批高水平、高质量的重点项目开展对外对台交流,进一步扩大影响力。

蓝皮书

四、2014年厦门对外对台文化交流工作思路

(一)加强领导,精心组织,统筹规划,站在祖国统一的高度部署和规划厦门的对外、对港澳台文化交流合作工作

认真贯彻落实中央和省、市委工作大局,做好厦门市文化广播电视新闻出版交流工作规划。要结合国内外的新形势,以及两岸关系新发展,充分发挥厦门市对外、对港澳台交流的优势与特点,着眼于扩大中华文化在世界上的影响力,着眼于影响和争取岛内民心,密切国际之间以及两岸之间的文化交流,着力推动厦门文化广电新闻出版交流工作的新突破、新进展,努力构建交流新格局,进一步贯彻十八大的会议精神"继续加强地方、民间的国际交流",同时为推进祖国的和平统一做出积极贡献。

(二)抓重点求有效,扎实稳步地不断推进

要深入贯彻落实中央对台工作的总体要求,以台湾中南部地区为重点区域,继续认真办好"海峡两岸图书交易会"、"海峡两岸文化产业博览交易会"、"海峡两岸民间艺术节"、"闽南语原创歌曲歌手大奖赛"、"欢喜大围炉—两岸闽南话春晚"、"两岸共同新闻"栏目等一系列对台文化广电新闻出版交流活动,壮大对台交流的平台。同时要积极探索与台湾其他媒体的合作交流,将"两岸新闻采编与媒介管理高级研修班"打造成为两岸新闻专业人才培训的新品牌;设立闽南语译制中心。重点扶持《闽南"活"文化记录工程》发展项目,继续积极推动厦门市专业与民间文艺团体、各艺术门类和娱乐综合节目入岛交流。

(三)丰富文化内涵,发展文化产业,认真做好品牌培育和营销

按照全国文化厅(局)外事工作会议的要求,进一步落实"四化建设",在制度化管理、机制化建设、品牌化发展和系统化运作方面积极探索,努力实践。要继续改革创新,进一步挖掘闽南文化内涵,加强国际间以及两岸文化产业对接,拓展中外及台海文化产业合作,从"文化旅游会展、动漫游戏、演艺娱乐、工艺美术品、创意设计"等方面,加强对外对台文化产业招商合作,发挥新的文化业态,努力改变传统的单纯的文化交流。以闽台(厦门)文化产业园作为产业基地和合作平台,吸引台湾及国际知名文化企业入驻,推动两岸文化产业合作对接。要培育品牌,提升营销力度,重点筹办好第七届中国国际钢琴比赛,进一步扩大中国国际品牌赛事的影响力,办好南洋文化节,加强与东南亚国家和地区的文化交流与合作,使对外文化交流走向互动互惠双赢。

(四)加强艺术研究基地建设

厦门市台湾艺术研究院要站在更高的视角,开展对台文化研究工作,使之建设成为祖国大陆研究台湾文化艺术的思想库、信息库,成为对台文化艺术交流与合作的重要窗口和交流平台,成为海峡两岸重要的艺术创作中心,推动两岸民间艺术的传承与发展。2014 年将就《"服贸协议"在台爆发纷争对两岸交流合作的启示》、《龙应台与台湾文化政策考察》等两岸相关的文化议题进行观察。

2014 年 3 月 27 日

Wen Hua
Hui Zhan

文化会展

蓝皮书

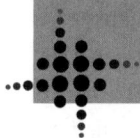

以展带会　以会促展

——第六届海峡两岸（厦门）文化产业博览交易会总结

◎ 厦门市海峡两岸文博会筹备办

在国家相关部委、省委省政府的关心支持下，在厦门市委市政府的直接领导下，10 月 25 日至 28 日在厦门国际会展中心举办的第六届海峡两岸文博会取得圆满成功。本届文博会与第九届海峡两岸图书交易会、第六届厦门国际动漫节、2013 海峡两岸民间艺术节、2013 中国厦门国际运动健身器材展同期举办，形成了"两会两节一展"的"大文博会"格局，在突出两岸、突出产业、突出投资、突出交易上有了全面提升。

文化部副部长项兆伦，国家新闻出版广电总局副局长邬书林，国台办副主任、海协会副会长李亚飞，福建省委常委、宣传部长袁荣祥，省委常委、厦门市委书记王蒙徽，副省长李红，省政协副主席郭振家、薛卫民，中国国民党副主席黄敏惠，中国国民党中常委谢坤宏等出席本届文博会，李红副省长主持开馆式，中国国民党副主席黄敏惠在开馆式上致辞。文博会期间，有关领导和嘉宾参观了各展馆及出席了第九届海峡两岸图交会浙江主宾省开馆仪式、文化产业投资论坛、文创产业发展论坛、亚洲六城创意设计论坛、海峡两岸和港澳地区华文出版年会、国际动漫节颁奖仪式、海峡两岸文博会签约仪式、中华工艺美术精品奖颁奖仪式等活动，并观看了 2013 海峡两岸民间艺术节开幕演出《鹭岛之上》。

一、第六届海峡两岸文博会的主要成绩和特点

本届文博会主展馆设在厦门国际会展中心,共计 14 个展厅,总展览面积达 9.5 万平方米,吸引了两岸参展企业 2295 家,设置展位近 4800 个,上海、山东、河南、云南等 43 个省市区组团参展,台湾参展企业 973 家(其中文博会台湾参展企业 637 家),基本覆盖台湾所有县市,设置展位近 1200 个,成为大陆地区吸引台湾企业参展最多的综合性文化展会。经过 4 天的展示、研讨、洽谈,本届文博会产业投资签约项目 126 个,总签约额 375.4 亿元,签约项目整体质量有较大的提升,其中合同项目 68 个,合同金额达到 169.8 亿元,比增达 66%。4 天的展览现场成交活跃,文博会主会场与各分会场文化商品与文化服务现场交易总成交额为 7.4 亿元,同比增长 22%;第九届海峡两岸图书交易会现场订购销售图书 4230 万码洋,达成 138 项图书版权贸易,协议版权出版总码洋 6600 万元;第六届厦门国际动漫节签约及合作意向金额 11.6 亿元;2013 中国厦门国际运动健身器材展展会达成的合同交易额和现场销售总计 1.86 亿元。观展总人数达到 37 万人次,其中主会场观展人数 25 万人次。

从展会的实际情况和相关统计数据可以看出,海峡两岸文博会举办几年来,规模不断扩大,成效日益凸显,影响逐年提升,已成为横跨两岸最重要的文化博览盛会和两岸产业对接的重要平台。第六届海峡两岸文博会在两岸特色、展会层次和格局、论坛质量、文化惠民、务实办展及展会影响力等方面都有新进展、新突破和新提升。

(一)两岸特色进一步突出,展会规格有所提升

两岸文化一脉传承,作为唯一由"海峡两岸"命名,并由"海峡两岸"共同举办的文化展会,本届海峡两岸文博会在突出两岸特色

方面作出了新的尝试,取得了新的收获。组委会在保持与台湾亚太文化创意产业协会共同承办的基础上,新增台北电脑商业同业公会、台湾创意产业联盟等为文博会的合作机构。中国国民党副主席黄敏惠等中国国民党高层首度出席海峡两岸文博会,大大提高了海峡对岸对本届展会的关注度,激发了台湾文创企业的参展热情。台湾展商报名企业总数达到 1300 多家,从中遴选出 639 家优质企业参展,遍布全岛,台湾文化企业和文化机构展位数为 850 个,台南、基隆、宜兰、金门还设置主题展区。工艺美术板块有台湾工艺研究发展中心、法蓝瓷股份有限公司、台北"故宫"、台湾工艺发展协会等,数字内容板块有"中华电信"、台湾大哥大、远传电信、台北电脑同业商业工会等,创意设计板块有台湾艺术大学、树德大学、实践大学、东方设计学院等台湾设计专业的知名高校;影视演艺板块有太极影音、"中华卫视"、台北电影同业公会等知名文化企业都亮相文博会现场,台湾企业的参展质量较往届有较大突破。本届展会首次展出了迄今为止在大陆最大规模的台湾工艺精品,首次由两岸工艺美术权威机构联袂评选"中华工艺精品奖",首次汇集中国移动、中国电信、中国联通和"中华电信"、台湾大哥大、远传电信等两岸六大通信运营商,在海峡两岸文化、科技、经贸交流中具有历史性的意义。

(二)展会层次和格局进一步提高,新举措成效显著

本届海峡两岸文博会主展馆展览面积为 4.5 万平方米,展区规划更趋合理规范,专业展区格局清晰,实现动静分离,整体布展水平有较大的提升,参展展品丰富精彩创意多,赢得展客商及广大市民的高度评价。据会展协会 200 份问卷调查显示,展商和客商对文博会的满意度分别为 94% 和 100%;对展馆服务满意度分别为 98% 和 98%。山东、江苏、宁夏、甘肃、广州等 19 个省市组团参展,万达文化产业集团、保利文化集团、中国电影股份公司、中国电

视总公司、中国对外文化集团、中国出版集团、湖南电广传媒股份等多家央企、30 强文化企业参展,提升了本届展会的规格和水平。本届展会注重展会专业化水平的提升和聚焦,凸显工艺美术、创意设计、数字内容、影视演艺等 4 个专业展区,并针对各板块开创各项创新性举措,提升了展会成效。

一是工艺美术展区首创中华工艺美术精品奖和优秀奖,两岸评选共同标准的确立、共同价值观的融合开创了文博会发展的新纪元。展会共收到包括木雕刻、陶瓷、玉雕刻、石雕刻及综合类工艺品 300 余件参评作品,入围 138 件(其中台湾 40 件),整体参评作品品质高、水平精深,最终共有 38 件作品获奖,相比国内其他奖项,本次获奖作品更具创意,获得了广泛好评,文化部副部长项兆伦评价此次评奖"开创了两岸评奖新模式,具有实在的意义",评奖活动也初步实现了以奖带展的组织模式,提高了工艺美术展区的整体水平,参展成效也有较大提升,部分企业达成千万、百万以上的现场交易额;中国工艺集团、台湾工艺研究发展中心、台湾工艺发展协会、法兰瓷、故宫等两岸工艺高端代表性单位的参展也提升了该展区的高度和水平。

二是数字内容展区明确以渠道平台、内容开发、电子支付、终端设备等四大产业链为组成,让专业客商和市民深刻体验"数字家庭、信息消费"的热潮来袭;中国移动、中国电信、中国联通和"中华电信"、台湾大哥大、远传电信等两岸六大通信运营商首次聚首,成为本届展会的一大亮点,同时,两岸六大通信运营商与知名投资机构、开发商、代理商、渠道商、市场分析机构等齐聚文博会,通过组委会策划举办的产业沙龙、对接会、产业大会、参观交流等活动,促进两岸企业合作与发展,效益最为突出,部分数字内容企业受邀至软件园区与本土各大公司进行参观交流,洽商投资合作。台湾科技产业联盟总干事陈芬玉表示,台湾动漫和游戏企业都收到很大收获,有的还收到了北京、上海、广州的高额订单,台湾三大通信运营商也分别有较好的对接成效。以上成效为进一步研究"展"与"会"的有效结合提供了重要的实践基础。

三是创意设计展区首次举办两岸高校设计展,邀请了台湾艺术大学、实践大学、树德大学、东方设计学院与厦门大学、厦门理工、福州工艺美院、华侨大学等20多所两岸高校参展,全面展示了两岸最新的创意、优秀的人才以及产学研合作成果,既为两岸高校设计交流提供了重要的平台和机会,也吸引了众多业界人士洽谈产学合作、代理开发等。海峡工业设计大奖赛同期举办,与高校设计展形成有效互动,相得益彰。亚洲设计论坛则与高校展、设计大奖赛有效联动,形成了从创意人才培养、设计成果、设计发展趋势三阶度的交流平台,如能形成常态性平台,将对当地设计产业发展起到重要促进作用。

四是影视演艺展区规划了3D演播厅,播放了两岸20余位导演的精彩作品,并在演播厅设置交流区,配套3D微影展与微对话、影片说明会、交流会等活动,取得了良好成效,台北市影片同业公会陈俊荣理事长表示,已有数位导演得到发行商和投资商的青睐,进入投资洽谈合作的阶段。

此外,其他展区也精彩纷呈,福建省文化产业综合展区展示省文化产业"310"计划实施成果,由省委宣传部组织福建省文化产业优秀成果集中展示,重点展示"文化与科技"的融合,以体现海峡两岸文博会与其他文博会的区别;博物馆展区典雅大气,具有浓厚的文化气息,全面展示了两岸各大博物馆的衍生作品;非遗展区内容精彩,采用科技手段展现传统文化;文创旅游展区组织了丰富多彩的文创舞台活动,25日至28日上午轮番登台上演,对偏僻展区人气拉抬起到了重要作用。

(三)论坛学术性进一步加强,办会平台初步成形

本届海峡两岸文博会精简论坛数量,提高论坛质量,进一步提

升了论坛研讨会的规格和影响力,注重业界领袖、专家和学者的邀请,突出学术性、专业性以及交流性,论坛主题更进一步地贴近展会、贴近产业、贴近实际,服务于产业的发展。论坛主要有亚洲六城创意设计论坛、两岸文创产业发展论坛、文化产业投资论坛、海峡两岸数字内容产业采购对接会暨产业大会等。文化部产业司刘玉珠司长、国台办经济局于红副局长、台湾"文建会"前主委陈郁秀、台湾亚太文化创意产业协会发起人兼理事长陈立恒、国际工业设计协会 Icsid 李淳寅等嘉宾出席并做演讲。各论坛名家荟萃、听众云集,为拉近两岸同胞的文化情感交流建立了重要的平台。据会展协会组织的问卷显示,三场论坛的满意度和较满意度分别为95%、100%和96%。

除了组委会主办的论坛之外,2013年文博会还吸引了香港贸发局、台湾远传电信、中国电信、厦门理工学院等机构前来办会。办会机构的类型和论坛研讨会的形式不断多样化,进一步突显了文博会作为举办两岸文创活动的平台功能。同时,组委会精心保障了各场论坛的会务服务工作,培养了办会机构的积极性,确保了各场论坛的成功举办,并将文博会带入了"以展带会,以会促展"的良性循环。

(四)文化惠民进一步落实,市民共享文化盛会

本届海峡两岸文博会与两岸图交会、国际动漫节、两岸民间艺术节、健身器材展同期举办,更加注重凝聚人气,注重文化惠民,力求办成一场市民群众广泛参与的文化盛宴。在展区布局、展馆布置、分会场分布等方面,注重体现文化创意魅力,力求新颖独特,更贴近民众文化需求,增强吸引力。展会期间共举办了200多项丰富多彩的配套活动,如充分发挥 C 厅大堂主舞台的作用组织了海峡两岸工艺大师表演、现场音乐会、模特大赛等。另外,涉及建筑、美术、创意、古玩等多个领域的海峡建筑设计文创园、惠和石文化

园、厦门传世艺宫美术馆、厦门唐颂古玩城分会场等 14 个分会场也同时开展。本届海峡两岸文博会的人气超过了往届。

(五)展会影响力进一步扩大,宣传渠道多样化

本届海峡两岸文博会的宣传工作与往届相比,有了较大的提升,积极搭建了平面媒体、电视媒体、广播电台、网络媒体等宣传途径,努力发挥各宣传平台的作用,特别是充分利用本地主流媒体,重点关注辐射力强的央视、光明日报、中国文化报等国家级媒体、专业性媒体,及腾讯、新浪等关注度高的网络媒体,加大与台湾媒体的对接,借助微博、微信、手机 APP、短信通知等新媒体全方位开展宣传工作。国台办新闻例会发布、央视广告、央视新闻报道以及省市新闻发布会也为海峡两岸文博会的宣传起到了推波助澜的作用。

本届文博会,引起了海峡两岸媒体的广泛关注,专业性的媒体增多,新媒体、新渠道宣传效果显著,共有 112 家 723 名记者到场报道展会盛况。据不完全统计,大会期间各类媒体报道量超过 1000 篇,截至 10 月 28 日,百度搜索"第六届海峡两岸文博会"关键字,搜索量达 163 万个,搜索关键词"厦门文博会"搜索量达 96 万之多,海峡两岸新闻媒体的广泛关注与积极报道,使得本届海峡两岸文博会的影响在最短、最快的时间内迅速升温,成为国内外各界关注的热点,对扩大海峡两岸文博会知名度发挥了巨大的作用。

(六)务实办展进一步凸显,开启节俭办会新风尚

本届海峡两岸文博会组委会严格贯彻落实中央的"八项规定"要求,进一步改革创新主要活动,在突出创意的同时,尽量简化重大活动气氛布置,简化公共布展,注重搭建有利于客商交流接洽的平台,赴台招展简化为茶话会及发放调查表的形式进行推荐,确保把有限的经费用在提高办会实效、扩大办会影响方面。一是开馆

式简约、务实、新颖，广受好评。为了贯彻节俭办展的精神，也为了体现大文博会的整体形象，2013年“两会两节一展”取消了各自的开幕式，统一举办简短的开馆式，现场不摆花、现场大堂不包柱、扶梯不拉步幔，对开馆式流程及组织工作进行了精心优化，获得了各界好评。二是取消了大型宴会、酒会等宴请接待活动，改为工作餐叙会，为莅会的展客商提供交流平台，并简化氛围布置，严格控制餐标。三是简化城市氛围布置，不搞罗马旗、彩旗等装饰市容环境，展馆简化内外布置，突出展会特色活动和展会亮点宣传，引导展商、客商通过现场看板、电子屏等对展会全貌和分会场有充分的了解，如布置展商名录、论坛研讨会介绍、分会场信息、人性化指示系统等；各展厅增设服务咨询和知识产权咨询，馆内设置智能服务终端提供展位查询、活动查询、酒店预订和租车旅游等服务；与中国移动合作短信群发、4G网络展馆全覆盖、手机官网等；尽可能为展商客商提供一站式的信息服务，促进展会展览实效。四是精简文博会论坛数量，提高论坛质量。将往届13个论坛精简为3个论坛和1个产业对接会，既节约了大量经费，又突出了论坛的专业性、学术性、交流性和对接实效。五是首次启用“第六届海峡两岸文博会证件管理系统”，所有证件实行网上办理，有序组织，统筹管理，极大的提高了工作效率，展务工作进一步规范有序化。

（七）“两会两节一展”内容丰富、精彩纷呈

2013年的国际动漫节活动精彩，内容包括“金海豚”奖动画作品大赛、厦门动画讲坛、动画放映周、“金海豚”奖动画大赛颁奖仪式、动漫产品与技术展示会、Cosplay盛典、电子竞技比赛、三大通信运营商新媒体展示等系列活动，较往届相比，参展商层次提升，境内外企业组团参与，参展企业超过往届，参展内容更为丰富，吸引了欧洲、新加坡、日本、香港、深圳等境内外123个组团（企业）前来参展。两岸图书交易会共有610家两岸出版机构参展，参展

图书 20.4 万种 70 余万册,浙江省为主宾省。两岸出版精品荟萃,两岸知名作家齐聚,充分展示了两岸华文出版的最新成果,创造了华文图书贸易的广阔商机,取得了良好的综合效益。展会期间,凤凰卫视新闻主播吴小莉,台湾知名作家张大春、张晓风、柯景腾(又名九把刀)等海峡两岸和香港的 32 位名家受邀,举办了 38 场新书签售、读书讲座活动,吸引不少市民读者前往主会场和各分会场参观购书,成为本届图交会一道亮丽的风景线。两岸民间艺术节邀请两岸艺术表演团队及专家学者等共约 800 多人参与艺术节活动。其中,台湾团队人员约 280 人,大陆团队人员约 560 人。艺术节以"两岸实验剧展"为主题,举办了戏剧展演、学术研讨、戏剧讲座和戏剧工作坊等 22 场演出活动。健身器材展共有 76 家来自海峡两岸的体育用品企业参展,展出了包括健身器材、按摩器具、竞技器材、户外装备在内的产品,举办了"创新设计产品展示"、"体育用品电子商务发展论坛"、"美丽厦门-健美健身大赛"三场配套活动,丰富了展会的内涵,增添了展会的特色和亮点。

二、第六届海峡两岸文博会的主要做法和经验体会

(一)各级领导高度重视,筹备工作扎实有效

海峡两岸文博会自举办以来,始终得到了国家各有关部委及省委省政府的有力支持和高度重视。国台办、文化部、国家新闻出版广电总局等部委领导多次听取文博会的筹备情况汇报,并作出重要指示。国台办在展会前后两次召开新闻例会发布第六届海峡两岸文博会的消息。苏树林省长亲任文博会组委会主任,并亲自审批总体方案。袁荣祥部长、李红副省长四次召开专题会议部署展会工作。作为主承办方厦门市委市政府,积极部署、主动作为,

及时调整办展办会思路,扎实有效地开展筹备工作。叶重耕部长、黄强副市长亲自部署文博会各项筹备工作,多次召开专题协调会,对各项重要工作进行研究,保证了海峡两岸文博会工作的扎实推进。省市有关领导还亲自带队赴京、赴台港澳及各兄弟省市、央企、文化30强企业进行参访,对招商招展工作提升展会水平起到了关键性作用。

(二)市筹备办认真反思总结以往经验,组织工作更加有序

市筹备办认真总结上届展会的经验教训。市文广新局在市府办、市委宣传部的直接指导下,在市公安、财政等相关部门的大力支持和配合下,举全局之力,努力做好海峡两岸文博会筹备工作。局党组会、局务会多次组织专题研究文博会事宜。年中就成立了秘书组、招商招展组、展务组、宣传组、证件组、评奖组、后勤接待组、安保组、卫生保障组等机构,每位局领导都挂帅一个工作小组,各相关处室领导分任副组长,明确目标,责任到人,还从局机关和基层单位抽调优秀骨干充实筹备办队伍。市筹备办先后20多次召开专题会议研究落实筹备工作,以保证各项任务有条不紊地顺利开展。针对上届出现的证件问题,还专门成立证件小组,积极配合公安做好各项重要活动的证件和请柬的制作、发放、管理工作,加大与展客商、参会嘉宾等的沟通,共审核办理各类人员证件15120张、车证1064张。所有证件均有序发放,安全使用。本届展会各项重要活动的组织也吸取往届经验,提前做好活动细案,征求相关部门和领导意见,尽早确定活动具体环节内容,从而保障了本届各项活动组织安全有序顺畅。

(三)广纳贤言精心谋划,总体方案更加贴近产业、贴近实际

总体策展方案是办好展会的航标。上届海峡两岸文博会一结束,市筹备办就认真总结经验,探索新一届文博会的办展方向,并向部委、省直、市直各有关部门、展客商、社会各界广泛征求办好新一届文博会的意见和建议,于年初形成了总体方案初稿,并提出多项创新举措。之后又多次征求省组委会办公室、国家有关部委的意见和建议。经过反复修改、数易其稿,形成比较成熟的总体方案后,报送省政府批准执行。根据文化产业发展的规律和部委、省市领导的指示精神,本届文博会更加凸显两岸、更加注重务实办展、更加重视和突出科技与文化的融合、更加贴近产业实际。

(四)注重展商需求调研,展区设置更趋专业化、规范化

本届海峡两岸文博会在展区规划上更趋合理,专业性进一步彰显,向国际性展览迈出了可喜的一步。在展区设置上改变了以往展区规划杂乱,同区展品档次参差不齐,企业性质门类混杂,高端演艺、洽谈与产品叫卖交叉布局的现象。本次展会按其产业性质、专业特征和功能精心布局、合理规划设立了城市主题展区和8个专业展区。各个展区设置专业化,产业定位清晰,突出了重点专业展区,吸引了众多的展商加盟及客商参会,也吸引了更多的市民参与和观展。同时,为了保障参展商参展成效,对参展商尤其是重点参展商做了大量的前期调研和沟通工作,如充分了解两岸数字内容企业和通信运营商的对接需求,并提前将配对资料提供给双方做参考,以提高对接成效;了解高校产学研合作需求,发动相关单位参展参会和对接;调研工艺美术评奖活动企业参评意愿和行业作业基本框架,保障评奖工作有序公平公正等。

(五)整合文化资源,惠及广大市民百姓

本届海峡两岸文博会整合"两会两节一展"的文化资源,为让市民群众尽享文化成果,采取了一系列面向社会、服务基层的惠民措施:市民群众可凭身份证、学生证等有效证件免票入场畅览文博会、图交会等场馆,分享和体验最新的文化发展成果;通过电话索

票欣赏两岸艺术家的精彩表演;图交会组织数十场民众热衷参与的作家讲座、图书签售和展销等活动,并在厦门市高校学生集中的两个区和各大书城设立分会场,组织开展阅读书展活动,为民众提供参展的好书新书;两岸民间艺术节举办艺术交流与厦漳泉同城化活动,组织闽台艺术表演团队欢乐进社区、进农村演出,其中剧场演出 14 场(含漳州分会场 3 场)、广场演出 8 场;动漫节举办广受青少年朋友喜爱的 Cosplay 盛典、动漫大赛等活动;健身器材展举行参展展品现场特卖,市民群众"淘"到特别实惠的产品等。

(六)积极搭建宣传平台,扩大展会知名度

一是更加注重省市两级的宣传工作,召开新闻发布会、媒体协调会,有效调动媒体积极性。二是国台办新闻例会发布、央视广告、央视新闻报道(分别为 25 日《综合新闻》对文博会开馆的新闻报道和 27 日对"两岸首次联手打造中华工艺精品奖"的报道)对文博会的宣传起到了良好推动作用。三是本届文博会形成全媒体立体式宣传,电视、报纸、杂志、网站、微博、微信、手机 APP、短信通知等各种媒体渠道全面开展宣传工作。四是台湾宣传工作进一步加强,举办文博会台湾专场交流会,开展工艺美术、数字内容、创意设计等专题活动等,取得了良好成效,台湾"中央通讯社"、MSN 新闻等几十家台湾媒体进行了大量宣传报道。五是积极开拓合作媒体,品牌运营成效逐渐凸显,如腾讯、搜狐、凤凰网、中国网、中国经济网等门户网,中国文化创意产业网、IT 商业新闻网、雅昌艺术网、视觉同盟等行业网,以及省内各主要媒体共 23 家开展了专题网、首页推广等多种形式的深度合作,现场直播媒体达 8 家,为历届之最,而腾讯手机 APP"腾讯新闻"福建板块首页开辟的第六届文博会专题,以图文并茂的形式第一时间将 40 余篇文博会新闻、精彩镜头传递给福建 2000 多万手机用户,取得了良好反响。六是组织形式更有效,实现信息畅通,新媒体应用更加高效有序,如:建

立 230 多家媒体的联络员信息渠道、建立媒体 QQ 群和公共邮箱；收集相关新闻亮点素材，撰写的百余篇新闻通稿通过以上渠道及微博、微信等进行有效推送；提前沟通做好名人专访的安排，有序做好近百家媒体对 20 多位名人的专访工作；宣传组还自行组织了"新媒体创意文化微对话"沙龙，吸引了近 200 名省内外新媒体营销者踊跃参与，形成一票难求的境况。

三、第六届海峡两岸文博会存在的不足

1. 展会的举办机制有待进一步强化。文博会为国家级文博会，展会各方面的要求、需求都有较大提高。需要部委办、省委省政府和市委市政府建立更加紧密、更加顺畅的联络机制，以确保更加有效的沟通和协调。另外，文博会筹备团队不固定、筹备办公机制不常态（包括没有固定办公场所、电话、相应的办公设施等），也极大影响了文博会各项筹备工作的持续开展。

2. 大陆参展省、市不够广泛，参展企业层次还需再提升。本届海峡两岸文博会大陆地区各省市参展面虽较 2012 年增加了 5 家，但依然偏低，覆盖面不够广泛；重点、特色文化企业的参展比例虽然比往届有较大的突破和提升，但总量占比还有待提高。因此，海峡两岸文博会的整体品牌影响力和知名度有待进一步提高，尤其是需加大对外省市的宣传推介工作，吸引外省市重点、特色文化企业参展参会。

3. 展会规划还需优化，展务水平有待提升。本届海峡两岸文博会在展区规划上有了很大提升，初步实现了动静分离，秉持了专业展区规划格局，但因过多考虑主通道的呈现水平，忽视了对次通道参展企业的视觉影响，同时，G、F 展厅虽然采用举办大量互动

活动方式及导引系统,还是无法吸引足够人流前往,部分展商参展成效不佳,因此,在下届展区规划中,将考虑减少展位量,降低展位密度,留出足够次通道等方式,进一步优化展位规划,提升参展商成效。同时,在展会服务的精细化上仍需再改善,如开闭馆时间上考虑不够周全,尤其是闭馆时间定为 5 点,拟考虑参照深圳文博会的做法,周末两天延长到晚上 9 点,以满足更多商家与市民的需求,等等。同时作为国家级展会的服务水平还有待加强,如志愿者服务与引导等。

4. 主展馆参观人数有所下降。2013 年主展馆参观人流总体下降了约 15%,其中文博会和图交会下降比例更大。主要有几个原因:一是"两会一节一展"同场参展却又相互隔离,在吸引观众观展上不仅没有相互带动,反倒互相削弱。特别是动漫节和健身器材展处在车流人流的前端,拦截走了大量观众,却又为售票封闭了通往文博会展区的通道,致使不少观众参观完两个展就打道回府了。二是 2013 年医博会提前在会展中心停车场搭建临时展厅,极大地影响了文博会、图交会的参观人气。三是 2013 年没有在市区主要干道布置罗马旗宣传,很多市民群众对几大文化会展的举行了解不够直接。

5. 宣传力度仍需加强。本届海峡两岸文博会同往届相比,在宣传方面有所增强,取得了一定的效果,但其影响力、知名度与深圳文博会、北京文博会相比还存在一定差距。本届文博会在专业和网络媒体的宣传上有较大的加强,但广大市民群众对文博会了解的提前度还不够,区域性主要媒体大面积宣传提前量不足,等到大面积展开宣传大家了解情况想参加文博会时,文博会已经要收摊了。因此今后文博会应尽早开展宣传策划,尽早启动宣传工作,扩大宣传面,延长宣传时间,同时加大对宣传(包括广告)的经费投入,扩展宣传区域,提升宣传效果。

6. 展会市场化水平有待提升。海峡两岸文博会虽然是政府主导的展会,政府有一定投入和支持,其展位费和会务费、接待费基本是财政投入,市场化收入少,但引入市场运营机制、提高市场化水平,才是长远发展的根本和展会生命力的所在。本届文博会市场化运营的尝试不够大胆,市场化水平有待进一步提高。为此,建议在展会培育阶段,通过相关政策扶持展会市场化发展模式。另外,建议减少主题馆设置,福建省内各地市主题馆建议不设立或自愿原则,外省市主题馆建议参照台湾模式,以当地文创特色与参展企业现场行销相结合为主,提高参展成效和展区互动性。

四、下一步的主要工作

一是广泛征求各方意见和建议,认真总结经验和教训,积极改进办展中的不足,为办好新一届海峡两岸文博会做准备。

二是积极研究和落实办展机制体制建设,建立稳定的组织运作机制,开展常态化的工作模式,以提高办展效率和展会服务水平。

三是进一步加强专业运营队伍建设,提升策划力和执行力。

四是积极研究和思考第七届海峡两岸文博会的办展规划,做好第七届海峡两岸文博会总体方案的前期策划和筹备工作。

执笔人:李莉莉

2013 年 12 月

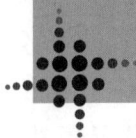

第九届海峡两岸
图书交易会总结报告

◎ 海峡两岸图书交易会组委会

第九届海峡两岸图书交易会（以下简称"图交会"）于 2013 年 10 月 25 日至 28 日在厦门国际会展中心举办。本届图交会两岸出版精品荟萃，两岸业界人士齐聚，配套活动内容丰富，业界对接成效显著，充分展示了两岸华文出版的最新成果。现将有关情况总结如下：

一、基本情况

第九届海峡两岸图书交易会由厦门市人民政府、福建省新闻出版局、中国出版协会、台湾图书出版事业协会、台湾图书发行协进会、台北市出版商业同业公会联合主办，浙江省新闻出版局、厦门市文化广电新闻出版局、海峡出版发行集团有限责任公司、厦门外图集团有限公司、北京书友之家文化交流有限公司、台湾图书出版事业协会具体承办，执行机构为厦门外图集团有限公司、台湾图书出版事业协会。

图交会展场总面积 3.5 万平方米（其中，厦门国际会展中心主会场面积 1.7 万平方米、分会场面积 1.8 万平方米）。主会场共设展位 1000 个，两岸共有 610 家出版发行单位参展（大陆出版单位 325 家，台湾出版单位 285 家）。参展图书 20.4 万种 70 余万册

（其中，大陆图书 17.3 万种 62.1 万册，台版图书 3.1 万种 10 余万册），参展图书总码洋约 2800 万元人民币。图交会期间，现场销售、馆配订购图书 124 万册，总码洋 4230 万人民币，比第七届图交会增长 37％。其中现场销售码洋约 250 万人民币，比第七届图交会增长 19％；版权项目签约 138 项（其中，版权输出 75 项，版权输入 63 项，协议版权贸易图书总印数 207 万册，总码洋 6600 万元），比第七届图交会增长 14％；大陆图书版权入岛从第七届的 48 项增长到本届的 75 项，成效显著。

图交会配套活动丰富多彩。同时，举办了第十八届海峡两岸和港澳地区华文出版年会、图书馆看样及现货采购、两岸图书资源建设研讨会暨两岸新书发布会、海峡两岸大学生演讲比赛、两岸知名作家签售及讲座、海峡两岸文学笔会、海峡两岸文学成果交流会暨两岸出版社与作家对接会等 88 项活动，浙江省作为主宾省举办了一系列活动。

二、主要特点和做法

（一）各级领导高度重视

国家新闻出版广电总局、国台办、福建省委省政府和厦门市委市政府都把举办图交会列入年度对台工作重点项目，对项目审批、方案确定和资金扶持等方面给予了具体指导和大力支持。国家新闻出版广电总局党组书记蒋建国，福建省委常委、宣传部长袁荣祥，厦门市市长刘可清专门为《第九届海峡两岸图书交易会会刊》致辞。国家新闻出版广电总局副局长邬书林，福建省副省长李红，省政协副主席、省新闻出版局局长郭振家,厦门市市长刘可清等领导多次听取专题汇报并作出明确指示。邬书林副局长亲自出席图交会招展工作会议,对主承办单位的筹办工作和出版发行单位的参展工作明确责任,提出要求,为图交会的成功举办提供了强有力的组织保证。国家新闻出版广电总局进口管理司牵头指导,张福海司长、赵秀玲副司长亲自研究审核工作方案,全面推进各项筹备工作。中国出版协会指导研究具体项目,刘建国常务副理事长兼秘书长、李宝中副理事长亲力亲为,组织推动招展推介等各项工作。福建省新闻出版局直接领导图交会的组织工作,省政协副主席、省新闻出版局局长郭振家,党组书记李闽榕等领导,组织相关部门研究确定重要事项,协调解决有关问题。厦门市作为重要主办单位,市委、市政府专门召开专题会议进行研究部署,市委常委、宣传部部长叶重耕,副市长黄强等领导多次带队赴京、赴榕汇报筹备工作情况,请示重大问题,跟进指导筹办工作。浙江省新闻出版局作为本届图交会主宾省主办单位,十分重视相关工作的推进和落实,筹备工作扎实、有序和高效。

展会期间,文化部副部长项兆伦,国家新闻出版广电总局副局长邬书林,海峡两岸关系协会副会长李亚飞,省委常委、宣传部长袁荣祥,省委常委、厦门市委书记王蒙徽,副省长李红,省政协副主席郭振家、薛卫民等亲临指导。国家新闻出版广电总局进口管理司司长张福海、副司长赵秀玲,人事教育司副司长许文彤和国台办、福建省、厦门市有关领导出席相关活动。有关省(市、自治区)新闻出版主管部门、出版集团的领导组团参会参展,充分体现了各级领导对举办图交会的关心和重视,为本届图交会的顺利举办提供了强有力的组织保障。

(二)参展图书订销两旺

本届图交会大陆参展单位包括中国出版集团、中国国际出版集团、中国科技出版传媒有限公司、首都出版发行联盟、上海世纪出版集团、海峡出版发行集团、江苏凤凰出版集团、浙江出版联合集团等 18 家出版集团及 287 家中央级和地方出版社、38 家数字出版及相关单位参展；台湾参展机构 285 家，包括万卷楼图书股份有限公司、三民书局有限公司、城邦出版股份有限公司、五南图书出版公司、台湾商务印书馆股份有限公司、时报文化出版股份公司、联经出版公司、博杨文化事业有限公司、华艺数位股份有限公司等台湾重要出版机构参展，台湾参展单位数量为历届之最。两岸参展的 20.4 万种 70 余万册图书，主要包括文史哲、法律、经管、社科、医药卫生、美术、休闲生活、旅游、青少年读物等，囊括了两岸近两年来的新书和畅销书，一批反映两岸政治、经济和社会等方面主题的重点书籍集中亮相。本届图交会现场销售、馆配订购图书 124 万册，总码洋 4230 万元人民币；版权项目签约 138 项，凸显了图交会在两岸出版业界的地位和作用。

国家新闻出版广电总局副局长邬书林出席浙江省主宾馆开馆仪式并见证了浙台图书版权项目合作签约仪式。浙江省新闻出版局以"建设书香浙江，推进精神富有"为主题，组织了 26 家出版发行单位、近万种优秀图书、17 项主题活动参展，集中展示了该省出版业的最新发展成果。组织举办了 18 项反映浙江吴越文化特色的文化活动，成为本届图交会人气最旺的展馆之一。

(三)项目对接实效显著

本届图交会着力增加对接项目，扩大邀请范围，海峡两岸和港澳地区出版业界及相关业界代表约 8000 人参展参会。国家新闻出版广电总局副局长邬书林在厦门会见了台港澳出版发行界嘉宾代表，指出图交会为海峡两岸和港澳地区出版界人士提供了一个"拉家常"的平台，希望海峡两岸和港澳地区出版界人士用好出版这个工具，继续为海峡两岸和港澳地区的文化交流、经贸往来、人

蓝皮书

民福祉贡献智慧。依托图交会平台,浙江省新闻出版局组织举办了浙台出版合作研讨会;西藏自治区首次组织代表团参展,是本次图交会的一大亮点。西藏人民出版社、西藏音像出版社等单位参展图书300多种、音像制品100多种,与香港联合出版集团达成多项合作协议,并与台湾出版界进行了接触,取得了西藏出版对外合作、扩大影响的新突破。

图交会期间,长江文艺出版社、广西师大出版社、黑龙江教育出版社、天津华闻天下图书有限公司、北京时代华语图书有限公司与台湾野人文化股份有限公司、新雨出版社等两岸若干出版单位共达成图书版权贸易138项,其中版权输出贸易75项,版权输入贸易63项,协议版权贸易图书总印数207万册,总码洋6600万元。通过项目对接,两岸业界交流更加充分,合作更加广泛,互利双赢的成效更加显著。

(四)业界活动务实专业

本届图交会更加突出活动组织的务实创新,努力为两岸业界交流合作搭建良好的平台。一是成功举办第十八届海峡两岸和港澳地区华文出版年会。中国出版协会、台湾图书出版事业协会、香港出版总会、澳门出版协会、海峡两岸和港澳地区华文出版业界代表100余人,围绕"两岸四地出版合作的拓展与创新"的主题,13位嘉宾代表分别致辞和主题发言,进行热烈的研讨和交流,为海峡两岸和港澳地区出版合作模式献计献策。二是首届海峡两岸文学笔会活动内容丰富。开展了"女性写作与绿色生活"主题论坛、两岸文学成果交流会、两岸青少年阅读视频大赛等活动,两岸20余位作家从创作者的角度面对面展开探讨,增进了两岸作家的情感交流,碰撞出了两岸文学创作激情的火花。三是首次举办两岸出版社与作家对接会。河南省作家协会、新疆维吾尔自治区作家协会、厦门市作家协会组织会员作家与台湾秀威信息科技股份有限公司、台湾远流出版公司等沟通创作选题和版权贸易合作,签订出版策划合作框架协议。四是首次举办海峡国家数字出版产业基地推介座谈会。福建省新闻出版局组织举办了"寻求合作,共谋发展"为主题的推介座谈会,研讨对接台湾数字出版产业,发挥示范带动作用,实现数字化转型的思路。五是两岸出版机构举办新书首发式和推介活动。海峡出版发行集团、上海三联书店、浙江大学出版社和台湾博扬文化事业有限公司、台湾华品文创出版股份有限公司、台湾商务印书馆、台湾龙图腾文化有限公司等两岸10家出版机构举办新书首发式,一批关注两岸文化交流题材和中华文化历史典籍类图书推介亮相,进一步彰显了图交会在两岸出版业界的影响力和交流平台作用。

(五)拓展两岸民间交流

本届图交会配套活动以"阅读,构筑梦想"为主题,通过办展理念的创新、展会功能的创新和活动内容的创新,不仅为两岸业界搭建起交流合作的重要平台,同时努力办成推动全民阅读的读者嘉年华盛会。展会期间,凤凰卫视资讯台副台长、新闻主播吴小莉,张大春、张晓风、柯景腾(又名九把刀)、章缘、朱振藩、刘台平、陈若曦、张曼娟等8位台湾知名作家,大陆作家商传、饶雪漫等海峡两岸和香港32位名家受邀,举办了38场新书签售、读书讲座活动,吸引近30万市民读者前往主、分会场参观、购书和互动,营造了浓厚的书香氛围。海峡两岸大学生演讲比赛是图交会的重要配套活动,本届比赛以"阅读与创业"为主题,邀请清华大学、中国传媒大学、厦门大学、浙江大学、武汉大学和台湾大学、台北大学、海洋大学等两岸10所高校的选手展开角逐,同台激扬文字,分享阅读收获,搭建两岸青年交流学习的桥梁。

蓝皮书

（六）突出简约务实，节俭办会

根据中央八项规定和中宣部等五部委联合通知要求，本届图交会认真贯彻"简约务实、节俭办会"的宗旨，对原定的展会项目进行调整，更加突出简约、务实、服务、节俭的要求。一是本届图交会不单独举办开幕式和欢迎晚宴，开馆式与同期举办的文博会等展会开馆式合并举办，取消欢迎晚宴。二是本届图交会原定高峰论坛因主题和形式均与同期举办的第十八届海峡两岸和港澳地区华文出版年会类同，比照第四届图交会做法，取消了本届图交会高峰论坛活动。三是展场布置突出简洁、大方，取消了展场外围的氛围布置。

三、存在的不足

本届图交会与前八届图交会相比，在组织招展、展务策划、会务接待和后勤保障工作等方面都有所进步，但也还存在一些不足。一是活动组织有待加强。本届图交会活动内容多，在具体项目的策划和组织中还存在不够严谨、不够细致的问题。如在个别活动项目的展开方面，还有前后衔接不到位的现象。二是宣传接待等保障资源被分散。本届图交会和第六届海峡两岸文化产业交易博览会、第六届厦门国际动漫节、2013海峡两岸民间艺术节、2013中国厦门国际运动健身器材展等同期举办，媒体宣传版面和接待资源等都受到局限，虽然组委会办公室提前制定了预案，全力以赴推进相关工作，但有些方面还不够细致、不够周到。三是市场化运作程度有待提高。本届图交会在市场运作方面较往届已有显著进步，但受同期展会客源分流和在厦门"隔年办展"等因素的影响，市场化运作还不够广泛，办展资金较为紧张，与充分发挥展会资源的经济、社会效益的要求还有差距。

四、几点建议

第九届海峡两岸图书交易会的成功举办,充分表明了图交会具有强大的吸引力、凝聚力和影响力,体现了图交会在海峡两岸出版交流中的重要地位和作用。当前,两岸交流合作进一步深入,两岸关系继续呈现积极发展的良好势头。为巩固和深化图交会的成果,提出以下建议:

一是进一步加大政府推动和扶持的力度。海峡两岸图书交易会已经成为两岸出版交流的重要品牌,成为国台办、国家新闻出版广电总局等中央部门和福建省、厦门市对台文化交流工作的重要项目。鉴于图交会具有鲜明的政治性和社会性的特点、办展规模逐年提高以及进一步改善运作模式的要求,迫切建议参照海峡两岸文博会的扶持办法,对台湾业界参展给予文博会同等的展位费和落地接待补贴政策,提高台湾业界的参展积极性,推动海峡两岸图书交易会持续发展并不断扩大影响力。

二是进一步加强对办好第十届海峡两岸图书交易会的工作指导。经海峡两岸图书交易会各主、承办单位协商,第十届海峡两岸图书交易会拟于2014年适时在台湾举办,浙江省继续作为主宾省组团参展。组委会将尽快与图交会主承办单位共同研究新的办展模式和建议,并形成下一届交易会的筹备工作方案,希望各级主管部门能进一步加强对海峡两岸图书交易会组织工作的具体指导。

执笔人:汪 凯

2013 年 11 月

蓝皮书

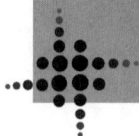

2013 年(第六届)厦门国际动漫节总结

◎ 厦门国际动漫节组委会

2013 年 10 月 25 至 28 日,第六届厦门国际动漫节在厦门国际会展中心成功举办,为国内外动漫游爱好者和业界提供了交流和展示的平台,成果显著。现将有关举办情况报告如下:

一、基本情况

第六届厦门国际动漫节由厦门市人民政府主办,厦门国际动漫节组委会承办,国际动画协会中国代表处、国际动画协会厦门分会、中华资讯软体协会(台湾)协办。主要包括了"金海豚"动画作品大赛、"金海豚"奖颁奖仪式、厦门动画讲坛、动漫作品与技术展示会、Cosplay 盛典、电子竞技比赛、动画放映周等系列活动,内容丰富,交流层次高。本届动漫节得到了指导单位工业和信息化部软件服务业司、福建省信息化局的大力支持和肯定。

本届动漫节"金海豚"奖收到作品 2876 部,评出最佳影视动画长片、最佳学生动画、境外组最佳电视系列片等十个奖项,30 部作品分享了 295 万元的大赛奖金。动漫节活动期间签约项目及合作意向金额达 11.6 亿元,首次尝试售票入场,观众数达 10 万人次,展馆持续爆棚。尝试市场化运作,并成功迈出第一步。动漫节已成为专业人士交流的平台,动漫爱好者的年度盛会,产业对接和招商引资的载体。

(一)坚持专业特色,获业界关注和肯定

作为动漫节的主要活动,"金海豚"动画作品大赛以其专业性,公平公正公开的评选和"泛动画"的概念得到越来越多国内外动漫企业和爱好者的关注与参与。

与往届相比,本届动漫节新增了最佳学生动画奖项,致力于挖掘新人,共征集到 791 部学生动画作品。境外参赛的国家和地区创历年之最,共收到 38 个国家和地区的作品,其中境外作品 206 部,除 16 部来自台港澳地区,其他均来自外国。作品所涉及的领域较往年更广泛,作品的质量较往年有所提高。国际动画协会主席 Ed Desroches 亲自担任评委主席升级的评审软件系统,更简洁方便,得到了评委的好评。

"金海豚"奖颁奖仪式坚持突出专业特点,以颁奖为主,穿插获奖作品展示和烘托动漫主题气氛的文艺节目,对 2013 年获奖作品进行了更充分的展示。颁奖仪式通过厦视三套、土豆网现场直播,得到了更多的关注,其中土豆网直播最高同时在线观看人数达 20121 人,直播页面点击超过 25 万人次。

作为优秀动画作品的展示平台,贯穿整个动漫节始终的动画放映周,首次设立专业观众会场和普通观众会场,初步形成了厦门动漫节独特的放映周特色,得到了国际动画协会嘉宾的肯定。设在展示会现场的放映厅主要展映六届"金海豚"奖优秀参赛作品,扩大"金海豚"奖在普通观众中的影响。软件园大放映厅作为专业会场共安排 3 个场次,展映国际动画协会推荐的经典动画作品,并邀请了国际动画协会荣誉主席尼尔森·申等业内专家进行作品点评及现场互动。

(二)立足产业,演讲多角度实用性强

作为动漫节的重要组成部分,厦门动画讲坛在软件园放映厅开讲,主题贴近产业和企业需求,突出了新媒体的理念,吸引了包括 20 多家企业、近千名专业人士、动漫专业学生和爱好者参与互动活动。中国移动、中国电信动漫基地及台湾动漫企业高管专家接受邀请,分别担任 7 场主题演讲的嘉宾。他们的演讲角度全面、立体,不仅有理论分析,也有运营实践,更有心得分享,给在场观众传达专业知识的同时,更有耳目一新的感觉。

动画讲坛还设立"头脑风暴"环节,邀请了 6 位业内专业人士就"新媒体动漫的商业运营模式"进行研讨,针对手机媒体、动画营利模式等话题与现场观众进行交流互动,观众提问有专业深度,交流氛围良好。

(三)搭建企业对接平台,群众参与度高

由厦门创新软件园管理有限公司承办的动漫作品与技术展示会是动漫节的重要配套活动,场馆面积 1.6 万平方米,共有 445 个展位,场馆分为通信运营商展区、动漫主题展区、境外动漫企业展区、动漫周边展区以及 Cosplay 区,吸引了欧洲、新加坡、日本、香港地区、台湾地区、北京、上海、深圳等境内外 123 个组团(企业)前来参展,境外参展商创历届新高。

展会现场内容丰富,群众参与热情高。由省信息化局组织的展馆内最大特装展位海西动漫馆,集中宣传全省动漫品牌,展示了福建省动漫产业的发展成绩。首次启动的"我最喜欢的卡通形象"评选活动,共收到 4 万多次投票点击量。"有奖大搜索"、3D 动画的卡通奇幻旅程、创意速写作品展、好莱坞英雄 1∶1 真实版模型现场展出、3D 动漫绘图机器人………动漫氛围浓厚,动漫迷玩转全场,并推动了本届动漫节市场化进程。《海贼王》一线声优山口

由里子、香港著名漫画家黄玉郎、台湾顶级录音师陈建平老师携音乐界好友陈百潭、叶佳修、中国 CG 插画界领军人物黑色禁药、新星漫画家小麦咖啡、明日空间原创动漫形象彼格梨作者冷一等现场签售见面会，掀起了展会现场一次次高潮。

由福建省信息化局、厦门国际动漫节组委会主办的动漫企业对接会，吸引了 100 多家境内外知名动漫企业、投资商、出版商、教育机构、动漫周边制造商、高校及业内专家参加。与会人员分享成功经验，共同探讨动漫产业上下游资源整合的渠道和机会，实现合作共赢。首次在动漫节期间举办的"全国股份转让系统政策宣讲和投融资对接会"，拓宽了软件信息服务业企业（包括动漫游戏企业）的融资渠道，助力中小企业做大做强。欧洲、新加坡、香港和台湾地区等地的软件行业协会、动漫画协会表示将与软件园进行深度的合作、交流，考虑率领相关企业来厦投资。

为倡导产业重视技术、挖掘和储备人才，动漫节首次与厦门职工技术比赛合作，组委会举办厦门国际动漫节首届动漫职工技能大赛，16 名获奖者由市劳动竞赛委员会授予"技术能手"的荣誉称号。

（四）配套赛事精彩纷呈，新媒体互动聚人气

一是由厦门音像出版有限公司承办的 Cosplay 盛典，2013 年暨中国移动手机动漫基地"动漫英雄"福建分赛区比赛，吸引了约 5 万人次动漫爱好者与普通市民前来观赛。除传统的团队赛、个人赛、翻唱赛之外，新增了声优赛。来自厦门、泉州、漳州、福州、龙岩、南平等省内地区以及汕头、温州等两个外省城市的 45 支队伍报名参赛，近千名参赛选手的规模创历届之最。盛典角逐出 17 个奖项，多支队伍和个人晋级"动漫英雄"全国总决赛。

二是由中国移动福建公司厦门分公司承办的动感地带电子竞技大赛，以"移动游戏我的橙市 Style"为主题，与往届不同的是，

蓝皮书

2013年精选出手机游戏《水果忍者》、《宝石竞速》作为比赛项目。从8月10日开赛以来共开展8场活动,现场通过宣传单页、广播、赛区宣传覆盖人群超过2万人,参赛人次2470人。

三是三大通信运营商携手动漫节,新媒体互动和体验让漫迷们乐享其中。中国移动"手机动漫中国梦"展区内容丰富,包括手机动漫新品发布会、实体游戏、动漫产品体验、4G体验等。中国电信爱动漫"没有小世界,只有大想象"以易信及爱动漫的宣传为主导,设置了丰富的线上线下互动活动。福建联通"沃的动漫嘉年华"结合福建联通动漫基地挂牌成立的第一年、"沃动漫"平台推出的契机,展示手机动漫产品,互动性强。

三大通信运营商还分别与业内优秀动漫企业,在精品内容引入、产品融合、运营推广、动漫产业研究、动漫人才培养与引入等方面签署合作意向书。通过整合资源和精确分发,在优秀的动漫资源和手机客户的动漫消费需求之间搭建起沟通的桥梁。

(五)后勤保障工作有序到位

一是节俭办节办展

本届动漫节本着"办好节、节俭办节办展"的原则,认真制订了各项活动、场地、宣传、接待等的计划和预算,成立了7个工作小组,分工协作。简化环境气氛布置,以简单的指引标识牌代替,取消道路及展馆周边的罗马旗布置;简化启动议程,以项目签约仪式作为动漫节开场。

二是宣传手段有创新

通过动漫节官网、官方微博、官方微信、传统媒体(报纸、电视、广播)、主流互联网媒体、手机短信和彩信、车载电视、户外广告等进行立体的多方位的宣传,并首次开启"厦门动漫展"微信公众平台,尝试微博营销,吸引更多观众和漫迷关注、参与动漫节。越来越多的媒体对动漫节进行报道。据不完全统计,20多家网络媒体和 20 多家境内外传统媒体对动漫节进行了报道，包含动漫节内容的微博超过 7000 条。

三是安全检查全面细致

从动漫节展会布展工作开始，为确保展会现场的安全，安全工作人员对场馆的各项设施、交通通道、设备等进行了全面的安保检查和巡查，预防事故发生。动漫节举办期间，售票、检票、验票井然有序，当 Cosplay 盛典场地人员达到近 4000 人时，各项活动仍然正常有序。安保与现场协调工作、参会工作人员的密切配合给安全工作指挥部留下了良好的印象。

四是专业服务获好评

动漫节期间，组委会注重做好参展商的服务工作，专业、规范的展会服务得到参展商、观众的肯定。嘉宾接待一对一，细节服务周到齐全，得到境内外嘉宾的一致好评。

志愿者招募工作自 8 月中旬启动，通过层层面试筛选、培训和选拔，130 多名志愿者投入到各个岗位的工作中，并承担了大量的辅助工作。

执笔人:叶　健、康雨琛
2013 年 12 月

蓝皮书

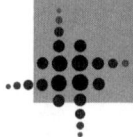

密切交往，深化两岸文创业合作与交往

——第四届海峡两岸文化创意产业展工作总结报告

◎ 厦门外图集团有限公司

　　在文化部港澳台办的直接领导下，在两岸有关单位的重视努力和通力合作下，由中华文化联谊会和台湾商业总会共同主办的第四届海峡两岸文化创意产业展于 2013 年 11 月 21 日至 24 日在台湾台北市成功举办。此次展会，进一步密切了两岸文创界的交往联系，增进了共识，拓展了商机，对深化海峡两岸文化创意产业合作与发展起到了积极的推动作用。

一、基本情况

　　台湾的文创产业起步早、发展快，有些理念、技术较大陆处于领先地位，政策扶持和市场运作经验值得大陆学习。而大陆深厚的文化底蕴、丰富的资源和广阔的市场也为台湾文创企业和业者提供了肥沃的土壤。因此，两岸文化产业拥有共同的中华文化基因，各具优势，合作潜力巨大。两岸文创产业的交流与合作是两岸文创业界的共同期待和必行之路。台湾国际文化创意博览会创办于 2010 年，每年一届，在台北世贸南港展览馆举办。除了台湾本土的文创业者以外，还有 20 多个国家和地区的文创企业参展，是台湾一年一度的文创盛会，是国际文创精品、前沿创意和领先技术的发布展示、交流合作、投资贸易平台，在国际上享有盛誉。为了加强两岸传统文化的传承与融合，促进现代文创产业的合作与发展，自 2010 年开始，文化部便以中华文化联谊会的名义与台湾商业总会合作，在台湾国际文化创意博览会期间同期同馆举办海峡两岸文化创意产业展，由外图（厦门）文化传播有限公司承办，至今已成功举办了四届，成为中华文化联谊会推动两岸文化产业交流与合作的又一重要平台。

第四届海峡两岸文化创意产业展以"工艺"为主题，由北京、天津、浙江、江苏、新疆、江西、广东、重庆、湖北、山东、甘肃、贵州、湖南、宁夏、福州、厦门等 16 个省（市）、自治区文化厅（局）组织了 110 家文创企业参展，近 200 人参展参会，展品涵盖了刺绣、剪纸、叶脉画、瓷板画、竹艺品、纺织品、古建筑修复、瓷器、木雕、玉雕、国画等艺术品。厦门的非物质文化遗产——"龟糕印"雕刻技艺以及油画、玛瑙、玉雕等艺术品也亮相展场，向来自海内外的文化主管人员、艺术业者、收藏家、艺术爱好者、专业采购商、广大市民展示了厦门的文创成果和艺术精品。

本次展会大陆展区面积约 1540 平方米，设立展位 172 个，参展规模为历届之最。其中厦门展位 30 个，共有厦门本土 25 家文创单位参展，这是继 2010 年 9 月、2011 年 10 月、2012 年 10 月在台北成功举办了三届海峡两岸文化创意产业展之后，在文化部的直接领导下，大陆又一次组团赴台参展。

蓝皮书

二、主要做法

(一)领导重视,组织有力

为了做好本届展会的组织工作,2013 年 8 月,在接到文化部的任务部署后,北京、天津、浙江、江苏、新疆、江西、广东、重庆、湖北、山东、甘肃、贵州、湖南、宁夏、福州、厦门等 16 个省市的文化厅(局)高度重视,认真组织,均制定了具体的组团参展工作方案,召开了所在省市的文创企业协调会。厦门市既是本次展会的组团参展省市之一,也承担了对展会的指导、协调任务。为加强组织领导,厦门市文化广电新闻出版局领导十分重视,2013 年上半年就开始着手计划厦门展团的组织工作,在接到文化部的任务通知后,迅速制定招商、招展工作方案,向厦门市文创企业发出参展通知和相关资料,动员优秀企业参展,对有关参展事宜进行总体安排,解答企业疑惑并协调、推动工作进展,最终厦门团完成了 30 个展位的组展任务。在筹备期间,外图(厦门)文化传播有限公司多次拜访了厦门市文化(创意)产业协会、厦门市乌石浦油画协会、厦门市海沧区美术产业协会、厦门市海沧区玛瑙协会、厦门市古玩商会,以及泉州市创意产业协会、漳州文化产业发展促进会,邀请协会组织旗下优秀企业参展,与台湾主办单位和大陆参展单位沟通对接,具体协调解决大陆人员赴台、展品通关中的相关问题。为了在有限时间内保证各单位赴台手续顺利完成,文化部港澳台办给予了高度重视,协调国台办给予了大力支持,福建省和厦门市台办也都给予了支持,节约了大量办证时间。

(二)组展有序,服务高效

受文化部委托,外图(厦门)文化传播有限公司承担了本次展会的执行工作,公司成立了赴台手续办证组、设计组、参展联络组、展场协调组、物流组和会务组等工作小组,与文化部港澳台办公室台湾处以及台湾主办单位、接待单位密切配合,及时沟通工作进展情况,做到组展与手续办理工作同步进行,及时收集、统计赴台人员资料,制作参展须知及各类表格、范本等提供给参展企业参照填写,加快了申报进度,充分发挥总体组织协调运作能力,保障参展企业得到更专业的服务和咨询反馈,确保组展参展顺利进行。在台期间,大陆参访团分 3 个分团,每个分团还指定了分团长、组长,并且各配备了一至两名联络员,由外图(厦门)文化传播有限公司骨干员工担任,负责上传下达、召集、统计等事务性工作,与跟车导游配合,做好服务工作,确保了在台行程的安全有序。

(三)首次设立主宾省,展览品质显著提升

本届展会首次设立主宾省。本届展会的主宾省——浙江组织了杭州市、台州市、温州市、义乌市、诸暨市、安吉县的 69 家企业,携 5000 余件文创精品参展,展区面积达 1000 平方米。浙江各市县展位均以特装形式精心设计,呈现本地文化特色和创意理念。整个展区以"魅力工艺·传承创新"为主题,以融合跨业、跨界、跨领域为特色,以整体统一、局部体现的展示形式,通过静态的展览、动态的展演,呈现浙江省优秀文化及地方文化产业发展特点,及浙江省原汁原味的传统工艺魅力和独具匠心的特色创意,吸引了来自 19 个国家和地区的专业观众参观洽谈。文化部的项兆伦副部长也参观了浙江主宾省展区,给予了高度赞扬。

三、主要成效

(一)主题突出,富有创意,吸引了社会各界的关注

第四届海峡两岸文化创意产业展以"工艺"为主题,各省(市)均组织了富有地方特色的传统手工艺品、现代工艺设计、创意产品等相关企业参展,展现了大陆传统工艺的传承成果以及文创业近年来蓬勃发展的崭新面貌,吸引了来自海内外专业观众和相关媒体的关注和好评。通过本次展会,大陆文化产品入台取得了良好的展示、宣传实效,对发挥中华文化纽带作用、推动两岸关系和平发展具有积极正面的意义。

(二)密切了两岸文化企业联系,两岸企业对接成果显著

第四届台湾国际文化创意产业博览会规划设置了九大主题展区,参展业者达 564 家,展位数 1035 个,参与国家地区达 19 个,规模为历届之最,参观人数突破 10 万人次,现场交易及接单金额超过新台币 3.3 亿元。本届展会两岸参展企业的参展规模、参展质量比前两届展会都有一定提升,台湾展区与大陆展区的参展单位交相辉映,参展企业都具有行业代表性,更加突出了两岸业界的对接平台功能,为推动大陆文化企业和产品走进宝岛,搭建起了海峡两岸文化产业交流合作、投资交易的平台。展会期间,大陆展区共吸引了台湾约 490 家 3000 多名文创业界人士观展交流和商务洽谈,有几十名国际买家与大陆展商进行洽谈采购,两岸业界企业达成初步合作意向 142 项,现场销售金额 485 万元。两岸优秀文化

企业举办了丰富多彩的项目推介活动，寻找创意资源与商业机会，为两地业界合作奠定了坚实的发展基础。

（三）促进了两岸文化创意产业的沟通与交融

海峡两岸文化同宗，一脉传承，但两岸文创产业发展形态又不尽相同。台湾文创业相对起步早、发展快，既完整保存了中华优秀传统文化的脉络，又融合了自身特点，因而兼具了中华文化的底蕴和创新开拓的精神。台湾文创业的优秀企业利用人才和创意优势，开始着手积极开拓大陆文化市场。近年来，大陆文化产业走上了蓬勃发展的轨道，丰富的资源、广阔的市场使得大陆文化产业拥有广阔的发展前景。参展结束后，大陆参访团组织参展单位实地观摩考察了台中创意文化园区、莺歌陶瓷文化园区、松山文创园区等台湾文创园区的优秀企业，拜访台湾文创界的部分知名人士，实地了解台湾文创产业发展情况。通过所见所闻和业界的切磋交流，参展企业进一步明确了两岸文创业整合资源、优势互补、共同发展的合作方向。

执笔人：张 娜
2013 年 12 月

蓝皮书

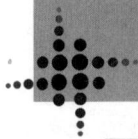

走出国门　拓展业务

——中国图书展暨美丽厦门图片展总结报告

◎ 厦门外图集团有限公司

　　由厦门市委宣传部、厦门市外事办公室、荷兰祖特梅尔市国际部、德国特里尔德中友协联合主办，厦门外图集团有限公司、荷兰 Boekhandel Haasbeek 书店、荷兰祖特梅尔市立图书馆、德国特里尔大学共同承办的"中国图书展暨美丽厦门图片展"，于 2013 年 12 月 1 日至 6 日在荷兰和德国成功举办。现将展览活动总结如下。

一、市委宣传部、市外事办的大力支持，是展览成功的前提条件

　　为了办好此次展览，市委宣传部叶重耕部长、张萍副部长、林朝辉副部长、上官军副部长全力支持，不仅对展览给予了多方面指导，而且在展览经费上予以支持。上官副部长、外宣处方均泽调研员三次召开专门会议，提出展览具体思路，规划展览设计，研究解决筹备中的具体问题，对图片制作内容与质量进行严格把关。市外事办公室指定欧美处专门人员联络荷兰、德国展出场地和当地出版发行界、图书馆界，并派出人员一同前往办展，直接与当地政府、业界对接，使展览少走弯路，大大提高了展览效率。外图集团

公司为此次展览、策划、筹备了数个月,分管领导申显杨十分重视走出去工作,尤其是欧美市场的开荒与探路,亲自抓项目筹备与承办工作。出口业务部门全力配合外宣处选图、制图和把关,精心挑选全国各出版社适合欧洲市场与读者的中文版、英文版、德文版精品图书。筹备工作中,大到活动策划、小到挂图用的魔术贴都周密布置,一丝不苟。

二、办展形式新颖独创

此次展览活动,是外图集团公司在市委宣传部的指导下,总结在海峡两岸图书交易会高雄分会场经验的基础上,在欧美地区展览的一次创新和探索。外图集团公司目前新闻出版走出去业务基本在台湾市场,欧美地区没有市场基础,单纯的书展在欧洲影响力与吸引力较为不够。书展结合外宣工作图片展一起,两者相得益彰,完美地将厦门的经济发展、社会和谐、多元人文和山海风貌展示给办展地的政府与民众。此次实践证明,这是一种很好的外宣工作方式,也是一种有效的业务拓展模式。我国驻荷兰使馆杨小荣参赞说:"你们这种做法是全国首创,这是最好的办法,既有宣传图片展示,又有出版实物展售,这种展是最务实的。我代表使馆感谢你们,建议你们在全球发达国家推广。这种做法有生命力,坚持不懈,作出品牌,能产生很好的宣传效果与市场拓展效益。"市外事办公室参与此展的杨俊先感慨地说:"我跟过很多的团,参与过很多次的活动,感觉这次的做法和效果是最好的,虚实结合,宣传与业务结合,这是厦门宣传工作务实、创新的具体表现。"

三、展览取得初步效果

(一)实现了良好的对外宣传效果

荷兰与德国当地都进行了很好的发动与宣传。荷兰的祖特梅尔市副市长哈林、中国驻荷兰使馆参赞杨小荣、荷兰前国防部部长范·安格轮、欧洲投资委员会副主席、荷兰华人青年企业家协会理事会主席 Bonnine－Xie、祖特梅尔市立图书馆馆长利普德、厦门荣誉市民汉斯·梅尔等数百位各界名流出席了展览,很多华侨、学习汉语的外国人、图书馆的读者,观看了图片展,购买了书籍。他们为厦门的美丽景致、经济繁荣、社会和谐所折服,感谢外图提供的各文种中国优秀读物。德国的展览办在特里尔大学教学中心的大厅里,大量师生参观展览和图书,中国留学生、汉学院德籍学生,孔子学院师生都高度赞赏此次展览。有的外国学生当场询问到厦门来留学的费用、生活学习等情况。荷兰的祖特梅尔市立图书馆、市政中心、市区较大的餐饮中心都大量张贴海报宣传。德国特里尔大学在校园内及孔子学院做了大量宣传。中德友协网站、国内新华网、厦门网等8家媒体报道了此次展览活动。厦门日报在重要版面予以了报道。

(二)外图集团公司在业务上取得了一系列成果

1. 图书销售超出预期

本次展览由于是探索性质,因担心带大量图书可能在外积压,只展出图书 2000 种。但出人意料的是,展出受到当地读者的欢迎,有的读者一买就是几十本。《百病偏方新解》一书还出现了抢购的情况。我们离开荷兰时,展品售出三分之一。

2.初步洽谈了多项业务合作项目

(1)与荷兰 Boekhandel Haasbeek 书店洽谈了在其各店内设立中国图书销售与推广专柜事宜。经与对方的沟通了解,目前荷兰尚未有这种做法,各书店也未见销售中国图书,如果将中国出版的英文版图书和汉语学习用书,以设专柜的形式进入荷兰销售渠道,应该可以逐步推动外图集团公司在荷兰业务的拓展。此事我们还将以具体协议的形式继续协商具体操作办法。

(2)与多家当地出版公司洽谈了图书进口中国市场的业务。与荷兰 Uitgeverij De Kring 公司、Free Musketeers 公司、Geschiedenis in stripvorm 公司、德国 WVT Wissenschaftlicher Verlag Trier 公司,就英文原版书、荷兰文原版书、德文原版书的进口与代理销售达成初步共识。并请特里尔大学孔子学院在德国代为联络柏林等地出版公司参与合作。

(3)与多家当地出版公司洽谈了来料加工印制业务。上述荷兰、德国出版公司对外图集团公司提出的代为加工印制再出口到当地的构想很感兴趣。我们带回了多家公司样书,若厦门印刷企业可以实质降低欧洲出版社印制成本,提高其出版效益,外图集团公司将可以争取到此类来料加工印制业务,为外图集团公司的出口业务拓开渠道。

(4)与当地出版公司洽谈了图书版权贸易业务。所有洽谈的公司都愿意委托外图集团版权公司将其出版物中介到中国出版社。也希望通过外图集团的版权公司引进中国优质出版物版权,在荷兰、德国出版,尤其是旅游、中国文化、汉语学习教材类图书。荷兰 Free Musketeers 公司接受外图集团建议,可以考虑合资在荷兰注册出版公司,开展引进中国旅游、文化、汉语学习类图书的荷语出版业务。

（5）为外图集团公司业务创新做了探路工作。初步考察了荷兰的陶瓷市场、德国的葡萄酒生产与销售渠道等。经初步了解，发现欧洲生产的瓷器，无论是胎质与釉色都无法与中国瓷器相媲美。外贸相关业务部门再次经过深度的调研与考察、洽谈、策划，应该可以拓展这一业务。德国的葡萄生长环境很好，当地的酿酒工艺与质量也属上乘，特里尔市区以外几乎家家出产白葡萄酒，口感很不错，外图集团公司相关业务部门可以进行国内市场调研与评估，考虑进口并在国内进行销售。

四、展览不足之处

由于在外时间只限 7 天以内，时间较为紧促。扣除往返的路途时间，实际在外只有 5 天多。要在两个国家各办一场展览，还要与相关企业洽谈甚至到企业实地考察，时间太匆忙，业务拓展的广度与深度都受到了一定限制。

五、建议与思考

一是建议这种复合式办展模式常态化。通过这次实践，我们感觉这是一种很好的外宣模式，也是一种走出去联系业务的方式。两个展览内容互补性很强，也很受当地政府、民众和我国驻外使馆的肯定。很多华侨说中国很多省份去办活动，华而不实，走过场，认为我们的展览务实、可看、可赏、可买、可交流与交易，这是最受欢迎的，符合西方人的习惯。希望将这一展览活动列入每年年度重要活动项目,使这一活动长期办下去。

　　二是延长展览时间。出国一次很不容易,审批、办证手续繁杂,出境费用又高。作为业务拓展活动,企业自然希望能多跑几个城市,多找相关行业协会、外国当地企业、图书销售公司及外图集团公司其他业务相关行业和公司洽谈,以较为充足的时间和费用利用率,尽可能地多做业务洽谈与市场拓展工作。

　　三是建议市政府重大外事活动能增加出版文化内容,以此次展览受欢迎的程度来看,出版的交流与合作是广受外国朋友欢迎的,出版物也是对外交流、输出中国文化最好的载体,我们希望一起参与市政府外事活动,也希望得到市政府在外事政策和经费上的支持,为厦门的对外交流与合作贡献一份力量。

　　总之,此次展览活动在市委宣传部、市外办和海外各界的大力支持下,取得了圆满成功。我们将珍惜本次展览活动获得的丰硕成果和成功经验,做好后续的业务洽谈、对接和落实。今后,我们将继续在市委宣传部的指导下,做好对外宣传和文化交流工作,不断扩大文化"走出去"成果。

执笔人:申显杨

2013 年 12 月

蓝皮书

Da Shi Ji

大事记

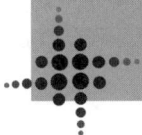

2013 年度厦门市文化改革发展工作大事记

1 月

▲1 月 1 日,厦门网 2013 年首页改版正式上线。新版首页的色彩更加清新明快,版面更加集中,结构布局也更加清楚,并提供"搜索新闻"、"查询服务"等操作,进一步优化受众的浏览体验。新版首页还在突出新闻性的基础上,增设了"全民票选"等新栏目。

▲1 月 24 日,由厦门市文化广电新闻出版局主办、厦门广播电视集团、厦门市非物质文化遗产保护中心承办的"阮是少年家"——第六届海峡两岸闽南语原创歌曲大赛总决赛暨颁奖晚会在厦门市广电中心举行。比赛从两岸百余首闽南语原创音乐作品中评选出 16 强作品进入总决赛,年轻态、多元化的作品创作使得 2013 年的作品更加彰显活力和流行性。

▲1 月 26 日上午,厦门市海沧区文化馆崇礼学堂 2012 年亲子读经班在区文化中心多功能厅举办结业典礼。共有来自漳州、海沧、杏林等地的近 150 名学子、家长、志愿者参加了活动。崇礼学堂亲子读经活动是由来自台湾的康英美夫妇发起的。康英美夫妇现居海沧,致力于公益教育和文化志愿活动,深受广大孩子的喜欢,也得到了众多家长的肯定和支持。

▲1 月,经过一年多的建设,闽南大戏院建成完工,并成功委

托中演演出院线发展有限公司经营管理。闽南大戏院是目前福建省内功能最全、规模最大、档次最高、具有国际一流水准的演出场馆,其建成投用,有效提升了厦门高端艺术演出水平及影响力,成为厦门公共文化设施的新地标。

2 月

▲2月1日上午,厦门市委宣传部副部长、市文化改革发展工作领导小组办公室主任林起在市行政中心中楼611会议室主持召开了文化企业贷款贴息工作专题会。市经发局、财政局、建设与管理局、商务局、文广新局、工商局、信息化局和火炬高新区管委会等单位相关负责人参加了会议。会议就文化企业贷款贴息的产业门类目录、补助对象、补助额度、初审复审程序等事宜进行了沟通研究,为下阶段开展文化企业的贷款贴息补助工作做好准备。

▲2月1日下午,厦门市委常委、宣传部长叶重耕深入本市四三九九网络股份有限公司、翔通动漫有限公司、读客网进行调研,了解新兴业态文化产业在厦门的发展情况。叶重耕实地考察并认真听取了各文化企业经营情况的介绍,详细询问了各文化企业在发展方面存在的困难和问题。

▲2月26日,福建省文化产业形势分析暨工作现场会在莆田召开。会议分析了2012年度福建省文化产业运行情况,表彰了2012年度福建省文化企业十强和2013年度福建省文化产业十大重点项目,研究部署了2013年文化产业发展工作。省委常委、宣传部长袁荣祥,省政协副主席郭振家出席会议。厦门广播电视产业发展有限公司、四三九九网络股份有限公司获得"2012年度福建省文化企业十强"荣誉称号。

▲2月27日上午,厦门日报社鼓浪屿记者站揭牌暨《鼓浪屿晨报》首发仪式在鼓浪屿管委会办公楼前举行。仪式上,厦门日报

社与鼓浪屿管委会的代表共同签署了《战略合作协议》，双方将从发挥媒体作用和加强产业合作两个方面开展系列合作，以创新思维共同推动鼓浪屿申遗工作和"世界级名岛"建设。

▲2 月 27 日，福建省第 26 届优秀文学作品奖暨第 8 届"陈明玉文学作品奖"在晋江颁奖。厦门市共有 6 件作品获奖，分别为：赖妙宽的长篇小说《城里城外》获一等奖，黄静芬的诗歌《夜里有光》(外二首)、怡霖的散文集《追梦霞满天》获二等奖，林俊豪的小小说《阿憨的生意经》获三等奖，阎欣宁的长篇小说《遵义！遵义！》、江俊涛的长篇小说《安居》获佳作奖。

▲2 月 28 日，厦门市召开 2013 年文化广电新闻出版工作会议。传达贯彻了全国、全省文化、广电、新闻出版工作会议，全国文物工作会议及全市宣传部长会议精神，市文广新局党组书记、局长罗才福总结了 2012 年全市文化广电新闻出版工作，安排部署了 2013 年的工作任务。市政府黄强副市长出席会议并讲话。

▲2 月，厦门市海沧区图书馆被福建省新闻出版局授予"福建省农家书屋工程建设先进单位"荣誉称号。"农家书屋"工程是由政府统一规划、组织实施的一项惠及广大农民群众、推动农村文化建设的重大工程。海沧区农家书屋工程建设从 2008 年开始分 2 年实施，全区共有 23 个行政村，到 2009 年底已全部完成 23 个"农家书屋"建设。

▲2 月，厦门市海沧区文化馆陈淑华的摄影作品《腾云驾雾行乐千山》获"群星璀璨——2012 年福建省群文系统美术、书法、摄影大赛"铜奖。该比赛由福建省文化厅、福建省艺术馆联合举办。

3 月

▲3 月 1 日，《厦门经济特区文化市场管理条例》正式施行，

《条例》进一步明确了对文化市场管理中各有关管理部门的职责和关系,制定了文化市场管理细则,简化了文化经营活动审批手续。

▲3月2日上午,厦门市集美区2013"读书改变人生"少儿读书月活动在集美区少儿图书馆正式启动。本次活动由集美文体广电出版旅游局主办。启动仪式上,集美区少儿图书馆将通过"捐出爱心书,友谊永长留"捐书活动募集到的9000多册图书全部捐赠给区外来员工子女集中的3所学校。

▲3月5日上午,厦门市创建国家公共文化示范区点评暨文化志愿者表彰会在市政府会议室召开。市政府办公厅、市委宣传部、市财政局、市委文明办、市文广新局、市志愿者联合会等部门的领导,各区分管副区长,区委宣传部、区财政局、区文体局、各镇、街、区文化馆、图书馆(少儿图书馆)有关领导,市文化馆、图书馆、少儿图书馆单位领导,文化志愿者代表及新闻媒体等出席会议。

会议由市政府办公厅副主任蔡伟中主持。会上,厦门市文化馆名列第一,获得"厦门市文化志愿者工作先进单位"荣誉称号,厦门市文化馆推荐的文化志愿者黄念旭、袁晓楠、季华英获得"优秀文化志愿者"荣誉称号。

▲3月5日,厦门市召开重点文艺创作扶持项目论证会。对第一批重点文艺创作扶持项目已经完成的10部作品进行了研讨,对其中4部已经投拍和发行的作品给予了认可,并在继续跟踪服务上达成共识,对其余6部作品提出了具体的修改意见。

▲3月6日,厦门市荣获广电总局颁发的2012年度电视节目技术质量奖(金帆奖)三等奖和广播节目技术质量奖(金鹿奖)三等奖。

▲3月6日,中央人民广播电台"神州之声"推出一档专门讲述集美经济发展、风土人情的闽南话广播节目——《集美水当当》。《集美水当当》设有4个单元,即新闻资讯《集美新新闻》、政经民生、《集美新点点》、历史人文《集美好光景》、对台交流《集美连台

湾》等。

▲3月6日,福建省文化厅下发《关于命名第七批省级文化产业示范基地的决定》,厦门市共有3家企业被评为第七批省级文化产业示范基地,分别是厦门凤飞服饰设计有限公司、厦门万仟堂艺术品有限公司、福建希望文化传播有限公司。

▲3月8日下午,全市文化产业发展工作会议在市行政中心西楼举行。会议就厦门市文化产业的发展,提出了跨越发展目标。中共厦门市委常委、宣传部部长叶重耕,副市长黄强及各企业负责人代表参加了会议。会上,海峡网络(厦门)传媒有限公司等42家优秀企业被授予"厦门市重点文化企业"称号。

▲3月8日,由海沧区文化馆文化志愿者组织的"崇礼学堂2013年亲子国学读经班"正式开班。如今亲子国学读经班已经发展了五缘湾、杏林、海沧、漳州港等5个点80多名小孩参加,近30位家长志愿者一起参与推广国学读经活动。

▲3月10日上午,由九三学社厦门市委员会、海沧区委宣传部、海沧区文体广电出版旅游局、厦门市美术家协会、厦门大学艺术学院、福州大学厦门工艺美术学院、集美大学美术学院等单位联合主办,海沧区文化馆承办的"贯彻十八大精神,弘扬中华传统文化'花馨果硕·郑盛龙画展'"在区文化中心开幕。共展出郑盛龙先生70多幅国画作品及20件青花瓷器。郑盛龙为中国美术家协会会员、九三学社福建省委员会文体委员会副主任,毕业于厦门大学艺术学院,后留校任教。

▲3月11日,厦门市委宣传部副部长、市文发办主任林起率市文发办有关人员到象屿保税区就即将举办的国内首场艺术品保税拍卖会相关筹备工作进行调研。

▲3月14日,厦门市集美区委、区政府与华侨大学共同办理学习高端讲堂——"集美讲堂"正式启动。首讲报告邀请著名社会学家、中国社会科学院学部委员、社会学研究所所长李培林作"全

面建成小康社会的社会目标"专题报告。

▲3月15日,厦门日报社旗下华亿传媒集团与翔安投资集团成功"联姻",催生出厦门华亿文创产业有限公司,并在翔安区揭牌成立。翔安区委常委、宣传部长曾东生,厦门日报社副总编辑、厦门华亿传媒集团有限公司董事长江曙曜,翔安区委常委、常务副区长刘金柱,翔安区人大常委会副主任朱丰收,翔安区政协副主席邵文化等共同为其揭牌。

▲3月19日,厦门市文广新局制定印发了《厦门市文化志愿者管理办法》,促进厦门市文化志愿者队伍建设,推动厦门市公共文化示范区创建工作。

▲3月19日上午,厦门市委常委、宣传部长、市文化改革发展工作领导小组副组长叶重耕率市文发办、市文广新局、市规划局有关领导到翔业集团调研。叶部长一行听取了翔业集团董事长王倜傥关于拟利用国内候机楼将来搬迁后腾出的空间及附近空港区域,建设海峡收藏品交易中心项目的汇报。

▲3月19日下午,厦门市委常委、宣传部长、市文化改革发展工作领导小组副组长叶重耕主持会议,专题研究文化产业统计工作。市委宣传部副部长、市文发办主任林起以及市文广新局、市统计局、商务局、厦门海关有关领导和负责人参加了会议。会议重点研究了文化产业增加值率及文化品出口统计等事项。

▲3月19日,由中共厦门市委宣传部指导,海西晨报社与厦门银行联合主办的"行走海西20城——梦之旅"大型策划报道活动在厦门白鹭洲广场启动。厦门日报社旗下的《海西晨报》将派出记者走遍海西20座城市,深入进行采访报道。特派记者组将每周一期,从闽粤浙赣四省20个城市一一发回特别报道,把这20城的故事传递给广大读者。

▲3月19日,厦门卫视海外播出平台全新亮相,将屏蔽广告和无海外版权的电视剧播出。此举是厦门广播电视集团为进一步

落实国家"走出去"工程和"卫视兴台"战略部署,更好地完成对台对外宣传任务的重要举措。

▲3 月 23—31 日,第 16 届光阳国际梅花文化节在韩国光阳市举行。为进一步加强厦门与韩国光阳市在文化艺术领域的交流,应光阳市政府李圣雄市长的邀请,厦门歌舞剧院艺术团参加了国际梅花文化节开幕式演出,与光阳市国立乐团联袂举办音乐会,并在梅花村举办中国民乐专场演出,受到当地市民的欢迎。

▲3 月 26 日上午,厦门新闻媒体首届培训班在解放军某部开班。厦门市委常委、宣传部部长叶重耕出席开班仪式,作开班动员讲话,并亲自授课。开班仪式由市委宣传部副部长封斌林主持。此次厦门新闻媒体首届培训班由市委宣传部主办,海峡两岸传媒人才交流与培训中心承办,共有来自市直各区委宣传部以及厦门广电集团、厦门日报社等单位的 40 余名新闻工作者参加,培训为期 2 天。

▲3 月 26 日上午,市企业文化建设工作联席会议第一季度专题会在古龙食品有限公司召开。市企业文化建设工作联席会议副总召集人、市委宣传部副部长林起主持会议并介绍了筹划全省公民"诚信福建"论坛、全省企业文化建设现场会、首届海峡两岸企业文化建设 30 人高峰论坛等有关情况,并对下一阶段全市企业文化建设工作作了总体部署。

▲3 月 28—29 日,福建省委常委、宣传部长袁荣祥带领调研组来厦就"加强基层公共文化建设、加快文化产业发展"作专题调研,指导厦门市更好更快地开展宣传思想文化系统大调研。厦门市委常委、宣传部长叶重耕陪同调研,并向调研组汇报了厦门市贯彻中宣部、省委宣传部关于开展宣传思想文化系统大调研工作的情况。

▲3 月 30 日—4 月 7 日,厦门市翔安区宋江阵文化研究会应邀赴台参加由高雄内门顺贤宫承办的宋江阵嘉年华会。此次登台

的两支队伍技艺超群,受到当地观众的热烈欢迎,高雄市长陈菊还特别隆重地向当地民众介绍了厦门翔安宋江阵。

▲3月31日下午,主题为"美丽网事新福厦门"的第二届厦门网络文化节在中山路正式启动。市委常委、宣传部长叶重耕参加启动仪式,福建省委网络办副主任林仙元专程到场表示祝贺。厦门网、新浪厦门等网站就有关网络文化节活动分别与合作方到现场签约,还开展了"向网络不文明行为说不——从我做起"签名墙签名活动。各网站、运营商和广大网民共约200人参加了启动仪式。本届网络文化节由厦门市委宣传部、厦门市公安局、厦门市通信管理局主办,各区委宣传部、海西晨报协办,厦门网、台海网络广播电视台、台海网、厦门小鱼网、新浪厦门等厦门市主要网站和运营商承办。

4 月

▲4月初,福建省文化厅下发《关于命名第七批省级文化产业示范基地的决定》,厦门市三家企业被评为第七批省级文化产业示范基地。目前,全市有国家级文化产业示范基地3家、省十大重点文化产业园区1家、省文化产业示范基地16家。

▲4月1—15日,由海沧区文体广电出版旅游局主办,海沧区图书馆承办的"爱上老厦门"图片展在海沧区文化中心展厅展出。本次参展的86幅摄影作品生动记录了厦门历史的沧桑变化,全方位展示了厦门的人文风情、环境景观、基层百姓生活等方面的发展,在帮助"新厦门人"进一步了解厦门的同时,也充分调动"老厦门人"对厦门的回忆,深受市民的好评。

▲4月17日,文化部授予厦门市中华文化联谊会为"海峡两岸文化交流基地";授予厦门市台湾艺术研究院为"海峡两岸文化研究基地",这是全国文化系统首个对台文化研究基地。

▲4 月 18 日,在全国文化厅(局)对外及对台文化工作会议上,文化部通报表扬了 2012 年全国对外、对港澳台文化工作取得优异成绩的 10 个省、市,厦门市名列其中。

▲4 月 18 日,国务院正式公布第四批《国家珍贵古籍名录》,厦门市图书馆《说文解字句读》、《经略疏稿》、《毗陵集》等 3 部善本入选。

▲4 月 18 日上午,由中共海沧区委宣传部、区文体广电出版旅游局、区文联主办的,区文化馆、厦门大道公文化传播股份有限公司承办的"'大道慈济情,两岸书画缘'——吴伯雄墨宝赠受仪式及两岸保生大帝书画艺术展"在区文化中心一楼展厅开展。本次展览恰逢第六届海峡两岸(厦门海沧)保生慈济文化旅游节,中国国民党荣誉主席吴伯雄特题赠十幅墨宝,加深闽台民众的亲情,挖掘祖地文化资源,弘扬两岸共同大道公"健康·慈济·和谐"精神。展览开幕当天,还举行了吴伯雄墨宝赠受仪式,并举办书画笔会雅集,邀请来自两岸的书画家现场挥毫,以笔会友。今后这些作品连同吴伯雄墨宝都将由两岸共同筹设的"保生大帝文化博物馆"珍藏,为两岸的保生大帝信仰文化交流,留下了珍贵的见证。

▲4 月 21 日上午,海沧区举办了"厦门海沧国际自行车公开赛"。本次大赛由加拿大籍"大山"和厦门电视台习薇两位知名主持人共同主持,厦视 3 套、厦门卫视、腾讯大闽网、腾讯微博等进行了现场直播。共有来自美国、丹麦、俄罗斯等 17 个国家,TREK、Specialized 等 16 个知名车队,1026 名选手参加比赛(其中精英选手 315 人,外籍选手 73 人)。

▲4 月 21 日,厦门小白鹭民间舞艺术中心、厦门艺术学校女子群舞《海上民谣》荣获第二届福建"百合花奖"专业舞蹈大赛金奖等重要奖项,厦门市组织参赛的另 3 个剧(节)目也分获佳绩,获奖数全省领先。

▲4 月 21 日,中国首届西洋艺术品保税拍卖会在厦门湖里象

屿保税物流园区举办。拍卖的西洋艺术品均是北京华辰有限公司通过易拍全球牵线英国 AAA 诚信拍卖行协会征集,包括古董家具、银器、钟表、油画等,合计 360 件,分别来自英国、法国、奥地利、西班牙等多个国家。此次拍卖会成交率达 23%,总成交金额为975.1425 万元人民币。

▲4 月 25 日,根据福建省"扫黄打非"领导小组统一部署,厦门市在文化艺术中心西广场设立厦门分会场,与全国、全省同步举行侵权盗版及非法出版物集中销毁活动暨"绿书签行动"系列宣传活动启动仪式,集中销毁各类侵权盗版及非法出版物 79717 件。

▲4 月 28 日上午,厦门方特梦幻王国开业典礼在同安中洲岛举行。厦门市委常委、秘书长臧杰斌,副市长黄强,深圳华强集团董事长梁光伟等出席典礼,并开启"梦幻王国"之门。厦门方特梦幻王国位于同安区中洲岛,是以高科技为主要表现形式的文化科技主题公园。公园占地面积约 1400 亩,是由深圳华强集团投资25 亿元兴建的大型高科技第四代主题公园。

▲4 月 28 日下午,"历史印迹——故宫博物院藏清宫帝后宝玺展"在厦门市博物馆开展,百件(套)珍贵的清宫帝后印玺较完整地展现了清代帝后印玺艺术的全貌。文化部党组成员、中纪委驻部纪检组组长李洪峰,副市长黄强等出席开幕式。本次展览由厦门市文广新局和故宫博物院共同举办。

5 月

▲5 月 2 日,由厦门市图书馆与漳州市图书馆联合主办的"漳州老街老牌坊"作品展在市图书馆大厅开展。展览由 34 幅水粉画"漳州老街风貌"和 48 幅"漳州老牌坊"摄影作品组成,集中展示了漳州别样的人文历史风貌。

▲5 月 6 日,由厦门本土公司出品、投资、拍摄制作的第一部

商业电影《钢琴木马》在厦举行全国首映礼,并于 5 月 10 日在全国上映。该片采用"双时空"故事结构,讲述了 1949 年和 2012 年两段不同时期、不同背景的谍战。

▲5 月 8—10 日,市委常委、宣传部长叶重耕率市文化广电新闻出版局、市文发办、市海峡两岸文博会筹备工作办公室和厦门广电集团的主要领导和相关负责人赴北京拜会了中宣部、财政部、文化部、新闻出版广电总局和国家文物局等部委领导和相关司局负责人,汇报了厦门市深化两岸文化交流和产业合作的政策需求、文化和科技融合示范基地申报情况、东南工程二期建设和第六届海峡两岸文博会筹备工作等事宜。中宣部孙志军副部长、文化部赵少华副部长、新闻出版广电总局田进副局长、李伟副局长和国家文物局励小捷局长以及财政部教科文司赵路司长等中央和国家部委相关司局负责人出面会见和座谈。

▲5 月 16 日,厦门市召开厦门文艺界纪念毛泽东同志《在延安文艺座谈会上的讲话》发表 71 周年会议,会上表彰了厦门市 2012 年以来获得国家级文艺奖项的作品。

▲5 月 16 日晚,厦门市歌仔戏研习中心、厦门市歌舞剧院两个专业艺术院团联合组成的厦门市"乡音之旅"巡演交流团的首场演出在台南拉开序幕。

▲5 月 18—25 日,厦门市委常委、宣传部长叶重耕率团赴台、港等地宣传推介第九届海峡两岸图书交易会和第六届海峡两岸文博会,并就海峡两岸和香港文创产业的合作发展等内容与台、港各界进行了深入的交流探讨。

▲5 月 20 日,福建省广电局公布荣获 2012 年度少儿精品和国产动画发展专项资金奖励名单,厦门市共有 5 个项目获奖,分别是:厦门电视台《小海豚》栏目获优秀少儿电视栏目三等奖;厦门青鸟动画有限公司的《魔力星星狐》、天熹(厦门)动漫股份有限公司的《波波历险记》获优秀国产动画片二等奖;厦门利根思动漫有限

蓝皮书

公司的《小小大英雄毛毛王》获优秀国产动画片三等奖；厦门青鸟动画有限公司黄洁颖获优秀动画创作人才优秀奖。

▲5 月 22 日，由厦门市人民政府外事办公室、爱沙尼亚共和国驻上海总领事馆、厦门市文化广电新闻出版局、厦门市文学艺术界联合会主办，厦门市美术馆、厦门市摄影家协会承办的"风从波罗的海来——厦门与爱沙尼亚摄影作品交流展"在市美术馆二楼展厅展出。此次摄影展展出了约 90 幅作品，全方位展示了爱沙尼亚和厦门两地的风土人情。

▲5 月 24 日，福建省委书记尤权、省长苏树林、省政府检查组到厦门同安华强文化科技产业基地检查工作，检查组在肯定厦门文化产业建设的同时，提出厦门文化产业要考虑错位发展，从传统文化产业转移、聚焦到文化科技产业上等建议。

▲5 月 26 日，由市台办指导，市社科联、市政协教科文卫委、市台联、市金胞联、集美区委宣传部主办的第九届海峡两岸端午文化论坛在集美拉开序幕。一年一度的海峡两岸端午文化论坛，是两岸共赞屈原精神，共创两岸和平、和谐、和睦未来的文化盛会。

▲5 月 28 日，厦门市公布第四批市级非物质文化遗产代表性项目 11 项、传承人 13 人。目前，全市有各级非物质文化遗产项目 65 个，其中世界级 1 个、国家级 11 个、省级 17 个、市级 36 个；各级非物质文化遗产代表传承人 122 个，其中国家级 10 人、省级 36 人、市级 76 人。

▲5 月 30 日，厦门卫视举行落地九省市启动仪式，这标志着厦门又多了一个全国性、常态化的对外宣传窗口。从 6 月开始，厦门卫视将落地北京、天津、上海、山东、江苏、浙江、江西、福建、广东等 9 个省市，厦门卫视的观众将从现有的 400 多万跃升至 5 亿。

▲5 月 31 日下午，厦门市委常委、宣传部长叶重耕率市委宣传部、市文发办、市规划局、市文广新局等有关领导和负责人到沙坡尾、曾厝垵调研文化产业和文化环境建设。

6 月

▲ 6 月 2 日,由中国美协福建创作中心、厦门市美术馆主办,传世艺宫美术馆承办的传世丹青首届全国中国画名家学术邀请展在厦门文化艺术中心美术馆开幕,展出了 170 位来自全国各地著名画家的了 170 幅精彩力作,为厦门市民带来了一场精美的视觉盛宴。

▲ 6 月 6 日,中国第一本以闽南深度游为主题的旅游文化类书籍《最闽南》由厦门大学出版社出版,集中展现了 36 个最富闽南风情的特色乡镇。

▲ 6 月 6—7 日,福建省副省长李红率队赴北京拜访国家有关部委领导,走访部分全国文化"30 强"企业,推介第六届海峡两岸(厦门)文化产业博览交易会。副市长黄强参加有关活动。李红一行分别拜会了文化部部长蔡武,国家新闻出版广电总局局长蔡赴朝、副局长田进、副局长邬书林等,还先后走访了中国艺术研究院、北京光线传媒、万达文化产业集团、中国对外文化集团公司等机构和企业,邀请他们莅厦参展参会,并就深化合作、共创双赢等问题进行了深入探讨和交流。

▲ 6 月 8 日,由市委宣传部、市社科联与市闽南文化研究会合编的《闽南非物质文化遗产系列丛书》正式与市民见面。全书约150 万字,2000 多幅照片,包括《南音》、《闽台送王船》等 10 部专著。

▲ 6 月 8 日是第八个文化遗产日,厦门市人民政府正式公布第四批市级非物质文化遗产代表性项目和传承人。海沧区申报的海沧土笋冻制作技艺和闽南天然香制作技艺入选代表性名录项目,土笋冻制作技艺传承人林联和、闽南天然香制作技艺传承人陈建兵被评为市级代表性传承人。截至目前,海沧区各级非物质文

化遗产代表性项目已达 8 项,代表性传承人增至 7 名。

▲6 月 8 日,厦门市海沧区文化馆举办"国家级非物质文化遗产保护名录项目——海沧蜈蚣阁展示"。展览现场展示了 12 节蜈蚣棚以及蜈蚣阁的项目简介、制作工艺、蜈蚣阁进香、重要价值等 4 个文字板块和 26 张蜈蚣阁的精美摄影图片。

▲6 月 11 日,厦门市印刷行业协会与台北市印刷商业同业公会在厦门市举行结成兄弟协会签字仪式,两岸近百名印刷界代表参加了签字仪式。结为兄弟协会后,两地印刷企业将通过合资、加盟或入股等方式深入开展合作,在经济、技术、信息、人才等领域建立长期的友好协作关系。

▲6 月 12 日,由厦门广电集团创作的长纪录片《环球航海日志》被中央电视台纪录频道确定为重点片目,在黄金时间段向全球播出。该片以纪实手法记录了"厦门号"帆船环球航行的奇异之旅。

▲6 月 14 日,作为海峡论坛的重要配套活动的第五届郑成功文化节在厦门和台湾两地同时拉开帷幕。郑成功文化节主会场设在台南,同期在厦门举行相关活动。具体内容包括:台湾郑成功庙建成 350 周年大典、巡礼活动、厦门思明区旅游推介会、郑成功文化节民间祭祀活动及延平郡王祠管委会揭牌仪式、思明区非物质文化遗产展、情忆丹青——闽台书画文物展等。第五届郑成功文化节首次采取两岸联办、轮流主办的形式,活动凸显民间性;首次实现两地民间包机直航;成立了大陆首家延平郡王祠管委会。

▲6 月 16 日,文化部党组书记、部长蔡武,文化部副部长赵少华一行在厦门市考察文化工作。福建省委常委、市委书记王蒙徽,副省长李红等陪同。

▲6 月 22 日,应法国巴黎中国文化中心的邀请,福建省艺术团赴法国巴黎参加"福建文化展示月"活动。厦门南乐团一行 5 人随团参加福建文化展示月开幕式及为"闽韵流芳"福建艺术团专场

演出,为法国观众带去了精心准备的传统演出曲目《出画堂》和《百花图》。

7 月

▲7月4日,厦门市小白鹭民间舞艺术中心、厦门艺术学校选送的女子群舞《海上民谣》在第十届全国舞蹈比赛中荣获创作银奖。

▲7月5—9日,由中国电影基金会、台湾两岸电影交流委员会、厦门市思明区人民政府、厦门市文广新局共同主办的"第五届两岸电影展——2013台湾电影展"在厦门市举办。此次影展为大陆观众带来了《阵头》、《候鸟来的季节》、《野莲香》、《亲爱的奶奶》、《黛比的幸福生活》、《金孙》等6部在台湾地区赢得票房和口碑的最新优秀影片。国家新闻出版广电总局电影管理局副局长栾国志、福建省广播电影电视局副局长庄志松、厦门市副市长黄强等领导出席了厦门影展开幕式活动;中国电影家协会主席、中国电影基金会会长、著名导演李前宽率领大陆电影代表团,台湾两岸电影的交流委员会委员、台湾电影事业发展基金会董事长、台湾著名导演朱延平率领台湾电影代表团出席影展系列活动。此次活动进一步推动了两岸电影的交流与合作,对弘扬中华优秀传统文化、丰富和扩大闽台文化交流的内涵具有积极作用。

▲7月16日下午,厦门市委常委、宣传部长叶重耕前往厦门蓝火焰影视动漫有限公司、四三九九网络股份有限公司调研,与企业负责人共同探讨加快厦门市影视动漫及网络游戏产业发展的思路和政策措施。

▲7月22—23日,海沧区文化市场综合执法大队林静作为厦门市代表队成员,参加了全省首届文化市场综合行政执法岗位技能大比武竞赛,获得团体总分第一名、多项单项团体第一名及单项

蓝皮书

个人第一名的好成绩。

▲7 月 23—24 日,科技部高新司胡世辉副司长一行 4 人来厦门市调研文化与科技融合示范基地创建工作。厦门市委常委、宣传部部长、厦门市创建国家级文化与科技融合示范基地领导小组组长叶重耕与胡司长一行进行了深入交流。

8 月

▲8 月 1 日下午,厦门市文化创意产业协会与建行厦门市分行在建行大厦会议室举行"文化创造财富·金融缔造价值"战略合作协议签约暨授牌仪式。厦门市委宣传部林朝晖副部长出席仪式,并受邀给建行厦门市分行授予金融顾问单位牌匾。

▲8 月 2 日下午,厦门市委常委、宣传部长叶重耕会见了山东华夏集团董事长夏春亭先生。山东华夏集团为跨行业、多领域的现代化大型企业集团,集团总资产达 150 亿元。目前,该集团致力于文化旅游产业的投资,十分看重厦门市文化旅游市场的潜力,专程来厦拜访叶重耕部长,探讨来厦投资文化产业的可能性。

▲8 月 14 日,厦门市政府与中国工艺集团签订文化产业战略合作协议。市领导刘可清、黄强,中国工艺(集团)公司董事长兼总经理周郑生等出席签约仪式。根据协议,厦门市政府和中国工艺集团将努力合作在厦搭建高端艺术品交易平台,探索在厦合作设立工艺美术产业投资基金等项目。

▲8 月 15 日,海沧区图书馆在辖区外资企业——厦门长塑实业有限公司设立分馆。这是海沧区图书馆继厦门明达实业有限公司分馆之后,设立的第二家企业图书流动平台。分馆建设面积 150 平方米,除企业自购图书外,海沧区图书馆还配送涵盖文学、艺术、社会科学等各类书籍 3000 多册,并对企业的图书管理人员进行了初期培训。

▲8 月 16—19 日，第二届厦门国际武术大赛在海沧区体育中心举行。来自美国、加拿大、俄罗斯等 15 个国家和地区 188 支代表队 3030 名运动员参赛，150 名裁判（其中台湾、澳门、大陆 4 名国际裁判和 50 多名国家级裁判）参与。赛事还开展了"两岸美食音乐嘉年华"、"厦门国际武术大赛摄影比赛"、"体育用品与武术器械展销会"、"金门一日游"、"海沧一日游"等配套活动。

▲ 8 月 22—23 日，文化部创建国家公共文化服务体系示范区验收组一行来厦验收创建成果。

9 月

▲9 月 3 日，由厦门广电集团承办、海峡两岸传媒人才交流与培训中心执行的大陆媒体赴台驻点采访记者第三届培训班在厦门开班。国台办新闻局局长杨毅和厦门市委宣传部副部长封斌林、市台办副主任王明水出席了开班仪式，来自全国 10 家驻台媒体单位 35 名记者参加了培训。

▲9 月 5 日，厦门市同安本土题材黑色幽默悬疑电影《天钟》正式上映。电影《天钟》由厦门皓月文化传媒有限公司出品、同安区委宣传部联合制作。该影片以苏颂发明的水运仪象台为背景，讲述了由天钟和 4 座星象仪引发的一场明争暗夺，几对年轻人或主动或被动地牵扯其中，从而发生了一系列有惊、有笑、有爱的故事。影片表现了同安深厚的历史文化底蕴，通过对剧中道具"天钟"的宣传，凸显苏颂在历史科技与文化方面所作出的贡献。

▲9 月 5—10 月 13 日，以宣传"美丽厦门"为重点，以中秋社区行活动为载体的第五届厦门广播电视受众节——"美丽厦门·中秋社区行"活动开幕式上演。社区行活动举行了 8 场以"建设美丽厦门、激活信息消费"为主题的社区文艺巡演晚会，宣传"美丽厦门"。

▲9 月 9 日,"2012—2013 中国报刊广告投放价值排行榜"揭晓,厦门日报荣获"城市日报十强"第一名,至此,《厦门日报》已在这一奖项上连续五届摘取桂冠。

▲9 月 10 日下午,市委常委、宣传部长、市文化改革发展工作领导小组副组长叶重耕率市文发办、财政局、国土局、文广新局、思明区等有关领导,到厦门市部分国有老影剧院(场)调研,实地察看思明电影院、中华电影院、人民剧场,就基层文化阵地建设、历史风貌建筑保护和国有老影剧院(场)解困等问题进行调研。

▲9 月 10 日下午,由厦门市金莲升高甲剧团、厦门歌舞剧院两个专业艺术院团组成的"乡音之旅"巡回交流团共 72 人开展为期半个月的"乡音之旅"赴台湾南部巡演交流活动。

▲9 月 28 日,2013 孔子文化节在同安孔庙举办,文化节以"海峡两岸同祭孔"为主题,邀请台湾地区嘉宾参与祭孔,深化两岸文化交流,传承弘扬优秀传统文化。

▲9 月 28 日,由厦门网策划执行的 2013 园博苑灯光文化旅游节正式亮灯。2013 年园博苑灯光文化旅游节引入福建首个 3D 园林画展、厦门最具挑战大型迷宫等配套活动,在展示美丽厦门、集美新城和百年学村风采的同时,也为市民游客在国庆节增添了一个旅游休闲好去处。

▲9 月 29 日晚,由厦门市文广新局主办,市文化馆承办,福建中烟·厦门烟草工业有限责任公司、闽南大戏院协办的"海峡情深"金桥之夜公益推广音乐会在闽南大戏院举行。

▲9 月 29 日下午,由厦门市外办、厦门市友协、乌兹别克斯坦文化艺术基金会、乌兹别克斯坦驻上海总领事馆、海沧区人民政府共同主办,厦门市摄影家协会、海沧区外侨办、海沧区文体广电出版旅游局等单位承办的"美丽乌兹别克斯坦·美丽厦门"——乌兹别克斯坦建筑和厦门城市风光摄影作品联展在海沧区文化中心一楼展厅开展,展览时间持续到 10 月 11 日。本次摄影展作为第三

届海沧市民节的重要活动之一,共展出 61 幅乌兹别克斯坦古建筑摄影作品,其中包含撒马尔罕、布哈拉、塔什干、希瓦等城市的古迹等,同时配套展示了 40 幅反映厦门"海、岛、山、城"共融的"城在海上、海在城中"的海滨城市旖旎风光的摄影作品。

10 月

▲10 月 8 日,《厦门晚报》全面改版,改版后的《厦门晚报》加大了舆论监督、民生报道、新闻策划,在"差异化、都市味、互动性、可持续"方面初见成效,各界反响良好。

▲10 月 18 日,海沧区图书馆与厦门书香阳光文化传播有限公司联合举办主题为"科学让成长更快乐"科普宣传活动,邀请中央电视台少儿频道主持人芝麻哥哥走进海沧,带领社区居民及小朋友领略生活中的科学。

▲10 月 19 日,厦门日报社第13届读者节在白鹭洲音乐广场举行。本届读者节紧扣市委"美丽厦门"战略发展规划,以"读者记者心连心·美丽厦门共缔造"为主题,重点突出群众参与性、突出与市民读者的互动,取得了较好的社会效益。

▲10 月 24—28 日,由文化部和国台办担任指导单位,中华文化联谊会、厦门市人民政府和福建省文化厅共同主办的"金桥·2013 海峡两岸民间艺术节"在厦门市举办。本届艺术节以"两岸实验剧展"为主题,开展三大类、30 场活动,其中举办演出 22 场、学术交流研讨(座谈)会 6 场、戏剧工作坊活动 1 场、专题展览 1场,涵盖了戏剧、音乐和舞蹈专场演出,戏剧理论研讨、戏剧工作坊、音乐讲座及两岸儿童戏剧教育座谈等学术交流研讨活动,海峡两岸民间艺术节十周年回顾展等,并编印出版艺术节十周年纪念画册。本届艺术节邀请了台湾明华园戏剧总团、台北艺术大学、上海现代人剧社、浙江昆剧团、福建省梨园戏实验剧团,华东七省市

对台文化交流基地负责人,台湾各有关县市文化局负责人等 800 多人参与演出和交流活动。其中,台湾方面约 280 人,大陆方面约 560 人。

▲10 月 25 日,由《海西晨报》、旺旺中时媒体集团《旺报》、新浪网、厦门理工学院、福建省书法家协会、厦门书法家协会主办的海峡两岸汉字节暨两岸书画名家作品展在厦门中华儿女美术展开幕。本届汉字节的重头戏年度汉字征集活动于 11 月开始,经两岸民众共同投票,最能代表 2013 年度的汉字将于 12 月底在台北揭晓。与往届不同,2013 年的汉字节首次加盟海峡两岸文博会阵营,并以"汉字文化搭桥,书写两岸民意"为主题展开研讨,设有"评、展、会"三大活动。

▲10 月 25 日,作为第六届海峡两岸(厦门)文化产业博览交易会的重要活动,以创意·创智·创富为口号,以"设计思维·城市新生"为主题的"亚洲六城创意设计论坛"在厦门国际会议展览中心举行,本次论坛由厦门华亿传媒策划执行。来自亚洲六城的设计风尚引领者、创意设计领军人物相聚鹭岛,共同分享创意设计领域发展的经验和心得,研讨未来亚洲创意产业发展的趋势和方向。

▲10 月 25—28 日,由中央台办、文化部、国家新闻出版广电总局、福建省政府等主办,厦门市政府、亚太文化创意产业协会(台湾)等承办的第六届海峡两岸文博会、第九届海峡两岸图书交易会、第六届厦门国际动漫节、第十届金桥·2013 海峡两岸民间艺术节、中国厦门国际运动健身器材展等在厦门举办,形成"两会两节一展"的"大文博会"格局,活动规模、档次、成果都创历年之最。

▲10 月 26 日,由厦门小白鹭民间舞艺术中心、厦门艺术学校倾力打造的闽南风情舞蹈诗《沉沉的厝里情》在第十届中国艺术节上荣获第十四届文华优秀剧目奖,该剧总导演靳苗苗获文华编导奖,舞蹈演员吴雨薇获第十届中国艺术节表演奖。

▲10 月 26 日,厦门市选送的当代舞《鼓神》、儿童布袋木偶戏《小圣斗巨蟒》、戏剧小品《等》获第十届中国艺术节"群星奖",南音《我的家乡在厦门》获优秀表演奖,为历年来厦门市获奖门类最广、数量最多的一届。

▲10 月 26—28 日,海沧区举办第六届海峡两岸(厦门)文化产业博览交易会海沧分会场活动。第二届中国(海沧)油画村全球采购商订货会、2013 年厦门(海沧)玛瑙文化旅游节、首届海峡两岸名家书画展 3 台好戏逐一登台,演绎海沧文化盛宴。其中第二届中国(海沧)油画村全球采购商订货会吸引了来自欧美、台湾及大陆的 100 多家大中型采购商参会,海沧油画企业、画廊承接订单总量突破 3400 万元。2013 年厦门(海沧)玛瑙文化旅游节配套举办了"玛瑙新品秀"、"闽南风情表演"、"有奖知识问答"、"展销会"、"商圈优惠活动"、"闽台美食娱乐总动员"等多项主题活动。首届海峡两岸名家书画展共展出著名诗人、作曲家、书画家汪国真,福建省画院原书记宋展生,厦门市书法家协会主席刘堆来,台湾高雄书法学会理事长蔡丰吉,台湾金门书法学会理事长陈添财等 5 位名家的近 100 件作品。

▲10 月 27 日晚,"金桥·2013 海峡两岸民间艺术节"台湾新北市美声客家歌舞音乐专场演出在海沧区文化中心广场举行。本次活动由中华文化联谊会、厦门市人民政府、福建省文化厅主办,厦门市中华文化联谊会、福建省闽台文化交流中心、厦门市两岸交流协会共同承办。台湾新北市美声客家演艺团是一支以客家音乐、歌舞为主的民间团体,成员包括台湾客家山歌天后李秋霞、专业歌手萧佩茹、弦乐团"霏妃乐团"等。

▲10 月 30 日—11 月 6 日,第五届中国戏剧奖·小戏小品奖全国总决赛在江苏省张家港市举行。由海沧区文化馆创作的小品《夜深人不静》获"剧目奖",这是福建省唯一获奖的小品类节目。

▲10 月,由商务部、中宣部、文化部、财政部、文化部、广电总

局和新闻出版总署七部门共同认定的"2013—2014年度国家文化出口重点企业和重点项目"名单公布,厦门市外图集团有限公司、音像出版有限公司、四三九九网络股份有限公司、青鸟动画有限公司等4家企业获评"2013—2014年度国家文化出口重点企业";对台图书电子商务网站、海峡两岸文化创意展、海峡两岸图书交易会、青少年图书简改繁入岛发行项目等4个项目获评国家文化出口重点项目。

▲10月起,由中共集美区委宣传部与华亿传媒集团联合摄制的省内首部城市形象微电影《这就是集美》,在优酷、土豆等国内各大视频网站正式上线。

11 月

▲11月6日,历经两年多的不懈努力,厦门市被文化部、财政部正式授为首批国家公共文化服务体系示范区,成为全省唯一入选城市。

▲11月8日,厦门市新闻界举行庆祝新中国第14个记者节表彰大会暨记者节特别行动。市委常委、宣传部部长叶重耕以及市委宣传部、厦门日报社、厦门广电集团、市文广新局和市记协领导徐国庆、李泉佃、封斌林等出席表彰会。会后,叶重耕一行先后慰问了著名闽南语播音员、老新闻工作者蔡慧和福建省首位中国新闻奖获得者、老新闻工作者吴奕纯,感谢她们长期在新闻战线上作出的贡献。

▲11月13日下午,海沧区召开行政区建区十周年座谈会。会上,菲律宾著名华商侨领陈永栽博士向海沧区捐赠由上海古籍出版社制作影印的文渊阁《四库全书》1500册。此套《四库全书》将全部入藏海沧区图书馆。此次获赠是海沧区图书馆迄今为止接收的最大文献捐赠。

▲11 月 16—26 日,由文化部主办的第六届中国国际钢琴比赛在厦门举行,比赛吸引了国内外 123 名选手报名参赛,经过预赛共有 59 名选手正式入围本届比赛,其中,中国 30 人(含台湾 2 人,香港 1 人),外国 14 个国家共 29 人。

▲11 月 27 日上午,市委常委、宣传部长、市文化改革发展工作领导小组副组长叶重耕率市文发办、文广新局、规划局、消防支队、土地总公司等单位以及思明区委、区政府相关领导,实地察看了嘉禾良库文化创意园、龙山中明达文创广场、龙山 66 文创园等项目,指导思明区文化产业发展。

▲11 月 29 日,"2013 苏颂文化节"在苏颂公园举办,文化节以"本草本源 济世济人"为主题,海内外苏氏宗亲、国内知名中医药学专家齐聚同安,共襄盛举,进一步打造同安历史名人名家文化品牌。

▲11 月,厦门海峡两岸龙山文化创意产业园获颁"中国创意产业最佳园区奖",这是福建首个、也是 2013 年唯一上榜的创意园区。

12 月

▲12 月 9 日上午,厦门市委宣传部、市统计局和市文发办联合召开了全市文化产业统计工作专题会议。市直相关单位分管领导与相关业务处室负责人、各区政府分管领导和区统计部门领导及业务经办人、各区委宣传部分管领导参加了会议。会议由市委宣传部副部长林朝晖主持。市统计局彭勇总统计师通报了厦门市文化产业统计工作的情况,并对下阶段文化产业统计工作进行了部署。潘力方局长就做好厦门市文化产业统计工作提了意见。厦门市委常委、宣传部长、市文化改革发展工作领导小组副组长叶重耕出席会议并对进一步做好文化产业统计工作提出具体要求。

蓝皮书

▲12月13日,由科技部、中宣部、文化部、新闻出版广电总局联合下发通知,公布第二批18家"国家级文化和科技融合示范基地"名单。以厦门国家火炬高技术产业开发区为主体申报的厦门国家级文化和科技融合示范基地位列其中,这也是福建省首次获此殊荣。

▲12月31日,福建省委宣传部、省文化厅、省新闻出版广电局等3部门公布了全省文化体制改革工作先进地区、先进单位和先进个人名单。厦门市思明区获"先进地区"称号,厦门广电数字传媒有限公司获"先进文化企业"称号,厦门市文化改革发展工作领导小组办公室副主任戴志望获"先进个人"称号。

后 记

　　为了分析总结 2013 年厦门市文化改革发展工作情况,我们组织力量编制了《2014 年厦门文化改革发展蓝皮书》,与此前已出版的 8 本蓝皮书配套,形成厦门市文化改革发展蓝皮书系列,更好地推动厦门市文化改革发展工作。

　　本书收集 2013 年厦门市开展文化体制改革与文化发展工作的有关资料(亦收录部分 2014 年工作资料),以动态分析、现状评估、发展预测、政策建议为主线,勾画出 2013 年厦门市文化体制改革与文化发展的轮廓。全书分为七个部分,即"专题研究"、"调研报告"、"文化科技融合"、"公共文化"、"两岸交流"、"文化会展"、"大事记"。

　　本书在组织编撰和出版发行中,得到了厦门市委、市政府领导及各职能部门和有关单位的大力支持。市委常委、宣传部长、市文化改革发展工作领导小组副组长叶重耕同志担任《蓝皮书》编辑委员会主任,市政府分管副市长国桂荣同志任编辑委员会副主任,市委宣传部部务会成员担任编辑委员会成员,指导全书编辑出版。厦门时代华亿动漫有限公司为蓝皮书提供动漫插图设计,厦门大学出版社一如既往地给予大力支持。

　　在此,编委会谨向所有支持、帮助《蓝皮书》顺利出版的单位和个人致以诚挚敬意!

编委会
2014 年 9 月

蓝皮书

图书在版编目(CIP)数据

2014 年厦门文化改革发展蓝皮书/黄鹤麟主编.—厦门：厦门大学出版社，
2014.10
ISBN 978-7-5615-4804-2

Ⅰ. ①2… Ⅱ. ①黄… Ⅲ. ①文化事业－体制改革－白皮书－厦门市－2014②文
化发展－白皮书－厦门市－2014 Ⅳ. ①G127.573

中国版本图书馆 CIP 数据核字(2014)第 199191 号

官方合作网络销售商：

厦门大学出版社出版发行

(地址：厦门市软件园二期望海路 39 号 邮编：361008)
总 编 办 电 话：0592-2182177 传真：0592-2181253
营销中心电话：0592-2184458 传真：0592-2181365
网址：http://www.xmupress.com
邮箱：xmup @ xmupress.com
厦门集大印刷厂印刷

2014 年 10 月第 1 版 2014 年 10 月第 1 次印刷
开本：720×1000 1/16 印张：20.75 插页：4
字数：328 千字 印数：1～1 100 册
定价：60.80 元

本书如有印装质量问题请直接寄承印厂调换